KB202673

마음의 기도:
동방 교회의 관상기도 전통

마음의 기도:
동방 교회의 관상기도 전통

조지 말로니 지음 ㅣ 정지련 옮김

도서출판 쿰

이 책을 분주한 현대인의 삶 속에서 마음의 기도를 실천하는 Kaye Tobin, Gale and Frank Tuoti 에게 바친다.

예수회의 조지 말로니

역자 서문

이 책의 저자 말로니(G. A. Maloney)는 광범위한 독자층을 가지고 있
는 영성사상가 가운데 한 사람이다. 그는 가톨릭의 예수회 신부임에도
불구하고 동방 교회의 영성을 소개하는데 심혈을 기울여왔다. 4세기에
시리아와 이집트의 사막에서 "하나님에 취해 살았던" 수도자들의 영성을
그리스도교 영성의 원류(源流)로 생각하기 때문이다. 사실 역사적으로
보더라도 사막 수도자들의 영성에 기초한 초기교부들의 신학은 그리스
도교 분열 이전에는 모든 신자들에게 구속력을 갖는 신앙의 규범이었다.

그는 동방 교회의 관상(theroria) 전통을 마음의 기도로 요약한다. 관상
이란 정신(mind) 혹은 지성(nous)이 마음으로 들어가 인격의 다른 요소
들인 감정 의지등과 통합되면서 마음의 신비를 바라보는 과정이라는 것
이다. 그러나 이러한 관상 전통의 근원은 플라톤 철학이 아니라 하나님
임재의 장소를 공간이 아니라 시간에서 찾는 성서의 영성이다.

유대교는 우상숭배금지와 안식일 계명이 암시하듯이 하나님의 현존을
공간이 아니라 시간에서 찾는다. 유대교 영성사상가 헤셀(A. J. Heschel)
은 이러한 사상을 다음과 같이 요약한다. "사람은 시간의 차원에서만 하

나님을 만날 수 있다."[1]

물론 유대교 영성이 하나님 임재의 장소로 제시하는 시간은 통속적인 의미의 시간이 아니다. 오히려 그리스도교 전통에서 말하는 '영원'과 유사하다. 유대교 영성은 시간이 끊임없이 흐르다 소멸한다는 통속적인 시간 이해를 인간이 공간에 사로잡혀 있기 때문에 생겨난 관념으로 이해한다.

그리스도교 전통 또한 크로노스(χρόνος)로 불리는 '시간의 흐름'을 부정하지는 않지만 본래적인 의미의 시간을 – 희랍어로 신적이며 충만한 시간을 뜻하는 – 카이로스(καιρός)라고 부른다. 아우구스티누스는 이러한 맥락에서 시간의 본질을 영원으로 부른다.[2] 간략하게 말하자면, 영원한 지금(Eternal Now) 혹은 지금의 순간이 하나님이 오시는 성소(聖所)라는 것이다. 현대의 영성신학자 나우엔(H. Nouwen)도 이러한 맥락에서 다음과 같이 말한다. "하나님은 현재의 하나님이시다. 하나님은 언제나 이 순간에 계신다."[3]

그러나 동방 교회의 영성전통은 한 걸음 더 나아가 수행자가 현재의 순간에 도달했을 때 드러나는 것이 마음의 신비임을 강조한다. 달리 말하자면, 하나님이 당신을 계시하시는 마음의 신비를 바라보기 위해선 현재의 순간에 머무르려는 훈련이 전제되어야 한다는 것이다. 이러한 맥락에서 5세기의 사막 수도자 아르세니우스(Arsenius)는 하나님을 찾아나서는 사막 수도자들의 여정을 다음과 같이 제시한다. "떠나라, 침묵하라, 고요하라."

고요함을 뜻하는 헤시키아(ησυχία)는 동방 교회 영성의 특징으로 간주

---

1 아브라함 여수아 헤셸/김순환 역, 『안식』(서울: 복있는 사람, 2007), 180

2 어거스틴/선한용 옮김, 『성 어거스틴의 고백록』(서울: 대한기독교서회, 1994) 11권 11장, 392.

3 헨리 나우엔/ 장미숙 옮김. 『여기 지금 우리와 함께 하시는 하나님』(서울: 은성, 1995), 16.

된다. 헤시키아란 온갖 유혹들, 즉 악한 생각들이 모두 사라지면서 삼위일체 하나님과 친교를 나누는 상태를 의미한다. 즉 광야에서 시험을 이기신 예수에게 일어났던 사건 말이다. "마귀는 예수를 떠나고 천사들이 나와서 수종드니라"(마4:11)

교부들은 이러한 고요함 속에 빛이 비쳐지면 고요함(hesychia) 그 자체를 하나님의 말씀(dabar)으로 깨닫게 된다고 말한다. 즉 고요함 속에 머물렀던 시간이 성령의 임재 속에서 하나님의 말씀을 들었던 시간이었음을 깨닫게 되는 동시에 자신이 아무 것도 아님을 자각하면서 통회의 눈물을 흘리게 된다는 것이다. 이러한 맥락에서 교부들은 통회의 눈물과 내면의 빛을 참된 고요함을 분별하는 기준으로 제시한다.

그러나 사막교부들은 고요함에 이르기 위해선 세상을 떠나 침묵을 지켜야 한다고 말한다. 그러나 세상을 떠나라는 말은 궁극적으로는 세상에 사로잡혀 분산된 지성과 감정과 의지를 지금의 순간으로 거두어들이라는 권면이요, 이를 위해 세상에 대한 애착을 내려놓으라는 명령이다. 교부들은 이러한 수행(Praxis)이 기도에 전제되어야 함을 강조한다. 에바그리우스(Evagrius Ponticus, 346-399)는 다음과 같이 말한다. "자신 안에 상처와 분노를 쌓아두고 기도할 수 있다고 생각하는 사람들은 마치 수없이 구멍 난 통에 물을 가져다가 붓는 사람들과 같다."[4]

교부들은 세상을 떠난 사람들에게 침묵을 권면한다. 그러나 침묵하라는 것은 수행자들이 마음 속 신비를 바라보지 못하도록 훼방하는 악한 영의 유혹과 싸우라는 것을 뜻한다. 악한 영과 투쟁하면서 마음을 정화시키지 않으면 마음 속 신비가 드러나지 않는다는 것이다. 교부들은 이러한 맥락에서 악한 영의 유혹을 알아차릴 때마다 주님의 이름을 부르라

---

4 에바그리우스/전경미 이재길 옮김, 『에바그리우스의 기도와 묵상: 기도, 프락티코스, 수도사들에 대한 권면』 (서울: 한국고등신학연구원, 2011), 14.

고 가르쳤으며, 이러한 영적 투쟁의 과정 속에서 등장한 예수기도가 동방 교회의 전형적인 관상기도가 되었다.

물론 동방 교회에는 마음의 영성뿐 아니라 지성적 관상 전통도 존재한다. 에바그리우스는 플라톤 철학을 신앙의 동반자로 간주하면서 지성적 관상 전통, 즉 지성의 정화를 통해 하나님을 바라보려는 관상 전통을 대변한다. 그러나 교부들은 니케아 공의회(325년) 전후로 플라톤주의와 구분되는 자신의 정체성을 더욱 더 깊이 인식하면서 그리스도교 신앙에서 플라톤주의의 잔재를 제거하기 시작한다. 이러한 과정 속에서 지성을 인간의 중심으로 간주하는 지성적 관상 전통도 마음의 기도에 권좌를 내주었다. 이를 통해 동방 교회의 영성은 유대교 영성을 받아들이며 마음에서 하나님을 만나는 것을 강조하는 – 사막의 안토니우스(Antonius)로부터 시작해 위(僞) 마카리우스(Pseudo-Macarius)에서 절정을 맞이한 – 안디옥 학파의 영성이 주도적이 되었다. 물론 에바그리우스의 지성적 관상 전통이 완전히 사라진 것은 아니다. 서방교회에서는 오히려 카시아누스(Johannes Cassianus)가 소개해준 지성적 관상이 주류로 자리매김했다.

동방 교회에서 마음의 기도는 예수기도와 동일시되곤 한다. 마음의 신비를 바라보는 과정이 주로 예수기도를 통해 이루어지기 때문이다. 말로니는 예수기도에 깊은 관심을 표명하면서 예수기도의 역사와 의미를 상세하게 설명해준다. 예수기도가 서방교회의 지성적 영성전통의 의미와 한계를 돌아볼 수 있는 기회를 준다고 믿었기 때문이다.

사실 포괄적인 관점에서 바라보면, 예수기도는 '독서 묵상 기도 관상'의 단계를 밟아나가는 렉시오 디비나(Lectio Divina)의 한 형태이다. 그리스도교 영성전통이 교파의 차이를 넘어서서 기도 그 자체로 간주해 온 렉시오 디비나 말이다. 따라서 가장 오래 된 형태의 렉시오 디비나라 할 수 있는 예수기도는 의심의 여지없이 서방교회의 영성전통을 되돌아보고 쇄신할 수 있는 기회를 제공해준다.

　말로니는 동방 교회 전문가이다. 그러나 여느 전문가와는 달리 핵심사상에 집중하고 수도자가 아닌 사람들도 이해할 수 있도록 사막교부들의 영성을 보편적인 언어로 풀어주고 있다. 아무쪼록 이 책이 소개해주는 마음의 기도 혹은 예수기도가 한국교회의 영성전통을 되돌아보고 심화시킬 수 있는 계기가 되기를 바란다. 영성이 부족해도 너무 부족한 사람이 대가의 영성사상을 옮긴 것에 송구한 마음을 느끼면서 하나님의 은총이 독자들의 영적인 눈과 귀를 열어주기만을 바란다.

2022년 2월 정지련

목차

서론

　소크라테스(Socrates)는 언젠가 바람직한 삶의 방식과 - 인간이 자신을 가능한 한 완전하게 실현할 수 있는 - 이상적인 사회를 웅변조로 묘사한 적이 있었다. 그러자 그의 제자인 글라우콘(Glaucon)이 곧 이의를 제기했다. 이러한 '하나님의 도성'(City of God)은 현세에는 결코 실존할 수 없다고 생각했다. 그러나 그의 스승은 단호하게 대답했다. "그러한 도성이 하늘에 있든지 아니면 땅에 있든지 간에 현명한 사람은 그 도성의 방식을 따라 삶을 영위한다. 그는 다른 사람들이 어떻게 하든 오직 그 도성만을 바라보면서 자기 집을 견고하게 지을 것이다."[1]

　현대세계를 살아가는 대부분의 사람들은 현재의 세계가 아직은 '하나님의 도성'이 아니라는 견해에 기꺼이 동의할 것이다. 과거에는 인간 존재를 좀 더 쉽게 실현할 수 있는 시간과 장소가 있었다고 생각해 본 적이 있는가? 유럽인 모두가 그리스도인이었으며 외적으로는 신앙이 삶의 모든 면에 스며들었던 중세가 그러한 시간이었을까? 아니면 성경을 읽

---

[1] 다음 문헌에서 인용. Rollo May, *Man's Search for Himself* (New York: Dell Publishing Co., 1953), pp. 276-277.

으면서 그리스도 안에서 모든 것을 형제자매와 나누는 예루살렘의 초대교회에 있는 자신을 상상해본 적이 있는가? 아니면 당신은 거룩한 향수(Nostalgia) 속에서 – 4세기에 이집트와 시리아의 사막에서 '하나님의 도성'을 세우기 위해 모든 것을 버렸던 – 위대한 카리스마적 그리스도인들 가운데 있는 자신을 상상해보는가? 당신은 유토피아가 마침내 실현되고 당신이 선택받은 사람 가운데 한 사람이 되는 미래의 시간과 장소를 – 그곳이 하늘이든 땅이든 간에 – 꿈꾸는가?

당신이 미래를 꿈꾸든 아니면 과거를 이상화시키든 간에 한 가지 사실만큼은 분명하다. 당신이 현재의 상황과 순간을 무시하고 있다는 사실 말이다. 사도 바울은 우리에게 다음과 같이 외친다. "보라 지금은 은혜 받을만한 때요 보라 지금은 구원의 날이로다" (고후6:2) 바울은 우리에게 잠에서 깨어나라고 말한다(롬13:11). 그리고 그는 이사야 26장 19절과 60장 1절을 염두에 두며 인간 존재와 그리스도인에 상응하는 삶을 살라고 권면한다.

"잠자는 자여 깨어서 죽은 자들 가운데서 일어나라
그리스도께서 너에게 비추이시리라" (엡5:14)

하나님의 나라는 네 안에 있다.

예수는 구원의 복음을 전하면서 당신의 말씀을 듣는 사람들에게 하늘 아버지의 온화한 사랑이 도래하고 있다고 선포한다. 그는 하나님과 개개 사람들 사이에 존재하는 이러한 사랑의 관계를 '하나님의 나라'라고 부른다. 예수는 또한 개인들이 당신에게 돌아올 때 이러한 관계가 실현된다고 믿었다.

그러나 이러한 새로운 창조, 즉 하나님의 자녀가 되는 거듭남(rebirth)은 오직 회개, 즉 돌아서는 삶(metanoia)에 의해, 혹은 개인의 비전과 내적 욕구, 그리고 가치관이 진정한 인간성 실현과 충만한 의미를 지향할 때 실현된다.

예수는 설교를 통해 깨어 집중하며 분별하는 삶을 강조하였다. 예수는 오늘날의 우리 모두에게도 이러한 메시지를 선포하실 것이다. 바로 지금이 하나님의 나라가 우리 가운데서 그리고 우리 안에서 성취되는 시간이기 때문이다. 그는 우리에게 풍성한 생명, 즉 결코 멸망하지 않으며 영원히 존재하는 생명을 주기 위해 오셨다(요10:10). 그러나 예수에게 이러한 생명은 지금(now)의 순간들이 끝없이 이어지는 내세에 주어지는 것이 아니다. 영원한 생명이란 무한의 숫자가 아니라, 지금 체험될 수 있는 특성을 갖고 있다. 이 생명은 인격 전체에 영향을 주는 지식이며, 사랑과 동의어가 되는 생명이다.

"영생은 곧 유일하신 참 하나님과 그가 보내신 자
예수 그리스도를 아는 것이니이다" (요17:3)

의미 있는 삶

하나님의 피조물 가운데 오직 인간만이 의식의 상층부에 도달할 수 있으며, 그곳에서 인간 실존의 목적과 미래에 대해 물음을 던질 수 있다. 나는 왜 창조되었는가? 나의 삶은 어디로 가는가? 나의 삶은 어디로 가야 하는가? 삶의 목적을 어떻게 발견할 수 있는가? 우리는 끊임없이 이러한 물음들을 제기한다. 우리가 전인적이며 살아있는 인격으로 통합될 수 있느냐의 여부는 이러한 물음에 어떻게 대답하느냐에 달려있다.

예수가 인간 실존이 되신 것은 – 우리가 통합된 존재가 되는 것을 방해하고 우리를 불구로 만들려는 – 악한 세력으로부터 우리를 해방시키기 위함이다(눅4:18; 요8:31-32). 그는 여전히 우리 가운데 거닐면서 신체적, 정신적, 영적 병과 두려움, 근심, 고립, 죄의 어둠에 빠져 있는 우리를 치유하시며 하나님의 나라를 세우신다(마4:23-24; 마9:35).

우리가 자유롭고 건강한 전인적인 인격이 되기 위해선, 우리의 진정한 자아를 강력하게 의식하고 우리의 나됨(I-ness)을 내적으로 인지하면서 매 순간의 선택에서 자유롭고 책임적인 삶을 영위하며 하나님께서 매순간 우리에게 불어넣어주시는 충만한 잠재성을 실현해야 한다. 하나님의 마음에 따라 그리고 하나님과 이웃에 대한 사랑에 토대를 두면서 좀 더 나은 세계를 건설하려는 창조적인 행위를 통해, 타자를 사랑하는 숭고한 섬김을 통해, 자아를 잊고 가능한 한 많은 사람들에게 행복을 가져다주려는 사랑의 삶은 우리에게 의미 충만한 삶을 선사해준다.

시인 제퍼스(Robinson Jeffers)는 이러한 '의식적인'(conscious) 삶이 우리가 살아내는 연수를 초월한다는 사실을 보여준다. 이러한 삶은 우리가 시간을 넘어서 영원에 이를 때 실현된다.

"의식적으로 시간을 넘어 탑(塔)에 오른 사람에게는 젊거나 늙은 것, 연수가 적거나 많은 것은 그리 중요하지 않다."[2]

하나님에 취한 사람들

주후 4세기에 일단의 남녀 그리스도인들이 이집트와 시리아의 사막에

---

2 Robinson Jeffers, "Tower Beyond Tragedy," *Roan Stallion* (New York: Random House, Inc., 1925).

들어가 "의식적으로 시간을 넘어 탑"에 오르려는 모험을 감행했다. 그들은 부활하신 예수의 영과 예수 그리스도 안에서 그들을 끝없이 사랑하시는 분을 신뢰하면서 가능한 한 의식적으로 하나님의 현존 안에서 머무는 데 불필요한 것과 자기중심적인 것 모두를 내려놓았다.

그들은 말 그대로 모든 것을 버려두고 그리스도를 따르기 위해 그분의 음성에 응답했다. 그들은 진실로 숨겨진 보물을 발견했으며, 그것을 얻기 위해 기꺼이 모든 것을 팔려 했다. 그들의 삶은 이러한 과정 속에 내포된 투쟁을 생생하게 보여준다.[3] 머튼(Thomas Merton)은 그들의 삶을 다음과 같이 묘사한다.

> "(그들은) ... 세상을 떠나는 것이 아니라 초월하려 했다. 그리고 좀 더 심오한 영적 차원, 즉 그리스도의 신령한 몸 안에서 이루어지는 일치(union)에 이르기 위해 기분전환(diversion)에 의한 일치의 신화(神話)를 포기했다."[4]

위(僞) 마카리우스(Pseudo Macarius)는 그의 『신령한 설교』(*Spiritual Homilies*)에서 그들을 "하나님에 취한 사람들"로 묘사한다. 그들은 예수를 사막으로 몰아내신 성령에 이끌려 − 사도 바울이 데살로니가 교인들에게 권면했던 "쉬지 말고 기도하라"(살전 5:17)는 말씀을 실천에 옮기기 위해 − 항상 기도하는 방법을 모색했다. 그들은 그들의 정신(mind)을 그들의 '마음'(heart), 즉 의식의 가장 깊은 차원 속으로 내려보내려 했다. 그들은 마음 안에 내재하시는 삼위일체 하나님을 체험했다. 그곳에서 하나님은 당신의 나라를 세우셨다. 사막의 은수자(hermit)들이 자신의 사고

---

3 James O. Hannay, ed., *The Wisdom of the Desert* (New York: Whittaker, 1904), p. 35.
4 Thomas Merton, *The Wisdom of the Desert* (New York: New Directions, 1960), p. 4.

와 상상력을 통제하며 예수 그리스도에게 복종하게 되었을 때 하나님의 지배는 점점 확장되어 갔다(고후10:5).

이러한 하나님의 군사들은 엄격한 규율(ascesis)을 지켰다. 그러나 그들이 이렇게 한 것은 그들이 마조히스트(masochist)이거나 육체를 증오해서가 아니라, 그들의 내적인 존엄성, 즉 그들이 하나님의 자녀요 성령의 전(殿)임을 깨달았기 때문이다(고전 3:16; 고전 6:19). 금식, 철야, 겸손한 자선의 행위, 그들이 겸손으로 불렀던 심령의 가난에 도달하려는 노력들은 통합의 상태에 이르는 수단으로 간주되었다. 그들은 이러한 통합의 상태를 열정 없는 열정, 혹은 결단의 순간에 이기심이 완전히 사라진 상태를 뜻하는 아파테이아(apatheia)로 불렀다.

헤시카즘(Hesychasm)

그들은 좀 더 적극적으로 자신의 몸과 혼 그리고 영이 통합되는 상태에 도달하려고 노력했다. 그들은 이러한 통합 상태를 헤시키아(hesychia)라고 불렀다. 이 단어는 안식(rest) 혹은 고요함(tranquility)을 뜻하는 그리스 말이다. 그들은 자신에 대한 모든 편견들을 정복함으로써 예수로 하여금 – 자신의 사고와 언어 그리고 결단의 행위에서 – "모든 것"(all in all)이 되도록 했다. 이러한 그리스도와의 통합은 그들이 삶 속에서 체험하는 사랑과 평강 그리고 기쁨에 의해 측정되었다.

이것이 바로 사막 교부들의 체험에 토대를 두고 있는 동방 그리스도인들의 영성 유형이다. 이러한 삶은 또한 동방 교회의 영성을 받아들인 그리스도인의 삶이기도 하다. 그들은 항상 기도할 수 있도록 가능한 한 우리 안에 내주하시는 삼위일체 하나님의 사랑의 현존 안에 거주함으로써 예수 그리스도의 계명에 복종하려 했다. 다수의 서방 교회 그리스도인들은 헤시카시즘을 단지 13세기와 14세기에 예수기도(Jesus Prayer)를 수행했던 아토스 산의 수도자들이 고안해낸 심신상관적 기술로 간주한다. 물론 예수기도는 수 세기를 거치면서 다음과 같은 형식으로 고정되었다. "주 예수 그리스도 하나님의 아들이시여, 이 죄인을 불쌍히 여기소서!" 그러나 예수기도의 근원은 예수 그리스도에게 집중하도록 도와주는 만트라(mantra) 혹은 외마디 기도(ejaculation)였다.

이러한 헤시카즘의 영성을 단순한 기술에 한정시키는 것은 오류가 아닐 수 없다. 헤시카즘의 영성은 오히려 그리스도인의 삶 전체를 요약한 것이다. 즉 하나님의 창조와 구원의 질서, 죄, 은총, 그리고 – 당신의 교회를 매개로 당신의 말씀과 성례전을 통해 치유의 능력을 확장시키는 – 예수 그리스도의 성육신과 십자가와 부활의 신비에 대한 성서와 교부들의 인간학을 개괄한 것이다. 헤시카즘의 대표적 문헌은 4세기부터 15세기까지 헤시카즘 영성을 주도했던 교부들의 저술들을 모아놓은 필로칼리아(*Philokalia*)이다.

영적 가르침의 필요성

오늘날 수많은 서구의 그리스도인들은 그리스도인의 기도생활에서 항상 중요한 요소로 간주되어 왔던 직접적인 하나님 체험과 신비주의를 재발견하기 위해 극동의 종교와 동방 교회를 찾아간다. 헤시카즘 교부들은 하나님과 내적으로 일치되기를 갈망하는 사람들에게 거룩하고 학식 깊은 영적 인도자의 가르침에 순종할 것을 강조해왔다.

깊은 기도는 내적 침묵과 고요함(stillness) 없이는 이루어질 수 없는 것이다. 이러한 고요함은 우리의 정신적 능력을 가라앉히고 우리 안에 거주하시는 하나님의 말씀을 믿음을 갖고 겸손히 기다리는 사람들에게 주어진다. 통제된 의식의 피상적 수준들 너머에 존재하는 존재의 가장 내적 중심에 도달하기 위해선 엄청난 훈련이 요구된다. 경험 많은 영적 지도자는 이러한 훈련을 도와줄 수 있다. 지도자는 무엇보다도 영성훈련에 필수적인 '영 분별'의 지혜를 가르쳐 줄 수 있다. 초자연적 경험의 지층들에 들어서면 위험이 나타난다. 무의식에 있는 억압된 자료들이 위협적으로 나타나 하나님과의 일치를 훼방할 수 있다. 섬광과 빛, 텔레파시의 초자연적 능력, 죽은 자와의 소통 등이 체험될 수 있다. 우리 안에 있는 마성적 존재는 여러 개의 추한 머리들을 치켜세운다. 무엇이 실재이며, 무엇이 환영인가? 이러한 상황에서는 내면세계의 적과 싸워본 지도자가 반드시 필요하다. 초자연적 능력은 위험하며, 내면에 침투한 악(惡)은 정직하게 하나님과 하나 되려는 사람들을 조종할 수도 있다.

이 책을 출간한 목적 가운데 하나는 추론적인 지성적 기도를 넘어서서 관상(觀想)에 첫 걸음을 내딛는 사람들에게 영적 가르침을 제공하려는 것이다. 나는 미국에서 관상의 방식으로 성서를 묵상하고 동방과 서방의 신비주의 영성사상을 배우려는 그리스도인들을 만났다. 그러나 그들은 내게 동일한 질문을 던졌다. "나는 어디서 영적 가르침을 찾을 수 있습니까?" 이 책은 관상의 모든 문제를 해결하려는 만병통치약이 아니다. 이 책은 단지 도움을 주고자 할 뿐이다. 특히 필로칼리아를 읽은 후 동방과 서방의 모든 그리스도인들의 기도에 나타나는 보편적인 요소를 발견하고 이를 자신에게 적용하려는 사람들에게 도움을 주고자 한다.

탈신화화(Demythologizing)

그리스도교 신비주의의 고전들을 문자적으로 받아들이거나 옛 저자들의 시대적 배경을 형성하는 문화적 요소들을 넘어서지 못하면, 우리는 그들의 본래적 의도를 오해하거나 왜곡시킬 수도 있다. 이러한 위험 요소들은 – 세상을 떠나 할 수 있는 한 사람들을 만나지 않으려 했던 – 사막 교부들과 십자가의 성 요한(St. John of the Cross)의 저술에 많이 나타난다. 성 이삭(St. Isaac of Nineveh)은 다음과 같이 말한다. "그들은 미래의 축복을 얻기 위해 세상 밖에 머물며 항상 하나님에게 기도하는 수도자이다."[5] 플라톤주의와 스토아 철학은 사막 수도자와 같은 그리스도인의 삶의 형태를 표현하는 철학적 매개가 되었다. 20세기의 그리스도인이 이러한 그리스도교적 형태를 모든 세기와 문화에 항상 적용할 수 있는 진리를 언제나 그리스도교적일 수만은 없는 문화적 측면과 구분하는 탈신화화 작업 없이 모방하는 것은 대단히 위험하다.

십자가의 성 요한은 성 아우구스티누스와 성 토마스 아퀴나스의 저술을 통해 그리스도교를 받아들였다. 그의 영성은 그 자신과 하나님을 나와 너(I and Thou)로 관계로 제시하는 수직적 관계에 기초하고 있다. 그의 영성은 신비적 결혼을 지향한다. 그러나 굶주리는 수백만의 사람들이나 핵 파괴의 위협에 대한 관심은 전혀 없었다.

마음의 기도

이 책은 또한 깊은 기도에 대한 가르침을 적극적으로 서술하고자 한다. 출발점은 동방 교부들의 저술에 나타나는 헤시카즘 영성이 될 것이다. 동방 교부의 문헌은 항상 기도로 부름 받은 그리스도인의 비전을 우리에게 제시해준다. 그들은 성서에서 – 우리 안에 거하시는 삼위일체 하나님의 현존을 점점 더 깊이 깨달아가는 – 의식(consciousness)과 자각

---

5 St. Isaac of Syria, *Directions on Spiritual Training* in *Early Fathers from the Philokalia* trans. E. Kadloubovsky and G. E. H. Palmer (London: Faber & Faber Ltd., 1954), p. 240.

(awareness)의 영성을 발견했다. 신구약성서와 동방 교회 최고의 전통들은 인격 전체 - 감정, 몸, 상상력, 지성, 의지 - 이 하나님을 만나는 것을 표현하기 위해 마음의 기도(heart in prayer)란 개념을 사용한다. 동방 교회 교부들은 이러한 기도를 "정신(mind)을 마음(heart)에" 내려 보내는 기도로 묘사한다. 이와 같이 기도 속에서 하나님을 만나 전 인격을 통합시키기 위해 사랑이신 하나님의 현존에 완전히 복종하는 법을 배우는 영성은 헤시카즘으로 불려왔다. 동방 헤시카스트의 전형(典刑)은 언제나 다음과 같이 기도하는 하나님의 어머니 마리아였다. "주의 여종이오니 말씀대로 내게 이루어지이다" (눅1:38)

헤시키아(Hesychia)는 그리스도인들이 하나님의 은총과 철저한 금욕 생활을 통해 그들의 전 존재를 하나의 자아 속으로 재통합할 때 나타나는 상태를 뜻한다. 이러한 통합 속에서 자아는 그들 안에 거주하시는 하나님의 영향력 하에 온전하게 머무르게 된다. 헤시키아는 통합된 자아의 상태를 뜻한다. 2세기의 성 이레나이우스(St. Irenaeus)는 헤시키아를 하나님의 영광을 드러내는 전적인 치유요, 충만하게 살아가는 인간 존재로 묘사했다.

헤시키아란 하나님과 교통하기 위해 상상력과 지성의 추론적 능력을 사용하고 말과 이미지 그리고 감정을 사용하는 기도를 관상기도로 대체하는 것 이상의 영성을 가리킨다. 마음의 기도는 내주하시는 하나님의 현존에 주의를 기울임으로써 사고를 지속적으로 통제하는 엄격한 금욕과 금식, 그리고 죄에 대해 끊임없이 애통해하는 통회(penthos)의 수행 위에 세워진 삶의 방식이다. 마음의 기도는 내주하시는 삼위일체의 사랑의 교제와 내재적으로 연합되어 있음을 지속적으로 자각하는 상태다. 이러한 자각은 동시에 삼위 하나님의 사랑을 통해 자신의 개인성(individuality)을 생생하게 인식하도록 만든다. 마음의 기도는 주로 호흡과 동시에 진행되면서 기도자로 하여금 밤낮으로 예수의 사랑의 현존 속으로 들어가도록 돕는 단문 기도(short prayer)를 중심으로 수행된다.

순서

마음의 기도 혹은 쉬지 않고 기도하는 법을 말하기 위해 나는 다음과 같은 순서를 따르려 한다. 각 장은 마음의 기도 혹은 헤시카즘 영성의 본질적인 영역을 심화시켜 나갈 것이다. 나는 이러한 분야에 저술을 남겼던 동방교부들의 가르침을 제시한 후, 그들의 문화적 사고방식과 그 안에 존재하는 핵심적 진리를 구분함으로써 그들의 가르침을 해석해 나갈 것이다. 그리고 이러한 영적인 가르침을 당신의 삶에 적용할 수 있는 방법을 제시할 것이다.

내가 이 책을 쓰는 목적은 그 어떤 절차를 넘어서서 당신이 당신의 마음속으로 들어가도록 자극하는 것이다. 인간 의식의 가장 깊은 영역이며 사도 바울이 지치지 않고 말하곤 했던 "예수 그리스도 안에" 존재하는 마음 말이다. 살아계신 예수의 인격은 – 그의 사랑으로 아버지를 사랑하며 그가 당신을 사랑하듯이 서로 사랑할 수 있도록 만드는 – 그의 영과 권능을 주면서 당신 안에 거하신다. 당신이 쉬지 않고 그분의 이름을 부르면, 주 예수는 당신에게 지속적으로 아버지를 계시해주실 것이다. 예수는 항상 당신의 마음 속 가장 깊은 곳에서 말씀하시고 계신다. "내가 아버지의 이름을 그들에게 알게 하였고 또 알게 하리니 이는 나를 사랑하신 사랑이 그들 안에 있고 나도 그들 안에 있게 하려 함이니이다" (요 17:26)

나는 당신이 이 책을 통해 당신 안에 거하는 – 경이롭고 전능하며 온유하고 겸손하면서도 사랑이 충만한 – 성부와 성자 그리고 성령을 조금이라도 체험하게 되기를 바란다. 그리고 이 책을 통해 당신이 새롭게 창조하는 하나님의 사랑의 능력에 힘입어 당신의 세계로 나아가 당신 안에 계신 하나님의 사랑으로 다른 사람들을 사랑하게 되기를 바란다.

조지 A. 말로니

01.
헤시카즘(Hesychasm)

　우리 인간이 여느 동물과 다른 것은 끊임없이 자기 정체성에 물음을 제기하는데 있다. 우리는 우리의 내면을 반성하는 능력을 갖고 있다. 이러한 능력은 우리로 하여금 한 치의 망설임 없이 의미 있는 실존을 탐구하도록 만든다. 본능은 동물 안에 존재하면서 먹을 것을 사냥하며 짝짓고 종족을 존속시키며 포식자로부터 자신을 지켜줄 보금자리를 짓도록 만드는 추진력이다. 그러나 인간만이 지적이며 의지적인 능력을 갖고 있다. 이 능력은 인간으로 하여금 다른 동물들이 제기할 수 없는 물음을 던지게 만든다. "나는 왜 사는가?"

　우리 인간들은 이 땅을 배회하며 바다와 산 그리고 있음직한 자연적인 권세들을 정복해 왔다. 그러나 언젠가는 우리 자신 안에 돌아와 숨겨진 보물과 영원한 행복을 드러내주는 불가사의한 힘을 찾기 위해 우리 안으로 들어가야 한다. 그러나 우리가 "우리 자신에게 돌아갈" 때 대다수의 사람들이 체험하게 되는 것은 공허함(emptiness)이다. 메이 박사(Dr. Rollo May)는 이러한 불편한 상황을 다음과 같이 묘사한다.

"20세기 중반기를 사는 사람들이 직면하는 가장 큰 문제는 공허함이다. 내가 염두에 두고 있는 공허함이란 자신이 무엇을 원하는지 모른다는 것만을 뜻하지 않는다. 사람들은 종종 자신이 느끼는 것을 명확하게 파악하지 못한다. 그들은 자신의 자율성 부족을 토로하거나 결정을 내리지 못하는 자신의 무능을 한탄하기도 한다. 사실 이러한 것들은 모든 시대의 사람들에게 나타나는 문제였다. 그러나 현대인들은 그들의 가장 근원적인 문제가 그들 자신의 욕망이 무엇이며 그들에게 무엇이 결핍되어 있는지를 명확하게 인식하지 못하는데 있다는 사실을 깨닫게 되었다. 따라서 그들은 이렇듯 고통스러운 무력감 속에서 갈피를 잡지 못한다. 왜냐하면 그들이 체험하는 것은 공허함이기 때문이다."[1]

무의미

보편적인 불안(Angst) 혹은 근심은 현대인의 마음을 방향상실감과 무의미성으로 채운다. 실용주의적 물질주의에 몰두하는 삶은 우리의 가장 깊은 자아 속에 현존하는 하나님과의 교제를 질식시킨다. 우리는 어둡고 풍랑 이는 바다 위를 떠돌아다닌다. 이와 같이 표류하는 삶은 우리 자신의 의미를 위협한다.

오스트리아의 정신과 의사 프랭클 박사(Dr. Victor E. Frankl)는 무의미성에 대한 보편적인 감각이 현대 사회 전반에 만연해 있음을 확인해주었다. 그는 다음과 같이 말한다. "오늘날 내적 공허감으로 고통 받는 환자들의 수는 실제로 점점 더 증가하고 있다. 내가 실존적 공허감으로 묘사한 바 있는 공허함은 실존의 의미가 전혀 존재하지 않는다는 감정을 뜻

---

1 Rollo May, *Man's Search for Himself* (New York: Dell Publishing Co., Inc., 1953), p.14.

한다."[2] 그는 이러한 현대인의 실존적 공허감의 원인을 본능의 상실과 전통의 단절에서 찾는다. 우리는 더 이상 본능적으로 무엇을 해야 할지를 알지 못한다, 우리는 또한 우리 자신을 과거의 뿌리로부터 잘라냄으로써 우리가 마땅히 해야 할 바가 무엇인지도 알지 못하게 되었다.

체제순응(Conformism)은 서반구 사람들의 타협이었고, 전체주의(Totalitarianism)는 동반구 사람들의 선택이었다. 엘리엇(T.S. Eliot)은 1925년 예언자적인 필치로 현대인을 다음과 같이 묘사했다.

> "우리는 텅 빈 사람들
> 우리는 박제된 사람들
> 서로 기대어 있으며
> 지푸라기로 채워진 머리. 아아, 가엾어라!
> 형체 없는 모양, 색채 없는 명암,
> 마비된 힘, 움직임 없는 몸짓"[3]

그러나 우리 가운데는 이러한 흐름에 저항하면서 유일한 인격인 인간의 의미를 열정적으로 탐구하는 사람들이 있다. 삶의 새로운 목적을 초심리학(parapsychology)이나 마음 확장 기술(mind-expanding techniques)에서 찾는 사람들이 있는 반면, 의미에 대한 대답을 전통적인 종교나 새로운 유형의 종교 혹은 소수의 선택적 모임 등에서 찾으려는 사람들도 있다. 개신교 근본주의에서는 젊은 사람들조차 열정적으로 성경에서 삶의 의미를 찾으려 한다. 가톨릭에서는 르페브르(Lefebyre) 대주

---

2 V. E. Frankl, *La Psychotherapie et son image de l'image de l'homme* (Paris: 1970), p. 150.
3 T. S. Eliot., "The Hollow Men," *Collected Poems* (New York: Harcourt, Brace & Co., 1934), p. 101.

교나 전통주의자들에 공감하는 사람들이 나타났다. 카리스마적 부흥운
동은 - 너무 정체된 나머지 일상의 삶에 영향력을 상실해버린 - 그리스
도교를 포기하려는 사람들에게 희망을 던져주었다.

그러나 성공회 신학자 맥쿼리 박사(Dr. John Macquarrie)가 '종교'에 열
광하는 새로운 물결에 던진 말은 시의적절한 경고처럼 들린다. " ... 특히
그들은 종교에 열광하지만, 지적인 내용은 텅 비어있는 것처럼 보인다. 고
양된 찬양의 영은 이러한 찬양의 영을 야기했던 단조로운 세속성(世俗性)
만큼이나 편파적이지 않은가? 그렇다면, 그것은 매우 위험한 것이다."4

융(C. G. Jung)은 자신의 종교 전통을 버리고 동양의 전통을 받아들이
려는 서구인들의 태도에 거부 의사를 밝힌다.

> "나는 요가를 서구인들에게 적용하는 것에 반대한다. 서구의 영성 전통
> 은 동양의 영성 전통과는 전적으로 다른 방식으로 발전해 왔다. 따라서
> 요가를 받아들이기에는 바람직하지 않은 토양 조건을 갖고 있다. 서구
> 문명은 거의 천년의 역사를 갖고 있으며, 무엇보다도 자신의 야만적인
> 편파성으로부터 해방되어야 한다. 이러한 사실은 무엇보다도 인간 본
> 성에 대한 좀 더 깊은 통찰력이 필요하다는 진실을 일깨워준다. 그러나
> 무의식을 억압하거나 통제하면 통찰력이 주어지지 않는다. 특히 전적
> 으로 다른 심리학적 조건 하에서 성장해온 방법들을 모방하는 것은 상
> 황을 심각하게 악화시킬 것이다. 수 세기가 지나면 서구인들은 자신만
> 의 요가를 만들어낼 것이다. 그것은 그리스도교에 의해 규정된 토대 위
> 에 세워지게 될 것이다."5

---

4 John Macquarrie, *Paths in Spirituality* (New York: Harper & Row, 1972), p. 4.
5 C. G. Jung., *Psychology and Religion: West and East*, Trans. R. F. C. Hull (London: 1958), p. 537.

동방 교회

오늘날 상당수의 그리스도인들은 동방의 그리스도교에서 자기 유산의 일부를 발견하고 있다. 그들은 로마 가톨릭 교회와 전통적인 개신교회에서 가르치는 것과 근본적으로 동일한 교리를 동방 교회에서 찾으려한다. 그러나 서구의 그리스도인들로 하여금 동방 교회에 매력을 느끼게만드는 것은 동방 교회의 풍요로운 신비주의 전통이다. 동방 교회는 구약 성서 유대교에서 발견되는 예언자적 신앙을 - 예수께서 설교하셨고성령을 통해 제자들에게 전해주셨던 - 내주하시는 삼위일체 하나님에대한 즉각적이며 내재적인 경험과 결합시켰다.

최초의 그리스도교는 유대교의 셈족 세계 내에서 발전했다. 하나님은예언자들을 통해 당신을 계시하셨다. 그러나 구약성서에서 하나님의 거룩한 말씀은 - 지적 숙고와 연구의 대상이 되는 - 추상적인 것이 아니다. 하나님의 말씀은 본래 체험되어야 하고 신자들에게 구체적인 영향력을 갖는 말씀, 즉 듣는 자를 변화시키는 말씀이다. 동방 그리스도교는 이와 같이 듣는 자를 변화시키는 하나님의 말씀의 능력을 보존하고 있다.

> "하나님의 말씀은 살아 있고 활력이 있어 좌우에 날선 어떤 검보다도
> 예리하여 혼과 영과 및 관절과 골수를 찔러 쪼개기까지 하며 또 마음의
> 생각과 뜻을 판단하나니" (히4:12)

말씀이 인간이 되신 예수 그리스도는 자기 이전에 있었던 하나님의 모든 계시들을 포괄한다. 그는 우리 가운데 드러나신 하나님의 충만함이다. 이러한 살아계신 말씀 안에서 "만물이 다 그로 말미암고 그를 위하여창조되었고" (골1:16) 예수 그리스도는 부활하심으로써 우리 안에 거하

시며, 우리에게 계속 하나님의 말씀을 전하신다.

최초의 그리스도인 공동체에 선포된 말씀은 아직도 각 개인의 실존적 '지금'(now)의 순간 속에서 전해지고 있다. 동방의 비잔틴 전례에서는 신자들이 엄숙하게 행진할 때 성경이 부제나 사제에 의해 회중에게 건네진다. 그리고는 사제나 부제가 회중 앞에 서서 외친다. "지혜! 우리 모두 말씀에 귀 기울입시다!" 신자들은 예수 그리스도께 하듯이 성경책 앞에서 머리를 조아린다. 따라서 예루살렘과 안디옥 그리고 알렉산드리아의 초기 공동체로부터 발원한 동방 교회에서는 하나님의 말씀이 공동의 전례 기도나 개인적인 기도생활에서 중심적인 역할을 수행한다. 하나님은 아직도 당신의 말씀을 들을 귀 있는 자에게 전해주신다.

하나님의 내재(Divine Immanence)

그리스도교는 하나님이 인간 안에 계시다는 이른바 하나님의 내재라는 혁명적인 요소를 강조한다. 이러한 사상은 비(非)그리스도교 종교에서는 상상조차 할 수 없는 것이다. 그러나 그리스도교가 말하는 하나님의 내재는 우리의 정체성을 소멸시키는 동화(assimilation)가 아니다. 우리는 오히려 우리 안에 거하시는 삼위의 창조되지 않은 에네르기아(energy)에 순종할 때 비로소 우리의 참된 정체성을 체험하게 된다. 예수는 하나님의 말씀에 상응하는 삶을 살아갈 때 우리 안에 거주하시는 삼위일체 하나님과 새로운 내재적 관계를 갖게 된다고 가르친다. "사람이 나를 사랑하면 내 말을 지키리니 내 아버지께서 그를 사랑하실 것이요 우리가 그에게 가서 거처를 그와 함께 하리라" (요14:23)

그리스도인의 기도는 성령께서 선사하시는 믿음의 은사 속에서 성부에 의해 말씀 안에서 성령을 통해 '거듭 나는'(begotten) 삶을 지속적으로 체험하게 해준다. 동방에서 발전한 그리스도교는 우리 밖에 계신 하나님과 우리 안에 계신 하나님이라는 두 가지 근본적인 양극성을 건전하게 통합시킨다. 이러한 통합은 동방 교회 영성의 가장 큰 특징으로서 헤시카즘으로 불려왔다.

진화하는 영성

헤시카즘이란 4세기에 이집트와 시리아의 사막에 머물며 수도생활을 했던 은수자(hermits)들의 영성을 기반으로 하는 그리스도교 영성 생활의 한 형태이다. 어느 한 저자는 헤시카즘을 본질적으로 관상을 지향하는 영적 체계로 정의한 바 있다.[6] 그러나 헤시카즘을 단지 호흡과 자세를 갖추고 시선을 배꼽에 고정하면서 예수의 이름을 기계적으로 암송하는 기도에 제한할 필요는 없다. 물론 14세기 아토스 산에서 일어났던 헤시카즘 르네상스가 이러한 기술들을 강조한 것은 부인할 수 없는 명백한 사실이다. 그러나 헤시카즘 영성의 본질은 훨씬 오래 전에 − 내주하는 삼위일체 하나님에게 순종하기 위해 사막에서 분투하는 헌신적인 그리스도인의 특징이라 할 수 있는 − 그리스도 안에 온전히 거하는 삶의 방식으로 특징지어졌다. 헤시카즘은 이러한 사막의 영성으로부터 출발하면서 안디옥과 알렉산드리아 학파의 영성사상가들에 의해 발전해왔다.

헤시키아

이러한 영성을 창시했던 사막의 은수자들은 도시의 복잡한 삶을 떠나

---

6 Pierre Adnes, "Hesychasm and Religion," *Dictionnaire de Spiritualite* (다음부터 DS로 표기) (Paris: 1969), T. 7, Col. 384.

가능한 한 사막에서 단순한 삶을 영위하면서 대부분의 낮 시간을 쉬지 않고 기도드리는데 바쳤다. 성 아르세니우스(Arsenius)는 완전한 헤시카스트(Hesychast), 즉 마음 안에서 말씀하시는 하나님의 말씀을 듣기 위해 마음을 침묵시킨 그리스도인의 전형으로 간주된다. '헤시카스트'는 고요함 혹은 평강을 뜻하는 그리스어 헤시키아(hesychia)에서 유래한 말이다. 헤시키아란 그리스도인이 하나님의 은총에 의해, 그리고 철저한 금욕생활을 통해 자신의 전 존재를 – 자신 안에 내주하시는 삼위일체 하나님의 직접적인 지배 아래 두는 – 하나의 인격으로 재통합한 상태를 뜻한다.

『사막 교부들의 금언집』(Apophthegmata Patrum)은 아르세니우스가 콘스탄티노플 궁정에 머물렀을 때 다음과 같이 기도했다고 전한다. "주여, 저를 구원받을 수 있는 삶으로 인도하여 주옵소서." 그러자 그에게 한 음성이 들려왔다. "아르세니우스야, 사람들로부터 떠나라. 그러면 구원받을 것이다." 이 음성에 순종하면서 사막에서 은수자가 된 아르세니우스는 다시 한 번 똑같은 기도를 드렸다. 그러자 그에게 다음과 같은 음성이 들려왔다. "아르세니우스야, 떠나라, 침묵하라, 고요함 속에 머물다. 이것이 바로 완전함의 뿌리다."[7]

이것이 바로 헤시카즘 영성의 토대이다. 첫 번째 단계는 – 공간적 외적 물리적으로 – "사람들을 피하는 것"이다. 이러한 사회로부터의 분리는 목적 그 자체가 아니다. 이러한 분리는 사회가 전적으로 악하다는 믿음에 기인한 것이 아니다. 이러한 분리는 오히려 하나님과 개인적으로 일치하려는 좀 더 높은 목적을 위한 수단일 뿐이다. 사막의 은수자들은 밤낮으로 하나님의 현존 안에 살고 있음을 의식하기 위해선 – 외적 침묵과 내적 침묵을 통해 – 소음들을 피해야 한다고 생각했다. 성 바실리우스

---

7 Apophthegmata Patrum; Arsenius 1, 2, PG 65, 88 BC.

(St. Basil)는 이러한 침묵을 – 마음의 – 정화의 시작으로 간주한다.[8] 성 요한 클리마쿠스(St. John Climacus)는 한 걸음 더 나아가 침묵을 첫째, 필요하거나 불필요한 일들에 관심을 두지 않는 초연(超然)한 자세, 둘째, 끈기 있는 기도, 셋째, 끊임없이 마음으로 드리는 기도로 규정한다.[9]

따라서 외적인 물러남은 단지 내적인 침묵, 즉 우리 안에 계시는 하나님의 현존에 주의를 기울이는 영적 상태에 도달하기 위한 수단에 불과하다. 성 요한 클리마쿠스는 다시 한 번 외적인 물러남과 – 인격의 통합에 방해가 되는 – 내적 소음의 관계를 다음과 같이 규정한다. "수실의 문을 닫고 말하지 않도록 혀의 문을 닫으라. 그리고 악한 영들이 들어오지 못하도록 내면의 문을 닫으라."[10] 헤시카스트의 참된 여정은 단지 사막으로 가거나 세상을 떠나는데 있는 것이 아니다. 이 여정의 본질은 '마음' 안으로 들어가는데 있다. 헤시카스트는 주님의 말씀을 묵상한다. "하나님의 나라는 너희 안에 있느니라" (눅17:21) 따라서 그는 마음 안에 거하시는 하나님의 말씀에 귀를 기울임으로써 자신의 참 자기를 찾으려 한다.

이러한 사막의 경주자들은 내주하시는 하나님의 말씀을 듣기 위해선 자신의 관심 모두를 내려놓아야 한다는 사실을 체득했다. 자기애(自己愛)의 욕구는 잠잠해져야 한다. 이러한 침묵 속에서만 하나님께서 당신의 사랑의 현존을 그들에게 선사하기 때문이다. 마음은 고요해져야 한다. 이러한 마음의 침묵과 하나님의 내적 사랑에 귀 기울이는 것이야말로 거짓 자기(the false self)의 지배를 끝내려는 금욕적 수행(praxis)의 목적이다. 철야, 금식, 고독, 침묵의 수행 모두는 헤시키아 혹은 마음의 고요함을 심화시키는 수단일 뿐이다.

---

8 St. Basil, PG 31, 136 BC.
9 St. John Climacus, *Gradus* 27, PG 88, 1108 CD.
10 Ibid., 1100 A.

마음

성서에서 마음이란 인간의 삶, 즉 인격의 깊이에서 나타나는 모든 것들 – 애정, 열정, 욕구, 지식과 사유들 – 이 존재하는 자리이며, 우리가 하나님을 '나와 너'의 관계 속에서 만나는 장소이다.[11] 따라서 성서와 헤시카즘 교부들에게 마음이란 인간의 궁극적인 가치판단과 결단이 이루어지는 존재의 중심을 뜻한다. 마음은 하늘 아버지가 우리를 속속들이 바라보고 계시는 내면의 방이다. 마음은 우리가 내적 정직성과 내면 통합 그리고 '마음의 정화'에 이를 때 드러나는 장소이다.

19세기 러시아의 대표적인 신비주의자 가운데 한 사람인 은수자 성 테오파네스(St. Theophan the Recluse 1815-1894)는 헤시카즘 전통에 의지하면서 마음을 다음과 같이 묘사한다.

"마음은 가장 깊은 곳에 존재하는 인간 혹은 영이다. 자기 인식,
양심, 하나님 개념과 자신이 하나님에게 완전히 의존되어 있다는 사상,
그리고 영적 삶의 영원한 보물들이 이곳에 자리 잡고 있다. …
마음은 어디에 있는가? 슬픔, 기쁨, 분노 그리고 다른 감정들이
느껴지는 곳에 마음이 있다. 주의를 기울이며 그곳에 서 있으시오. …
하나님이 그곳에 계시다는 믿음을 가지고 마음 안에 서 있으시오.

---

11 마음을 인간 인격성의 중심으로 간주하며 다루는 주요 자료들은 다음과 같다. A. Guillaumount, «Le 'coeur' chez les spirituels grecs à l'epoque des anciens,» DS (Paris: 1927), T. 2,2, Col. 2281-2288; Guillaumount, «Le sens du coeur dans l'antiquite,» Le Coeur; Etudes carmelitaines (Paris: Desclee de Brouver, 1950), pp. 41-48; T. Spidlik, «The Heart in Russian Spirituality,» Orientalia Christiana Analecta, No. 195, The Heritage of the Early Church … in Honour of G. V. Florovsky (Rome: Pontifical Oriental Institute, 1973), pp. 361-374; Lefevre, «Cor et cordis affectus. Usage biblique,» DS (Paris, 1953), T.2,2, Col. 2278-2281; J. B. Bauer, «De 'cordis' notione biblica et judaica,» Verbum Domini, 40 (1962), pp. 27-32.

그러나 그분이 어떻게 마음 안에 계실 수 있는지를 추론하지는 마시오.
기도하고 간청하시오. 머지않아 하나님에 대한 사랑이
그분의 은혜로 인해 당신 안에서 솟아날 것이다."[12]

우리는 어떻게 이러한 상징들을 – 의식과 내적 자각의 가장 깊은 차원을 뜻하며 우리가 하나님을 만나는 장소인 – '마음'의 상징으로 이해할 수 있을까? 우리는 '세계 내 존재'(being-in-the-world)이다. 우리는 본래 피조물이다. 따라서 우리는 본성상 하나님이 우리의 시작이며 마지막이라는 의식을 가지고 항상 하나님에게 집중할 수 있는 존재가 아니다. 우리는 – 자신에게 관심을 가져달라고 졸라대는 – 사람과 사물 그리고 사건들에 이리 저리 끌려 다니는 존재다. 우리가 하나님과 친밀하고 인격적이며 사랑의 연합 속에서 맺는 깊은 관계가 산만하거나 추상적이 되지 않으려면 '초점'(focus)[13]을 가져야 한다. 우리에게 필요한 것은 – 하나님과 맺은 사랑의 관계가 우리의 의식과 지각의 중심을 지배하고 우리의 사고와 말 그리고 행동에 최대한의 영향력을 행사하는 장소인 – 구체적인 현재(concrete presence)에 집중하는 것이다.

우리의 마음은 신체 기관인 동시에 우리의 실존에 대한 근본적인 상징이다. 더욱이 마음이란 말은 – 세상을 넘어서는 우리의 초월, 사유의 사랑 속에서 하나님을 향해 나아가는 – 우리 영 안에 있는 내적 신축력(inner stretching power)을 뜻한다. 우리는 마음을 다하고 뜻을 다하고 힘을 다하여 하나님을 사랑하라는 명령을 받았다(신6:5). 야훼는 예언자

---

12 St. Theophan the Recluse, 다음 문헌에서 재인용. *The Art of Prayer*, compiled by Igumen Chariton and trans. by E. Kadloubosky and G.E.H. Palmer (London: Faber & Faber, 1966), pp. 190–191.
13 맥쿼리 박사는 초점이라는 말을 이러한 의미로 사용하고 있다. *Principles of Christian Theology* (London, 1966), pp. 230 ff, 249–398.

예레미야를 통해 다음과 같이 말씀하신다. "너희가 온 마음으로 나를 구하면 나를 찾을 것이요 나를 만나리라" (렘29:13) 성서 기자들은 – 아직 이 세상에 뿌리를 내리고 있지만 – 창조의 목적인 충만함을 향해 나아가면서, 즉 어린아이가 아버지에게 하는 것처럼 하나님을 사랑하고 받아들이면서 마음을 해방시키는 순간(point)을 표현하기 위해 강력한 상징들을 사용한다. 따라서 모든 힘을 다해 그러나 동시에 죄 속에서 하나님의 치유를 간구하며 하나님을 만나는 장소를 묘사하기 위해 마음이란 상징을 사용하는 사막 교부들은 성서에 신실한 사람들이다. 성서의 사유 속에서 마음은 '새로운 창조' 혹은 바울의 말을 빌리자면 – 예수 그리스도 안에서 새로운 피조물로 치유되고 통합되며 변형된 (고후5:17) – '새로운 인간'을 지시해주는 상징이다.

마음의 영성

4세기 후반에 『50편의 신령한 설교』(Fifty Spiritual Homilies)를 저술했던 위(僞) 마카리우스(Pseudo-Macarius)는[14] 마음의 영성(헤시카즘)에 결정적인 영향을 끼친 교부들 중 하나이다. 그는 유대사상을 받아들이며 '마음'에서 하나님을 온전하며 실존적으로 만나는 것을 강조하는 안디옥 학파의 – 이그나티우스(Ignatius of Antioch), 폴리캅(Polycarp), 이레나이우스(Irenaeus), 사막의 안토니우스(Antony of the desert) – 사상을 계승한다. 우리는 존재의 기반이신 하나님을 정신(mind)이 아니라 마음(heart)에서 만날 수 있다. 마카리우스는 내주하시는 삼위일체 하나님의

---

14 그리스도교 영성에 지대한 영향력을 행사한 이 익명의 저자에 대한 최근의 연구와 그의 『50편의 신령한 설교』의 새로운 번역본에 대해서는 다음의 문헌을 참조하시오. George A. Maloney, S.J., *Intoxicated with God. The 50 Spiritual Homilies of Macarius*(Deville, NJ: Dimension Books, 1978). 나는 위 마카리우스를 인용할 때 이 번역본을 사용한다.

현존에 대한 점증적(漸增的)인 의식을 강조하며, 심지어는 감정(feeling) 속에서도 하나님과 만날 수 있다고 말한다. 그는 『50편의 신령한 설교』에서 '마음'을 – 하나님이 구체적인 실존 속에서 인간을 만나는 – 인간의 초점(focus)을 가리키는 신비적 상징으로 사용한다. 인간을 신화(神化)시키는 성령은 은총을 통해 우리로 하여금 하나님의 형상과(Image) 모양(Likeness)이신 예수 그리스도를 닮아가게 하면서 인간의 초월적 성향을 증대시키고 인격발달을 도모한다.

> "그분(하나님)의 은총은 그들의 마음속에 성령의 법을 써놓으셨다. 따라서 그들은 믿음의 소망을 단지 잉크로 쓴 성서에서 찾지만은 않는다. 왜냐하면 하나님의 은총은 실제로 "육의 마음 판"(고후3:3)에 성령의 법과 하늘의 신비를 기록했기 때문이다. 마음은 몸의 모든 다른 기관들을 감독하고 다스린다. 은총이 마음에 꼴을 먹이면, 마음은 몸의 모든 기관들과 사고를 지배한다. 마음 안에는 정신(mind)뿐 아니라 영혼의 사고와 모든 희망이 거주하기 때문이다. 이것이 바로 은총이 몸의 모든 부분들에 침투하는 방식이다."[15]

초기 그리스도인들의 영성은 쉬지 않고 드리는 기도, 자유 의지, 인간 안에 공존하는 죄와 은총, 신앙의 토대인 성서를 강조했다. 마카리우스와 그의 제자들은 이러한 본질적인 요소 외에도 예수 그리스도 중심성과 그가 '성령 세례'로 부르는 은총에 대한 '느낌'(feeling)에 집중한다. 이러한 은총은 통회(penthos) 속에서 예수와 연합되어 있는 자신을 바라보도록 만드는 영적 수준을 점차적으로 향상시킨다.

---

[15] Ibid., 100.

지성적 영성

마카리우스의 마음의 영성은 - 오리게네스(Origenes)와 에바그리우스(Evagrius, ~399) 그리고 그들을 따르는 영성사상가들이 헤시카즘 영성에 도입한 - 지성적 영성과 대조를 이룬다. 특히 에바그리우스는 사막의 수도자들을 위해 신플라톤주의의 형이상학과 인간학을 받아들였다. 우리가 헤시카즘을 - 오늘날에는 더 이상 적용할 수 없는 것처럼 보이는 - 당시의 독특한 문화적 측면이 아니라 본질적 차원에서 이해해야 한다면, 우리는 특히 에바그리우스의 영향력을 주목해야 한다. 특히 그의 두 저술들 - 『프락티코스』(Praktikos)와 『기도론』(Chapters on Prayer)[16] - 은 헤시카즘 영성에 영성생활의 개념과 비전을 전해주었다. 그의 영성 사상은 오늘날까지 동방 교회 영성, 특히 수도자들의 영성생활에 지대한 영향력을 행사하고 있다.

에바그리우스의 세계관은 오리게네스에 의존하고 있으며, 카시아누스(Cassian)의 저술들, 특히 중세의 동방과 서방 수도원 영성을 주도했던 철학에 가장 결정적인 영향을 끼친 그의 『제도집』(Institutes)과 『담화집』(Conferences)을 통해 우리에게 전해지고 있다. 현대인의 종교적 삶조차 이러한 에바그리우스의 비전(vision)에 뿌리를 내리고 있다. 그의 세계관은 태초에는 영적이었던 우주와 우주의 조화 속에 존재하는 천국, 그러나 인간의 죄로 말미암아 제약과 속박의 상태에 빠져버린 우주의 모습을 보여준다. 질료(matter)는 타락한 우주의 상태와 직접적으로 연관되

---

16 에바그리우스의 이 두 저술들을 가장 최근에 번역하고 주석한 책은 다음과 같다. John Eudes Bamberg, O.C.S.O., *The Praktikos and Chapters on Prayer* (Spencer, Mass: Cistercian Publication, 1970). Irenee Hausherr, S.J.은 『기도론』을 불어로 번역하였다. *Les lecons d'un contemplatif: Le Traite de l'Oraison d'Evagre le Pontique* (Paris, 1960). A. Guillaumont와 C. Guillaumont는 『프락티코스』를 불어로 번역하였다. *Traite Pratique ou le Moine*. 이 두 번역본은 다음 문헌에 실려 있다. *Sources Chretiennes*(Paris: Cerf, 1971), Vol. 170-171.

어 있다. 인간이 다시 회복하려는 원초적인 상태는 – 모든 형상(form)을 벗어버린 – 지성이 수행하는 삼위일체에 대한 순수한 관상이다. 인간은 자신을 위해 다양한 형상들과 감각적인 대상에 집착하면서 타락했기 때문이다.

이러한 비전에서는 인간의 지상 생활이 악마와의 영원한 투쟁으로 묘사될 정도로 악마가 중요한 역할을 한다. 따라서 영성 생활은 무엇보다도 프락시스(Praxis) 혹은 금욕적인 수행들에 초점을 맞추고 있다. 금욕적 수행의 목적은 악한 영의 교묘한 유혹(logismoi)에 저항하고, 영지(靈知, gnosis) 혹은 관상 지식을 통해 하나님과 다시 하나 되기 위해 질료를 영화(靈化, spiritualization)시키는데 있다. 이와 같은 피조물에 대한 지식을 영화시키는 것을 에바그리우스는 자연 관상(theoria physike)이라고 부른다. 수도자들은 몸과 정신(mind)의 정욕들을 정화시킴으로써 정욕 없는 상태(apatheia) 혹은 하나님의 현존에 대한 내적 감각에 도달하게 된다. 하나님의 현존은 자연의 사물 안에 존재하는 하나님의 정신(mind) 혹은 로고스(Logos)를 직관적으로 파악하는 자에게 계시된다. 그러나 이러한 수준의 관상조차도 모든 물질적 형상들로부터 완전하게 영화되어야 한다. 완전한 영화 속에서 인간은 비로소 천사처럼 되고, 본래적 삶의 상태로 돌아가며, 형상이나 이미지 없이 삼위일체 하나님을 관상할 수 있기 때문이다.

에바그리우스에게 기도란 하나님의 의지와 협력하는 수단이요, 영지(靈知)를 통해 – 아가페(agape) 혹은 순수한 사랑으로 불리는 – 하나님과 온전하게 하나 되는 중요한 수단이다. 참된 기도 혹은 순수한 기도를 에바그리우스는 참된 신학과 동등하게 여긴다. 자주 인용되는 에바그리우스의 텍스트 속에 다음과 같은 구절이 있다. "당신이 신학자라면 참된 기도를 드리게 된다. 당신이 참된 기도를 드린다면, 당신은 신학자다."[17]

에바그리우스에 의하면, 관상 생활의 이상은 정화를 통해서 – 애착과 죄의 근원인 – 모든 다양한 형상들을 비우고, 이미지 없이 하나님과 하나가 되는 천사의 상태에 도달하는 것이다. 그는 다음과 같이 말한다.

"이를테면 당신의 영이 하나님에 대해 불타오르는 갈망으로 인해 점차 육으로부터 물러선다면, 그리고 감각이나 기억 또는 기질에서 나오는 모든 사고로부터 돌아서서 경외심과 동시에 기쁨으로 채워진다면, 당신은 분명 기도라는 이름을 가진 나라에 가까이 다가서게 될 것입니다."[18]

이와 같이 분심 없는 기도를 에바그리우스는 '순수한 기도'라고 부른다. 분심 없는 기도는 하나님의 선물에 의해 조명(照明, illumination)된 상태이다. 이러한 기도는 자신을 정화시키려는 인간의 노력에 뒤이어 일어난다. 그러나 정화가 기도의 원인은 아니다. 우리는 이러한 조명된 상태가 단지 모든 이미지를 비우면서 지성을 정화하는 단계에 불과한 것이 아니라는 사실을 잊지 말아야 한다. 인간의 지성을 정화시키는 분은 하나님이다. 하나님은 영지(지식)뿐 아니라 아가페(사랑)로 인간의 지성을 정화시킨다. 관상가는 그 자신의 빛으로 하나님을 보는 것이 아니다. 에바그리우스는 관상가가 자기 힘으로 지복직관(至福直觀, beatific vision)에 이르는 것이 불가능하다고 말할 것이다. 오히려 관상가는 하나님을 순수하고 완전한 이미지로 비추어주는 – 숨김없이 빛으로 충만한 – 지성 속에서 자신을 바라보게 된다. 이러한 순수한 지성은 하나님과 인간이 사랑 속에서 만나는 장소, 즉 하나님이 현존하시는 자리(locus Dei)이다.

---

17 Bamberger, op. cit., No. 60, p.65.
18 Ibid., No. 61. p.65.

내적인 빛

관상가는 하나님을 거울 속에서 보는 것처럼, 즉 - 본질이 영(인간의 원초적 상태)인 - 인간 본성의 빛 속에서 바라본다. 관상가는 완전한 정화와 '벌거벗음'(nakedness)의 상태 속에서 자신의 참 '자기'(self)를 보면서 하나님을 '자기'의 저자(author)와 근거로 발견한다. 따라서 가장 높은 경지의 관상은 두 가지 행위가 아니라 오직 하나의 행위이다. 관상 행위를 이렇게 이해하는 근거는 인간 안에 있는 하나님의 형상이란 성서적 교리이다. '첫 번째' 관상(자연 관상, *theoria physike*)은 그분의 - 지혜의 - 흔적을 지닌 열등한 대상들을 통해 하나님에게 이르고자 한다. 반면에 '두 번째' 관상(하나님 관상, *theoria theologike*)은 하나님을 영 안에서, 즉 그분의 본질의 모양(likeness)속에서 바라본다.

이러한 지식은 합리적인 개념으로 설명할 수 있는 것이 아니다. 에바그리우스는 이러한 사실을 가리키기 위해 부정신학(apophatic)에 의지한다. 그러나 그는 - 후에 신 신학자 성 시므온(the New Theologian St. Symeon)과 성 그레고리 팔라마스(St. Gregory Palamas)가 심화시켰던 - 매우 중요한 표현을 사용한다. 인간, 즉 정화된 영은 순수한 기도 속에서 "자기 자신의 빛을 바라보기 시작한다"[19]는 표현 말이다.

그는 또한 '헤시키아'란 개념과 함께 내적 고요함을 함양하는 문구를 사용한다. 모든 정념으로부터 정화되고 모든 이미지와 개념을 비워낸 이른바 형체 없는(formless) 기도 속에서 영은 "자신의 깊은 고요함 속에 머무를" 수 있다.[20] 이러한 두 문구들을 통해 에바그리우스는 자신의 빛 속에서 하나님을 바라보는 것과 또한 그렇게 함으로써 인간의 영에게 - 평강,

---

19 Ibid., No. 64, p.33. 희랍어 원문은 다음과 같다. *to oikeion phengos.*
20 Ibid., No. 69. p.66. 희랍어 원문은 다음과 같다. *be pikeia eremia.*

고요함, 내적 조화, 그리고 평안으로 묘사되는 – 충만한 통합(fullness of integration)을 가르치는 것 모두가 인간 영의 '자연적' 상태라는 사실을 강조한다. 내적인 빛과 내적인 고요함은 곧 헤시카즘의 주요 요소가 되었다.

예수의 이름

앞에서 살펴본 바와 같이 4세기 말의 동방 교회 영성에는 강조점이 다른 두 가지 상이한 영성 전통이 공존했다. 하나는 마카리우스의 영성이며, 다른 하나는 에바그리우스의 영성이다. 포티케의 디아도쿠스(Diadochus of Photice in Epirus 5세기)는 이러한 두 영성을 하나의 성서적 영성으로 통합시키려 했다. 그는 능숙하게 에바그리우스의 철학적 배경과 개개 그리스도인의 영화(靈化, spiritualization)를 강조하는 마카리우스의 영성, 그리고 – 인류의 타락, 예수 그리스도 중심주의, 마지막 때 인간과 우주가 변모하리라는 약속들과 같은 – 성서의 주요 교리를 통합시켰다.[21]

그러나 6세기 이후 수 세기 동안 헤시카즘은 시나이 산에 있는 성 카타리나(St. Catherine) 수도원이 주도해나갔다. 이곳에서 동방 교회 영성의 두 흐름이 가장 아름다운 방법으로 통합되었다. 이 수도원 성당의 애프스(Apse 역자 주: 제단 뒤의 움푹 들어간 곳)에 위치한 아름다운 모자이크 풍의 이콘(Icon)은 상징적으로 시나이 산에서 무지의 구름 속에서 일어난 모세의 변모와 모세가 – 천상적인 빛(Taboric Light) 속에서 일어난 – 예수의 다볼 산 변모(變貌)를 공유하는 사건을 찬양하고 있다. 시나이 학파의 주요 영성사상가들로는 닐루스(Nilus), 클리마쿠스(John

---

21 디아도쿠스의 *The Chapters on Spiritual Perfection*의 희랍어 원본과 불어번역본은 다음의 책에 실려 있다. *Sources Chretiennes*, ed., E. des Places, Vol. 5(Paris: Cerf, 1943).

Climacus), 헤시키우스(Hesychius), 필로테우스(Philotheus) 등을 들 수 있다.

그들은 은둔적인 삶, '마음을 지킴', 정신의 기도(mental prayer) 등을 강조하면서 – 에바그리우스로부터 배운 – 오리게네스와 사막 교부들을 종합한다. 사막 교부들은 – 외적이고 내적인 헤시키아(hesychia) 또는 평안을 심화시키도록 고안된 – 금욕적 수행의 헤시카즘을 강조한다. 이러한 사실은 사람들이 사는 세상으로부터 도피하는 것을 의미한다. 이러한 사실은 또한 오직 절대적이고 본질적인 것, 즉 하나님의 나라를 찾는 것 외의 모든 염려를 내려놓음으로써 입술과 마음의 침묵을 지키는 것을 의미한다. 오직 하나님만을 위해 살려는 내적 투쟁은 자신의 생각들을 지속적으로 경계하는 수행으로 이어진다. 지성이나 마음이 내적 주의를 통해 헤시키아에 이르거나 정념들로부터 쉼을 얻는다면, 하나님을 끊임없이 관상할 수 있다는 것이다.[22]

이러한 수행(praxis)에 관상에 대한 에바그리우스의 가르침이 더해진다. 따라서 하나님을 비쳐주는 거울 역할을 수행하는 정화된 정신(mind)은 – 은총에 의해 신화(divinization)에 이름으로써 – 끊임없이 삼위일체 하나님을 관상할 수 있게 된다. 인간의 영은 이제 하나님의 성전이 되었으며, 아파테이아(apatheia), 즉 기도에 짐이나 장애가 되는 정념들이 사라진 통합의 상태는 지속적으로 기도하거나 하나님을 관상하게 된다.

시나이 학파는 이러한 영성을 마카리우스의 가르침과 결합시킨다. 인간은 더 이상 – 에바그리우스가 그렇게 묘사했듯이 – '지성'(intellect)이 아니다. 인간은 마음(heart)이다. 그는 이미지를 통해서가 아니라, 나와 너의 사랑의 관계 속에서 하나님을 만난다. 육신의 눈으로 보는 환

---

22 참조. I. Hausherr, "La methode d'orasion hesychaste," *Orientalia Christiana*, Vol. IX, No. 36(Rome: Pontifical Oriental Institute, 1927), pp: 109–210.

상조차 인정하지 않는다. 하나님의 현존은 마음의 통회(penthos, 자신의 죄에 대한 지속적인 애통)를 통해 지속된다. 통회는 죽음과 심판에 대한 지속적인 묵상, 눈물의 은사, 그리고 모든 피조물에 대한 초연함(detachment)를 통해 심화된다. 그러나 시나이 학파의 헤시카즘 형태에는 새로운 요소가 발견된다. 예수에 대한 인격적이며 사랑 가득한 기도가 바로 그것이다. 이 기도는 단순한 외마디 기도나 예수의 이름을 끊임없이 반복하는 기도로서 치유하고 변형시키는 예수의 현존에 의식(마음)을 집중하는 것이다.

시나이 학파의 교부들 가운데 가장 유명한 사람으로 요한 클리마쿠스(St. John Climacus)를 선정하는데 이의를 제기할 사람은 없을 것이다. 그가 사다리를 뜻하는 클리마쿠스로 불린 것은 영성의 고전이 된 『거룩한 등정의 사다리』(The Ladder(그리스어 klimax) of Paradise)[23]의 저자이기 때문이다. 우리는 클리마쿠스의 저술에서 에바그리우스의 영향력을 감지할 수 있다. 후대의 영성사상가들은 클리마쿠스 영성의 특징을 – 보통 예수의 이름이나 구원의 능력과 결합된 짧은 구절을 자비와 용서를 간절히 구하는 심정으로 반복함으로써 – 하나님의 현존을 기억하는 수행에서 찾을 것이다. 『거룩한 등정의 사다리』는 다음과 같이 말한다.

> "잠자리에 들거나 일어날 때 죽음에 대한 묵상이 당신과
> 함께 있도록 하십시오. 이러한 묵상과 더불어 단음절의
> 예수기도(monologistos Jesu euche)를 드리십시오. 당신이
> 잠들어 있을 때 이러한 기도보다 더 잘 당신을 지켜주는 것은

---

[23] Archimandrite Lazarus Moore의 영어 번역본(Londen: Faber & Faber, 1958)은 꼭 참조해야 할 책이다.

없을 것입니다."[24]

헤시카즘이 발전 중에 있었던 시기에는 아직 고정된 형태의 예수기
도("주 예수 그리스도, 하나님의 아들이시여 이 죄인을 불쌍히 여기옵소
서")가 등장하지 않았다. 하우스헤르(I. Hausherr)에 의하면, 클리마쿠스
는 사막교부들이 강조했던 '은밀한 수행'(krypte ergasia)을 강조했을 뿐
이다. 즉 깨어있는 시간 내내 짧은 구절을 입술이나 마음에 올리면서 하
나님 혹은 하나님의 현존에 대한 기억을 불러오는 것을 사막 교부들의
주된 수행으로 보았다는 것이다.[25] 클리마쿠스는 헤시키아를 다음과 같
이 정의한다.

> "헤시키아는 언제나 현존하시는 하나님을 끊임없이 경배하는 것입니다.
> 예수에 대한 기억이 당신의 호흡과 하나가 되도록 하십시오.
> 그러면 당신은 헤시키아의 유익을 알게 될 것입니다. ...
> 헤시카즘 수도자는 기도가 중단될 때 타락합니다."[26]

헤시카즘을 예수의 이름을 반복해서 부르는 것과 연관시키는데 가
장 큰 영향력을 행사한 것은 다음과 같은 클리마쿠스의 진술이었다. "당
신의 적을 예수의 이름으로 내쫓으시오. 하늘이나 땅에서 이보다 더 강
력한 무기는 없습니다."[27] 여기서 클리마쿠스는 예수의 이름을 현존

---

24 John Climacus, *Scala Paradisis; Gradus XV*, PG 88, 889 D. 상당수의 번역가들은
클리마쿠스가 이 책을 통해 "주 예수 그리스도 하나님의 아들이시여, 이 죄인을 불쌍히
여기옵소서"로 정형화된 비잔틴의 전통적인 예수기도를 가르치고 있다고 해석한다. Cf. L., Moore,
op. cit. p. 154와 130의 각주 1을 참조하시오.
25 I. Hausherr, S.J., *The Name of Jesus*, trans. Charles Cummings, OCSO (Kalamazoo,
MI: Cistercian Publications, Inc., 1978), pp. 282–286.
26 John Climacus, *Scala Paradisis*, PG 88, 1112 C.
27 Ibid., *Gradus XXI*, PG 88, 1032 C.

(presence)이라는 유대교적 의미로 사용한다. 후대의 수도자들은 클리마쿠스의 글을 문자적으로 받아들여 – 악마의 공격을 무력화시키고 주님의 자비를 불러오기 위해 – 예수의 이름을 그리스도인의 '만트라'(mantra)로 사용했다.

클리마쿠스의 제자인 시나이의 필로테우스는 비잔틴 헤시카즘으로 하여금 예수의 이름을 끊임없이 부르는 기도에 한 걸음 더 가깝게 나아가도록 만들었다.

> "진심어린 분노와 자비로운 통회와 결합된 하나님, 즉 예수에 대한 달콤한 기억은 – 당돌하게 우리의 영혼들을 집어삼키려는 –모든 생각의 유혹과 다양한 제안(suggestion)들을 무력화시킨다. 당신을 부르는 소리를 들은 예수는 이 모든 것을 불태워버린다. 우리는 예수 그리스도 밖에서는 결코 구원을 발견할 수 없다. … 매시간과 순간마다 – 자신에게 그려지고 각인된 예수 그리스도, 즉 하나님 아버지의 지혜와 권능이신 예수 그리스도의 빛나는 이미지만을 가지고 있어야 할 – 영혼의 거울을 흐리게 만드는 생각들로부터 우리의 마음을 지킵시다."[28]

예수기도

예수 그리스도의 현존에 집중하기 위해 비교적 자유롭게 실행되었던 외마디 기도는 – 디아도쿠스, 요한 클리마쿠스, 필로테우스와 헤시키우스와 같은 교부들의 영향력 하에서 – 점차 정형화된 기도문으로 고착되기 시작했다. "주, 예수 그리스도, 하나님의 아들이시여, 이 죄인을

---

28 Philotheus of Sinai, *Dobrotoliubie* (The *Philokalia* in Russian), No. 22-23 (Moscow: 1888), T.3, p. 454.

불쌍히 여기옵소서." 이 기도문은 익명의 저자가 크리소스토무스(John Chrysostom)의 이름을 빌려 쓴 한 문헌에 나타난다. 이 문헌의 저자는 다음과 같이 말한다.

"형제들이여, 간청하건데 결코 기도의 규칙을 포기하거나 무시하지 마시오. ... 수도자는 먹거나 마실 때에도, 그리고 집에 머물거나 여행 중에도 혹은 무슨 일을 하든지 간에 지속적으로 외쳐야 합니다. '주 예수 그리스도, 하나님의 아들이시여, 이 죄인을 불쌍히 여기옵소서.' 주 예수 그리스도의 이름을 기억하는 것은 수도자를 자극해 적과 싸우도록 만듭니다. 스스로 이러한 수행의 길에 나선 영혼은 이러한 기억에 의해 내면에 존재하는 모든 것을 – 선한 것과 악한 것 모두를 – 발견할 수 있습니다. 우리 주 예수 그리스도의 이름은 마음의 깊이로 내려가면서 기도의 목장을 지배하려는 사탄을 정복하고, 우리의 영혼을 구하며, 우리의 영혼에 생명을 가져다주실 것입니다. 따라서 마음이 주를 삼키고, 주께서 마음을 삼키면서 양자가 하나가 되도록 끊임없이 우리 주 예수 그리스도의 이름 곁에 머무르십시오. 그러나 이러한 일은 하루 이틀 사이에 이루어질 수 있는 일이 아닙니다. 그리스도가 우리 안에 거하도록 원수를 쫓아내는 일에는 엄청난 수고가 요구됩니다."[29]

여기서 우리는 수도자가 끊임없이 반복하는 어구(formula)를 선택하는데 자유롭고 자발적이었던 초기의 기도가 시간이 흐름에 따라 정형화된 기도문으로 대치되었음을 알게 된다. 이 문헌은 12세기에 니케포루스(Nicephorus)가 저술한 책보다 후대에 쓰인 것이다. 하우스헤르의 연구

---

[29] 위(僞) 크리소스토무스의 글은 다음의 책에 실려 있다. Migne, PG 60, 752-755.

에 의하면, 니케포루스가 『주의력과 기도의 세 가지 방법』(*On the Three Methods of Attention and Prayer*)[30]의 저자일 가능성이 높다고 한다. 이 문헌은 - 헤시카즘의 역사 속에 나타난 그 어떤 다른 문서들 보다 - 내적 인식과 절제(*nepsis*)를 철저하게 실천했던 고대의 사막 교부 전통을 - 언뜻 보기에는 디키르(dhikr) 혹은 알라(Allah)의 이름을 부르는 이슬람 영성을 연상시켜주는 - 생리 심리학적(physio-psychological) 기술과 연관시키고 있다.[31]

아토스 산의 헤시카즘 르네상스

시나이의 성 그레고리우스(Gregory of Sinai)는 14세기 아토스 산에 헤시카즘을 다시 부흥시켰던 교부로 평가받고 있다. 그는 거룩한 절제와 '마음 안에서 정신으로 드리는 기도'(prayer of the mind-in-heart)의 구체적인 방법을 가르쳤던 사부로 알려져 있다. 우리는 그의 책 『계명과 도그마』(*Texts on Commandments and Dogmas*)에서 금욕과 기도에 대한 시나이 교부들의 전통적이며 확고한 가르침을 발견하게 된다. 그러나 그는 그의 다른 저서인 『헤시카스트에게 주는 지침』(*Instruction to Hesychasts*)에서는 - 기도하는 자세, 예수기도를 드리는 방법, 생각들을 내쫓는 방법, 호흡하는 방식과 예수기도를 호흡에 맞추어 드리는 방법

---

30 이 책의 번역과 주석본으로는 다음 문헌을 참조하시오. I. Hausherr, «La Methode d'oraison hesychaste,» *Orientalia Christiana*, Vol. IX, No. 36 (Rome: Pontifical Oriental Institute, 1927), pp. 109-210.

31 J. Gouillard는 그의 책 *Petite Philocalie de la Priere du Coeur* (in *Documents Spirituels*, 5. (Paris: 1953)에서 익명의 텍스트를 인용하면서 "이슬람의 인위적 기술과 디키르에 의존하는" 방법에서 나오는 특정한 생리학적이며 인위적인 결과를 신뢰하지 말라고 경고한다. 참조. pp. 305-306. 또한 다음 문헌들을 참조하시오. M,L. Gardet, «La mention du non divin en mystique musulmane,» *Revue Thomiste* (1952), pp. 642-646; George Wunderle, «La Technique de l'Hesychasme,» Etudes Carmelitannes: Nuit Mystique (Paris: 1938), p. 52.

등 – 엄밀하고 상세한 지침들을 전해준다.[32]

그레고리우스는 헤시카즘 교부들의 가르침을 아토스 반도에 가져와 헤시카즘을 정교회 신비주의의 중심 교리로 세우는 운동을 펼쳐나갔다.[33] 그는 영혼의 정화와 정념과의 투쟁, 에바그리우스가 말하는 아파테이아에 도달해야 할 필요성, 영혼과 하나님의 친밀한 연합이 가져다주는 신적인 빛과 피조세계에 대한 초자연적 지식을 강조한다. 물론 이러한 것들은 그의 스승들, 특히 클리마쿠스와 신 신학자 시므온이 가르쳤던 것들이다. 그는 자신의 시나이 스승들의 금욕적 '마음'의 정화를 신실하게 반포하며, 인간의 마음속에서 일어나는 초자연적 경험을 구체화시키고 그 기원을 찾아내려는 시므온의 입장을 확립해나간다. 이러한 과정을 통해 예수기도 – "주 예수 그리스도 하나님의 아들이시여, 이 죄인을 불쌍히 여기소서" – 는 통제된 호흡의 리듬과 연결될 수 있었다. 그러나 이러한 기도는 소리 내어 드리는 기도에 한정되지 않는다. 이러한 기도가 자연발생적으로 심장의 박동에 맞추어 정념들을 통제할 때, 마음은 바울이 초기의 그리스도인들에게 권면했던 "쉬지 말고 기도하라"는 가르침을 실천에 옮기게 된다.

쉬지 않고 드리는 기도를 통해 하나님을 관상하는 길이 열린다. 성 그레고리우스는 자연발생적인 '마음의 기도'에 도달하기 위해 – 천천히 호흡하고, 영혼이 마음속으로 들어가는 것을 도울 수 있는 – 몸의 자세를 세부적으로 규정한다. 그러나 그레고리우스는 동시에 이러한 수행 중에 일어나는 자기기만의 위험성을 경고하며, 자신의 성향대로 기도하기 보

---

32 St. Greogory of Sinai, *Texts on Commandments and Dogmas, Instruction to Hesychasts*, in *Writings from the Philokalia on Prayer of the Heart* (Londen: Faber & Faber, 1951), pp. 37-94.

33 참조. Bois, "Gregoire le Sinaite et l'hesychasm athos au XIVe siecle," *Echos d'Orient*, Vol. V (Oct, 1902), p. 69.

다는 영적 지도자의 가르침에 귀를 기울일 것을 거듭 강조한다. 그는 대체로 예수기도에 부가된 기술적인 요소들 보다는 – 초기 사막 교부들이 그토록 강조했던 – 금식, 절제, 철야, 인내, 용기, 침묵, 눈물, 겸손 등의 덕이 동반되는 기도를 강조했다.

자타가 인정하는 헤시카즘 교부들이 규범으로 삼는 것 가운데 하나는 칼리스투스 대주교(Patriarch Callistus)와 크산토포올로스의 이그나티우스(Ignatius of Xanthopoulos)가 서술한 『헤시카즘 수도자에게 주는 100 가지 지침』(Directions to Hesychasts in a Hundred Chapters)34이다. 이 책에는 두 가지 헤시카즘 전통들이 처음부터 끝까지 공존한다. 그 중 하나의 전통은 – 고독, 절제, 애통을 통해 생각들을 통제함으로써 정신(mind)이 정념들의 속박에서 해방되어 내면에 존재하는 하나님을 관상하는 – 에바그리우스와 디아도쿠스, 막시무스(Maximus)와 시나이 교부들의 지성적이며 관상적인 전통이며, 또 다른 하나의 전통은 – 호흡 및 자세에 대한 실질적인 기술과 접목된 – 예수기도를 지속적으로 반복하는 것과 육안에 보이는 신성의 빛(Taboric light)을 강조하는 전통이다.

창조되지 않은 에네르기아

이탈리아 출신의 그리스 수도자 발람(Barlaam of Calabria)의 논쟁적 공격에 맞서 헤시카즘 교부들을 변호했던 교부는 팔라마스(Gregory Palamas, ~1359)였다.35 발람은 예수기도를 드리는 가운데 신성의 빛

---

34 Patriarch Calistus and Ignatius of Xanthopoulos, *Directions to Hesychasts* in *Writings from the Philokalia on Prayer of the Heart* (Londen: Faber & Faber, 1951), pp. 164-273.
35 참조. G. A. Maloney, S.J., *A Theology of Uncreated Energies* (Milwaukee: Marquette University Press, 1978); John Meyendorff, *A Study of Gregory Palamas* (London: The Faith Press, 1964) trans. G. Lawrence.

(Taboric light)을 바라보면서 하나님을 체험했다고 주장하는 아토스 산의 수도자들을 조롱한다. 팔라마스는 하나님의 본질과 하나님의 - 창조되지 않은 사랑의 - 에네르기아를 구분하면서 전자는 그 어떤 인간도 완전하게 체험할 수 있는 것이 아니지만, 후자는 관상기도를 드리는 자들에게 신비적인 체험으로 주어질 수 있다고 주장한다. 이러한 에네르기아는 사건이나 사물이 아니다. 팔라마스에 의하면, 하나님의 에네르기아는 삼위일체적으로 당신의 창조 세계와 관계를 맺고 활동하시는 하나님이다. 이러한 에네르기아의 목적은 인간을 하나님의 본성에 참여시킴으로써 신화(神化)시키는데 있다.

팔라마스는 헤시카즘 영성방식에 새로운 것을 도입하지는 않았다. 그럼에도 불구하고 그는 헤시카즘의 수행방식을 최종적으로 완성시킨 사람으로 평가받고 있다.[36] 팔라마스는 자신의 『복된 헤시카스트』(On the Blessed Hesychasts)[37]에서 헤시카즘의 수행방법을 변호한다. 이 방법이 헤시카즘의 본질을 실현하는데 커다란 도움이 된다는 것이다. 그의 글은 헤시카즘 영성이 비잔틴 신자들의 전통적 영성이었을 뿐 아니라, 정교회 미래 세대도 받아들여야 할 유일한 영성이라고 주장하고 있다는 점에서 헤시카즘 영성에 대한 시성(諡聖 canonization)이라 할 수 있다. 정신(mind)은 절제와 자제를 통해 - 인간의 전 인격이 정신의 위대함에 참여할 수 있도록 - 몸(body) 안에 있어야 한다. 정신이 몸 안에 모아지고 가두어지지 않고 오히려 감각들에 의해 다양하게 분산되면 어떻게 정신이 통제될 수 있겠는가? 인간은 자기 자신에게 돌아올 때 하나님께 상승할 수 있게 된다.

---

36 참조. J. Gouillard, "La Centurie," *Echoes d'Orient*, Vol. 37 (1938), p. 459.
37 PG 150, 1101 ff. 메이엔도르프가 그리스 원전을 불어로 번역 편집했다. *Triades pour la defense des saints hesychates* (Louvain, 1954).

팔라마스를 위시한 전통적인 헤시카즘 교부들의 글은 우리에게 필로칼리아(*Philokalia*, 선善에 대한 사랑)란 이름으로 전해 내려온 책에 수록되어 있다. 이 책은 코린트의 성 마카리우스(Macarius of Corinth, ~1805)와 거룩한 산의 니코데무스(Nicodemus Hagiorite, ~1809)에 의해 편찬되었으며, 1782년 베니스에서 그리스어로 출판되었다. 이 책은 부분적으로 파이시 벨리치콥스키(Paissy Velitchkovsky, 1722-1794)에 의해 슬라브어로 번역되었다. 파이시는 자신의 고향인 루마니아에 헤시카즘 르네상스를 불러일으킨 네암츠(Neamt) 수도원의 원장이었다. 이러한 헤시카즘 르네상스는 슬라브 민족 전체, 특히 러시아로 확산되었다. 물론 이전에도 닐 소르스키(Nil Sorsky, ~1508)의 저술을 통해 헤시카즘 영성이 러시아에 소개되었다. 아토스 산에 살았던 닐 소르스키는 러시아 북부에서 깊은 관상과 금욕 생활을 추구하는 수도단체(cadre)를 만들었던 인물이다. 이 그룹은 초기 헤시카즘 교부들의 가장 뛰어난 가르침을 보존해왔다.[38]

19세기 말에는 은수자 테오파네스(Theophan)가 파이시의 번역판을 보완해 필로칼리아 번역서를 출판했다. 그는 이 책의 제목에 파이시가 사용한 것과 동일한 러시아어 이름(Dobrotoliubie, 선에 대한 사랑)을 붙였다. 그러나 테오파네스는 신체적 기술을 과도하게 강조하는 부분들은 누락시켰다. 테오파네스와 이그나티우스 브리안카니노프(Ignatius Brianchaninov) 주교는 이러한 기술들이 무절제하게 남용되는 사례들에 우려를 표했다.[39] 그러나 예수기도를 대중화시키고 러시아의 평신도들이 쉽게 접근할 수 있도록 만든 책으로는 단연코 『순례자의 길』(*The Way of*

---

38 참조. G. A. Maloney, S.J., *Russian Hesychasm* (The Hague: Mouton Publishers, 1974).
39 Ignatius Brianchaninov, *On the Prayer of Jesus, from the Ascetic Essays*, trans. Lazarus Moore (London, 1952).

a Pilgrim)을 꼽을 수 있다.[40] 이 책은 익명의 저자가 쓴 소책자로서 러시아 이민자들에 의해 서방세계에 전해졌다.

『순례자의 길』은 예수기도를 드리며 러시아, 특히 시베리아를 도보로 여행했던 한 러시아 농부의 이야기를 그리고 있다. 이 책은 ─ 자신을 훈련시켜 '마음'으로 들어가 그곳에 내주하시는 예수의 내적인 빛을 체험하려는 ─ 가장 평범한 사람들에게 접근 가능한 영성을 소개하고 있다. 이 책은 다음과 같이 말한다,

"내가 혼자서 이루지 못한 것들이 하나님의 자비하심과 사부님의 가르침에 의해 주어졌습니다. 이러한 경지에 이르려면, 침묵 속에서 마음속 깊은 곳으로 내려가 예수님의 이름을 더욱 많이 부르기만 하면 됩니다. 이렇게 하는 사람은 즉시 내면의 빛을 느끼며, 모든 것을 이해할 수 있습니다. 심지어 이 빛 속에서 하나님의 나라의 비밀도 봅니다. 자신의 존재의 깊이를 측량할 수 있는 사람, 내면에서 자신을 볼 수 있고, 자기 안식 안에서 기쁨을 발견하며, 자신을 불쌍히 여기고 자신의 타락과 망쳐진 의지에 대해 눈물을 흘리는 사람의 신비 안에는 깊이와 빛이 있습니다."[41]

헤시카즘은 주로 대중적인 예수기도를 통해 서구에 전해졌다. 이 기도는 짧다. 그리고 『필로칼리아』나 『순례자의 길』에 나타나는 영적 지침들은 ─ 주 예수 그리스도에 대한 신뢰와 자신의 죄에 대한 고백으로 구성된 ─ 기도를 자신의 호흡에 일치시키는 것이 얼마나 쉬운지를 보여준다. 그

---

40 R. M. French는 동일한 제목으로 제 2부를 포함한 영어번역본을 발간했다. *The Pilgrim Continues His Way* (London: 1943).
41 *The Way of a Pilgrim*, trans. R. M. French (New York: Seabury Press, 1965), pp. 88-89. 참조. 『순례자의 길』(엄성옥 강태용 옮김, 서울: 은성, 2007), 115.

러나 필로칼리아를 주의 깊게 읽어내려면 - 신체의 고정, 호흡의 통제나 일시적 정지, 시선을 심장의 영역, 위장이나 배꼽에 고정시키는 것과 같은 - 정신 집중을 돕는 기술들을 발견하게 될 것이다. 이러한 기술들의 목적은 "정신을 마음속으로 밀어 넣으려는 데" 있다. 이러한 구절은 헤시카즘 교부들의 글에 공통적으로 나타난다. 이러한 신비적 기쁨은 내적인 따뜻함을 느끼고, '신성의 빛'으로 불리는 내적인 빛을 신체적으로 지각할 때 주어진다.

진정한 헤시카즘

나는 이 장(章)에서 간략하게나마 헤시카즘 영성의 역사를 소개했다. 우리는 이를 통해 헤시카즘 영성의 기원이 복음(Gospel)과 4, 5세기에 이집트와 시리아, 그리고 팔레스타인의 사막으로 떠났던 사람들의 영성에 있다는 사실을 발견하게 되었다. 그러나 헤시카즘의 영성은 - 시간의 흐름 속에서 그 어떤 변화도 일어나지 않고 첨가된 것도 없는 불변의 토대 위에 세워진 - 획일적인 영성은 아니다.

셈족과 시리아의 '마음의 영성'에 뿌리를 내리고 있는 마카리우스는 인간의 전 인격이 - 몸과 혼, 그리고 영의 연관성을 통해 - 쉬지 않고 기도드리는 영성이라는 전체론적인 요소를 덧붙인다. 이러한 음조는 - 인간이 하나님을 존재의 근거로 만날 때 나타나는 개인적 의식의 가장 깊은 차원 혹은 '초점'(focus)을 뜻하는 - 마음 안에 거주하는 예수의 현존에 대한 감각적인(feeling) 의식을 전면에 부각시킨다.

에바그리우스와 그의 신플라톤적 지성주의(intellectualism)는 정념 없이 하나님과 일치하기 위해선 정신(mind)에서 모든 이미지와 생각들을 비워야 한다고 말한다. 에바그리우스는 영혼이 이러한 상태에 이르면,

항상 현존하는 하나님의 빛을 비추어주는 거울로 존재하는 자신의 참된 본성으로 '돌아온다'고 말한다.

성서에 근거하고 있으며, 스토아학파와 신플라톤주의가 제시하는 인간론(philosophy of man)의 영향을 받은 금욕 수행들은 항상 헤시카즘의 본질적 요소였다. 내주하시는 삼위일체 하나님에게 전적으로 귀를 기울이고 순종하려는 신자들이 반드시 지켜야 할 수행 가운데 하나는 - 마음으로 암송하는 것을 호흡의 리듬에 맞추어 반복하는 - 예수기도에 집중하는 훈련이었다.

앞에서 우리는 비잔틴 헤시카즘의 발전과정을 개관해보았다. 다음 장들에서는 동방 교회 영성의 본질적인 요소들을 살펴보겠다.

불트만(Rudolf Bultmann)은 - 인간의 비(非)본래적 존재와 본래적 존재에 대한 - 하이데거(Martin Heidegger)의 실존론적 분석을 자신의 해석학적 도구로 받아들여 성서에서 발견되는 신화들을 '탈신화화'(demythologize)하려 했다. 우리 또한 교부들의 영성을 받아들이면서도 그들의 메시지를 정화시키기 위해 교부들이 사용했던 신화시적(mythopoetic) 언어들을 '탈신화화'하려 한다. 다음 장들에서 나는 본래적인 그리스도교 신앙에 대한 교부들의 관점을 해석할 뿐 아니라, 이러한 가르침을 현대 그리스도인을 위해 개작해 보겠다.

02.
침묵의 고독 속으로 떠남

하나님은 우리 모두 안에 강력한 생명 보존 욕구를 심어주셨다. 생명의 안전이 위협받을 때 우리는 맞서 싸우거나 도피하게 된다. 두려움은 방어 기제라는 긍정적 측면을 갖고 있다. 두려움이란 우리가 소중히 여기는 것, 즉 우리 자신의 생명을 안전하게 유지하려는 본능적인 기능이다.

헤시카즘 교부들뿐 아니라 모든 그리스도인, 심지어는 모든 시대의 비(非)그리스도인 신비주의자들에게 공통적으로 나타나는 특징이 하나 있다면, 그것은 바로 '세상'으로부터 돌아서는 것을 강조하는 경향이다. 예수는 '세상'이 자신을 미워했던 것처럼 제자들도 증오하게 될 것이라고 예언한 바 있다(요17:14).

'세상'에 대한 신약성서의 자세는 초연함(indifference)이다. 자신의 대적인 세상으로부터 도피했던 초기 그리스도인들의 태도는 명백한 저항의 태도였다. 콘스탄티누스 황제는 그리스도교 박해의 시대를 종식시키고, 교회를 로마제국의 공적 종교로 받아들였다. 그러나 예수의 메시지는 빠르게 왜곡되기 시작했다. 화이트헤드(A. Whitehead)는 다음과 같이 말한다.

"서방 세계가 그리스도교를 받아들였을 때, 로마 황제는 정복했다. ... 교회는 전적으로 황제에게 속한 속성들을 하나님께 드렸다."[1]

교회와 국가는 조화를 이루었다. 그 결과 교회는 자신과 자신의 메시지를 국가의 소원에 맞추어가기 시작했고, 더 이상 이전 세기의 그리스도인들이 대적으로 간주했던 '세속성'(worldliness)에 더 이상 저항할 수 없게 되었다. 성 바실리우스(St. Basil)는 4세기 그리스도교의 상태를 다음과 같이 묘사한다.

"교부들의 교리는 멸시를 받으며, 혁신자들의 사색이 교회를 지배하고 있다. 이 사람들은 교활한 체계를 고안해내는 사람들이지 신학자는 아니다. 세상의 지혜가 영예의 자리를 차지하고 있으며, 십자가를 자랑하는 일은 사라지고 말았다. 목자들은 쫓겨났고, 그들의 자리에 양떼를 괴롭히는 탐욕스러운 늑대들이 들어섰다. 기도의 집은 텅 비었으며, 사막은 통곡하는 자들로 가득 찼다."[2]

사막으로 도피

이집트와 시리아, 그리고 메소포타미아의 사막으로 도피했던 진심 어린 그리스도인들 가운데서 이상한 저항운동이 나타났다. 그리스도교에 관용을 보여주었던 콘스탄티누스 황제의 칙령 이전에는 이교 세계가 그리스도

---

1 A. Whitehead, *Process and Reality* (New York: Macmillan, 1929) pp. 519-520.
2 St. Basil, *Epistolae*, XC, LXX and XCIL, PG 32, 473, 433-36, 480.

인을 순교시켜 제거하려 했다. 그러나 지금은 은수자들이 세상의 공격을 받아들여 자신에게서 세상을 제거하려 한다. 주도적인 어조는 공격이었다. 피골이 상접한 그리스도인들로 가득 찼던 음울한 감옥과 탐욕스런 짐승들이 순교자들을 찢어 죽였던 원형극장은 거대하고 뜨거운 불모의 사막으로 대치되었다. 초기 그리스도의 군사들에게 사막은 - 죄의 속박과 혼돈 속에서 하나님에 대한 감각을 잃어버린 - 세속적인 세상과 도래할 새로운 세상, 즉 천상의 예루살렘 사이에 존재하는 중간영역이었다.

그들이 세상에서 도망쳐 나온 것은 비겁함이나 자기중심적인 영성 때문이 아니다. 그들은 오히려 의식적인 공동 창조자(co-creator), 최전선에서 싸우는 전사, 마카리우스가 말했듯이 '하나님에 취한 사람들'(men intoxicated with God)이었다. 그들은 공동체를 세우면서 - 마지막 때 도래할 삶에 가장 근접한 삶인 - 하나님과 더불어 살았던 종말론적 예언자들이었다. 그들은 비록 시공(時空) 안에 존재하는 몸을 갖고 있었지만, 시공간을 넘어서는 변모된 영적 실존을 바라보며 나아갔다. 팔라디우스(Palladius)의 『초대 사막 수도사들의 이야기』(Lausaic History)에 의하면, 수천의 사람들이 도시를 떠나 이집트와 시리아 그리고 메소포타미아에서 사도 바울의 '새로운 창조'를 실현하려는 공동체를 세웠다고 한다.

사막 교부들은 그리스도인 문화 사회를 준비했다. 타락한 본성, 즉 자율적인 자기중심적 사고에 오염된 인간, 따라서 최상의 존재인 하나님을 근본적으로 거부하는 인간으로부터 출발하는 인류는 하나님을 만날 수 없다. 정념들이 인간의 내면을 소유하는 한, 하나님은 개인과 사회 밖에 존재할 수밖에 없다. 역설적으로 말하자면, 하나님께 올라가는 것은 자기 자신에게 내려감으로써 시작된다. 사막 교부들이 깨달았듯이, 인간은 자신의 감각과 정신적 경험 세계를 떠나는 것에 대한 두려움을 돌파해야 한다. 이러한 돌파만이 자신의 참된 자아(ego)로 내려갈 수 있는 능력을 부여해 주기 때문이다.

건조하고 뜨거운 사막은 '영적 초원'으로 바뀐다. 이러한 금욕주의의 목적은 사도 바울이 말했듯이 "그리스도 안에서 모든 것을 회복하는 것"(recapitulate all things in Christ)이며, 첫 사람의 상태로 돌아가는 것이다. 그들은 하나님 안에 존재하는 참 자기(true Self) 안으로 들어감으로써 - 하나님께서 인간을 자신의 형상과 모양대로 만들겠다고 말씀하셨을 때 (창1:26) 그들 안에 뿌려졌던 - 신성의 씨앗을 결실시킨다. 성 마카리우스는 그의 두 번째 설교에서 다음과 같이 말한다.

> "사도 바울이 '옛 사람을 벗어버리라' (엡4:22)고 말할 때, 그는 전인(全人), 즉 예전의 눈과 귀와 손과 발 대신에 새로운 눈과 귀와 손과 발을 가질 것을 요구한 것입니다."[3]

사막의 교부들은 - 그리스도교의 메시지를 콘스탄티노플의 궁정에 맞추고 말았던 - 희석(稀釋)된 형태의 그리스도교에 저항한 것만이 아니었다. 그들은 그리스도인을 예수 그리스도의 참된 메시지를 따르는 사막의 '남은'(remnant) 자들로 간주했다. 우리는 묻게 된다. 그들의 철저한 금욕적 실천들 - 철야, 금식, 고행, 지속적인 기도 - 은 극단적인 것은 아닌가, 심지어는 덕(virtue)이 아니라 악덕(vice)에 가까운 것이 아닌가? 우리의 상식은 하나님이 우리에게 이와 같은 것을 요구하지 않는다고 말한다. 그러나 사막의 영성은 우리에게 당신의 자녀에게 자신을 내어주신 후에 모든 것을 요구하시는 하나님의 끔찍한 질투를 강하게 상기시켜 준다. 사막의 교부들은 하나님을 인격 대 인격으로 만났다. 그들은 그들 자

---

3 St. Macarius, "Homily-2," trans. G. A, Maloney, S.J., in *Intoxicated with God* (Denville, NJ: Dimension Books, 1978), p. 34.

신을 드림으로써 인간을 위해 자기를 비우시는 하나님의 사랑에 응답했다. 그들의 삶은 우리에게 그리스도교의 이상을 지적해준다. "너는 마음을 다하고 뜻을 다하고 힘을 다하여 네 하나님 여호와를 사랑하라" (신 6:5)

해석

세상으로부터 도피하는 삶과 완전한 침묵과 고독을 강조하는 사막 교부들의 가르침은 후대의 영성에서 남용되기 시작했다. 토마스 아 켐피스(Thomas à Kempis, 1380~1471)는 『그리스도를 본받아』(Imitation of Christ)에서 다음과 같이 말한다. "사람들과 어울리다 보면 이전보다 더 못한 사람이 되어 집으로 돌아온 적이 많았다."[4]

신약성서, 특히 사도 바울이 종종 언급했던 '육'(flesh, 그리스어 sarx)은 너무나 자주 인간의 몸과 동의어로 간주되었다. 끔찍한 금식과 철야 그리고 자신의 목에 고통을 가하면서 몸을 쳐 복종시키는 것은 종종 극기의 이상이 되었지만, 하나님의 창조를 비난하는 결과를 초래했다. 몸의 요구, 특히 성적 욕구에 순응하는 것은 낙인찍히는 일이 되었다.

성 요한 클리마쿠스는 병든 어머니를 옮길 때 손을 카속(cassock, 역자 주: 성직자들이 입는 검은 상의)으로 감싼 수도자를 칭송하면서 다음과 같이 말한다. "당신의 몸이든 타자의 몸이든 간에 자연스러운 것이나 부자연스러운 것을 만질 때에는 손의 감각을 무디게 하십시오."[5]

영지주의의 이원론은 몇몇 수도자들로 하여금 몸을 부정하도록 만들

---

4 Imitation of Christ, Book One, Ch. 20.
5 St. John Climacus, The Ladder of Divine Ascent, trans. Lazarus Moore (London: Faber & Faber, 1959), Step 15, p. 153.

었다. 그들의 엄격한 신체적 고행들은 다음과 같은 영지주의의 명제로 설명할 수 있다. "나를 죽이는 것은 나의 몸이다. 따라서 나는 내 몸을 죽인다."[6] 일부 이단적 종파들은 영지주의와 그리스도교 원리들을 혼합시키며 발전했다. 엔크라테이아 종파(Encratites, 이 종파는 결혼, 육신, 포도주 등을 금지했다)의 철저한 고행은 다수의 정교회 교인들에게 칭송을 받기도 했다. 물론 이러한 사실은 의심의 여지없이 이단보다 – 그리스도의 이름으로 – 더 많은 공적을 쌓으려 했던 사막 수도자들의 열정을 시사해준다.

몇몇 수도자들이 인간의 몸에 비(非)그리스도교적 태도를 취하고 세상에서 물러서는 삶에 대해서도 건전치 않은 태도를 보였던 것은 분명한 사실이다. 그러나 대다수의 사막 교부들은 건전한 영성을 통해 거룩한 삶을 영위해나갔다. 교부들의 이러한 영성은 현대를 살아가는 우리들에게도 중요한 의미를 함유하고 있다. 다시 말하면, 사막 수도자들의 문헌은 우리로 하여금 그들의 세계 도피에 부정적으로 반응하게 만든다. 그들은 – 인간이 이생에서 도달할 수 있는 최고의 선은 내면의 움직임에 집중하고, 할 수 있는 한 고독과 침묵을 실천하면서 자신을 인식하는 것이라는 – 신플라톤주의 원리를 수용한 것처럼 보인다.

그렇다면 그들을 이해할 뿐 아니라 우리 현대인의 영성에도 유익이 되는 참된 해석을 발견할 수 있을까? 그들의 삶과 진술을 이해할 수 있는 열쇠는 그들이 그들의 삶과 그들의 '세상'에 존재하는 비본래성과 신화(神化)시키는 하나님의 은총으로 찾을 수 있는 참된 본래성 사이에 존재하는 긴장을 어떻게 받아들이는지를 이해하는데 있다. 근본적으로 그들은 인간 실존이 긴장의 연속임을 가르친다. 그러나 이러한 긴장은 신체

---

6 Palladius, *Historia Lausiaca*, PL 73, 1093.

적 몸과 영 사이에 존재하는 긴장이 아니며, 이 세상에서 사느냐 아니면 사람들을 떠나 사막에서 사느냐의 문제도 아니다. 이러한 긴장은 오히려 우리로 하여금 하나님이 아니라 자기중심적으로 살도록 만드는 우리의 근본적인 '타락'과 은총에 의해서, 그리고 은총에 협력함으로써 실현될 수 있는 것 사이에 존재하는 긴장이다. 모든 인간들은 매 순간 그리고 어느 곳에서나 - 우리에게서 궁극적인 관심을 빼앗아가는 - 즉각적인 (immediate) 관심에 몰입하는 경향이 있다. 우리는 우리가 얼마나 감각에 속박되어 있으며, 하나님의 자녀라는 우리의 참된 운명을 지속적으로 '망각'하고 있는지를 잊고 산다. 교부들은 이렇게 현기증 나는 착란과 중심 없이 사는 상태를 '마타이아 메림나'(mataia merimna), 즉 헛된 관심에 사로잡힌 상태라고 부른다. 예수는 이와 같이 먹거나 입는 것에 사로잡히지 말라고, 즉 진지하고 철저하게 하나님의 나라를 구하는 것을 훼방하는 세상적인 것에 빠지지 말라고 가르치신다(눅12:22-31).

사도 바울은 "사람의 속임수와 간사한 유혹에 빠져 온갖 교훈의 풍조에 밀려 요동치는" 삶(엡4:14; 참조. 히13:9)의 위험성을 경고한다. 사막의 수도자들은 신화시적인 언어와 성경의 상징을 사용하면서 세상과 악마 그리고 육을 - 하이데거가 비본래성(inauthenticity)으로 불렀던 - 비본질적인 것에 사로잡힌 상태로 이해한다. 불트만이 성서적 신화를 탈신화적으로 해석하는 가운데 지적했듯이, 이러한 신화적 언어들은 단순한 흑백논리로는 결코 표현할 수 없는 엄청난 우주적 영향력을 갖고 있는 인간적 조건을 가리킨다. 그러나 이러한 신화적 언어는 - 새로운 지식 전달에 효과적이 되려면 - 반드시 인간의 정신적이며 영적인 삶 속에서 체험되어야 한다. 이러한 언어의 한 예를 우리는 칼리스투스(Callisus)와 이그나티우스(Ignatius)가 저술한 『헤시카즘 수도자에 주는 지침들』(Directions to Hesychasts)에서 찾아볼 수 있다.

"우리를 향해 다가오는 벨리알(Belial)의 가공할만한 유혹과 소멸되지 않는 증오심은 영혼을 구원하는 하나님의 계명을 떠나 영혼을 망가뜨리는 여울 이 곳 저곳을 기웃거리라고 가르친다."[7]

교부들이 신화시적 언어를 통해 말하려는 것을 더 잘 이해하기 위해선 사막 교부들의 관심사였던 동일한 인간 조건을 현대적으로 묘사하려 했던 하이데거의 철학을 살펴보는 것이 도움이 될 것이다. 하이데거에 의하면, 염려는 사실성(facticity), 가능성(possibility), 타락(fallenness)으로 구성된다.

사실성이란 우리가 특정한 시간과 장소에서 결코 벗어날 수 없는 유한한 세상에 던져진 우리의 현존재(*Dasein*)에 의해 규정된다는 것을 뜻한다.

반면에 가능성이란 우리가 결코 종결되지 않는 미래에 개방되어 있다는 사실을 뜻한다. 그러나 이러한 가능성은 사실성의 제약을 받는다. 우리 모두의 근본적인 문제는 우리가 우리의 가능성을 무시하고 현재에 몰입하려 한다는데 있다. 사실성의 상태는 무시당하면 불안정해지지만, 성서는 이러한 상태를 타락으로 부른다.

맥쿼리(John Macquarrie)는 하이데거의 개념에 근거해 세상의 두 가지 측면을 제시한다. 세상은 우리의 잠재성에 따라 우리가 우리의 미래를 의미 있게 실현할 수 있는 장소가 될 수 있다. 그러나 세상은 또한 우리의 진정한 실존을 위협하는 적대적인 세력으로 나타날 수도 있다. 그는 다음과 같이 말한다.

"완전히 실존론적인 세상 개념은 두 가지 측면을 가지고 있다.

---

7 *Writings from the Philokalia on Prayer of the Heart* (Londen: Faber & Faber, 1951), p. 164.

a) 세상은 인간이 자신의 현실적 관심을 실현할 수 있는 도구적인 체계, 즉 워크샵(workshop)이다. b) 인간이 세상 안에서 자신을 상실하고, 자신의 존재와 세계 내 존재 사이에 존재하는 차이를 은폐할 때, 세상은 인간의 본래적 실존에 위협이 될 수 있다."[8]

신구약성경과 헤시카즘 사상가들은 이러한 구분을 항상 염두에 두고 있다. 헤시카즘 사상가들은 분명한 어조로 세상을 하나님의 창조로 선포한다. 하나님은 세상을 선한 것으로 간주하신다. 따라서 우리는 세상과 협력하면서 하나님의 영광을 드러내고 행복을 나눌 준비를 해야 한다. 그러나 세상으로부터 도피하는 영성은 '현실적 관심'(practical concern)에 존재하는 위험성을 강조한다. 우리를 일상의 현재에 몰입하게 만들고 우리를 우리 주위의 대상과 일치시키려는 현실적 관심은 위험하다는 것이다. 이러한 구분, 즉 하나님의 영광을 드러내는 도구로서의 세상과 하나님의 나라에 장애가 되는 세상을 명백하게 구별한 사례는 7세기에 활동했던 시리아인 이삭(Issac of Syria)의 글에 잘 나타난다.

"세상에서 물러나고 세상을 떠나며 세상에 속한 모든 것으로부터 당신 자신을 정화시키는 것이 필요하다는 가르침을 들었다면, 먼저 세상이란 말을 배우고 이해해야 한다. 그러나 일상적인 의미가 아니라 순수한 내적 의미의 세상 말이다. 당신이 세상의 뜻과 이 말 속에 내포된 것들을 이해한다면, 당신의 영혼에 대해서, 즉 세상 혹은 세상과 혼합된 것이 당신의 영혼 안에서 얼마나 제거되었는지를 알게 될 것이다. '세상'이란 정념들을 집합적으로 부르는 이름이다. 정념들을 집합적으로 부를 때 우리

8 John Macquarrie, *An Existentialist Theology: A Comparison of Heidegger and Bultmann* (New York:: Harper Torchbooks, 1955 & 1965), p. 50.

는 그들을 '세상'으로 부를 수 있다. 세상은 정념들의 또 다른 이름이다."[9]

침묵과 고독의 의미

따라서 우리가 이러한 '세상'의 이중적 의미를 마음속에 간직하고 있다면, 헤시카즘 교부들과 다른 신비주의자들의 저술 속에 나타난 침묵과 고독의 의미를 이해할 수 있게 된다. 사막 교부들은 그리스도교 영성을 인간의 '마음', 즉 인간과 삼위일체 하나님이 만나는 내적인 중심에서 점진적으로 일어나는 신화(神化)의 과정으로 인식했다. 하나님이 끊임없이 사랑의 영을 통해 당신의 말씀을 전하시는 사건은 다름 아닌 인간의 마음 안에서 일어나고 있다는 것이다. 헤시카즘 교부들이 마음을 인간이 − 수시로 하나님의 치유를 필요로 하는 실존적 자아와 예수 그리스도 안에서 '새로운 창조'로 변형된 자아 모두를 가지고 − 하나님을 만나는 장소로 제시하는 것은 전적으로 성서에 의존한 결과였다. 고독은 다른 사람과 떨어져 홀로 지내는 것 이상이며, 침묵은 단순히 말하지 않는 것 이상이다.

고독은 하나님과 하나 되기 위해 '세상적인'(worldly) 모든 염려를 내려놓는 것이다. 이와 같은 물러남은 여러 단계를 거친다. 비잔틴 궁정을 떠나 사막으로 들어갔던 초기 수도자들 가운데 한 사람인 아르세니우스(Arsenius)는 자신이 들은 음성을 우리에게 전해준다. "떠나라 침묵하라 그리고 고요하라!"(*fuge, tace et quiesce*) 이러한 세 가지 명령은 헤시카즘 영성의 핵심 사상을 드러내준다. 교부들은 도피, 즉 세상의 영으로부터 물러서는 것과 침묵, 즉 마음의 내적 침묵을 요구한다. 고요함

---

9 *Writings from the Philokalia on Prayer of the Heart*, p. 45.

(hesychia)이란 전 존재가 내적으로 통합될 때 나타나는 평강(tranquility)을 뜻한다. 이러한 평강 속에서는 이기적인 정념들이 더 이상 여러 가지 방향으로 분산되는 일이 일어나지 않는다. 모든 것은 서로 협력하며 은총의 영향력 아래 존재하게 된다.

따라서 침묵과 고독은 – 우리의 내면과 매일의 사건 속에서 우리에게 다가오시는 하나님의 말씀에 주의를 기울이는 행위들을 상징적으로 묘사한 – 헤시카즘 언어의 맥락 속에서 해석되어야 한다. 헤시카즘 수도 자들은 물러남과 '홀로 있음'(aloneness)을 소중하게 여기며 간절하게 소망한다. 그러나 그들은 또한 침묵과 고독을 가르치며, 하나님의 내재적 현재에 영적인 귀를 기울이는 내적 운동을 강조한다. 칼리스토스 웨어(Kallistos Ware) 대수도원장이 밝혀주었듯이,[10] 물러남의 두 번째 단계는 수실(修室)에서 홀로 침묵을 지키는 영성이다. 이것은 신체적 의미의 '국지화'(局地化)를 뜻한다. 하나님의 현존에 주의를 기울이고 이러한 현존을 기억하기 위해 수도원이나 세속의 고요한 장소로 들어가 타자와의 소통을 단절하는 행위 말이다.

수도자뿐 아니라 모든 그리스도인에게 그들의 삶의 스타일이 서로 다를지라도 요청되는 침묵과 고독은 "자기 자신에게 돌아가라"(return to oneself)는 말로 요약될 수 있다. 자기 자신에게 돌아가는 것은 사막을 마음에서 발견하는 영혼의 상태이다. 바실리우스는 이와 같이 자기 자신에게 돌아가는 것을 다음과 같이 묘사한다.

"정신(mind)이 더 이상 외부의 사물들 가운데서 분산되지 않고 감각에

---

10 Archimandrite Kallistos Ware, "Silence in Prayer. The Meaning of *Hesychia,*" *One Yet Two: Monastic Tradition East and West*, Cistercian Studies Series, No. 29 (Kalamazoo, MI: Cistercian Publications, 1976), pp. 23-26.

의해 세상 곳곳으로 흩어지지 않을 때, 정신은 자기 자신에게 돌아온
다. 그리고 정신은 그 자신에 의해 하나님에 대한 사유(thought)로 상
승한다."[11]

이것이 바로 진정한 내적 고요함과 존재의 깊이에서 들려오는 하나님
의 말씀에 주의를 기울이고 전적으로 순종하는 침묵과 고독의 단계다.

이러한 내적 침묵과 고독, 혹은 홀로 하나님과 함께 있음(aloneness
with God)은 예수께서 하나님의 나라와 동일시한 영적 가난이란 행복으
로 이어진다(마5:3; 눅6:20). 영적 가난이란 자기 비움의 상태다. 이러한
상태 속에서는 말과 이미지로 하나님을 묘사하고 통제하려는 행위가 자
기 포기의 신비를 통해 드러나는 사랑으로 충만한 전적인 수용적 자세로
대체된다. 영적 가난이란 '마음 안에서 기도하는 것'이다. 이 기도는 우리
안에서 말없이 그러나 하나님의 무언의 말씀(롬8:26-27)으로 기도하는
성령의 선물이다. 성 시나이의 그레고리우스는 홀로 하나님과 함께 있기
위해 정신에서 모든 생각을 비우는 것을 다음과 같이 묘사한다.

"생각을 비우는 것은 침묵을 실천하는 자에게 좋지 않다. 그에게는 오히
려 생각을 억제하며 마음(heart)으로 기도하면서 하나님 안에 있는 것
이 낫다. 요한 클리마쿠스에 의하면, 침묵은 – 감각이든 정신(mind)이든
간에 – 사물에 대한 생각 밖에 거하는 것을 뜻하기 때문이다. … 우리의
하나님은 모든 말과 동요 너머에 존재하는 평화이기 때문이다."[12]

---

11 St. Basil, *Epistola* 2, PG 32, 228 A.
12 St. Gregory of Sinai, *Instruction to Hesychasts in Writings from the Philokalia on
Prayer of the Heart*, pp. 76-77.

적용

혜시카즘 교부들뿐 아니라 서구 신비주의자들의 저술에도 세상으로부터의 도피와 침묵과 고독이란 말이 자주 등장한다. 그들은 대체로 독신 수도자들이었다. 그들은 문자 그대로 상업이 주도하는 복잡한 세상으로부터 도피한 사람들이었다. 그들이 떠나 온 세상은 도시의 남자와 여자 그리고 어린이들로 구성된 세상이요, 기술적 환경 하에서 이루어지는 일상의 노동의 세상, 일반적으로 말하자면, 사방에서 "허무한 데 굴복하는"(롬 8:19-23) 세상이었다. 우리는 그들의 책을 읽으면서 이러한 물러남의 동기를 잘못 해석할 수도 있다. 그리고 기도의 깊은 경지에 이르기 전에는 결코 이러한 상태에 도달할 수 없다고 생각할 수도 있다. 그러면 우리는 손사래를 치면서 그들을 외면하게 될 것이다. 우리는 성육신사상에 근거해 예수 그리스도를 기술문명 속에서 그리고 '세상' 안에서 만날 수 있다고 생각하면서 교부들의 메시지를 비판할 수도 있다. 또는 이러한 물러섬이 절대적으로 필요하다고 생각하면서 '세상' 안에서 살아가는 사람들에 대한 책임을 회피할 수도 있다.

그러나 이러한 언어를 존재의 다양한 차원에서 바라볼 수 있다면, 이러한 영적 거인들의 가르침에 배울 것이 많다는 사실을 인정하게 된다. 우리가 사는 곳이 '세상'이든 아니면 비교적 복잡한 세상에서 물러선 상태인지는 그리 중요하지 않다. 중요한 것은 우리가 '세상과 육과 악마'의 헛된 염려로부터 물러나 내적인 사막으로 들어가라는 부르심을 받고 있다는 사실이다. 우리가 이 사막으로 들어가는 것을 미루면 미룰수록, 우리는 – 우리가 실제 사막에 살든 아니면 세상 속에 살든 간에 – 내적으로 성령의 내적 인도하심에 순종하지 않는 '육적인 사람' 혹은 세속적인 사람이 되고 만다(롬8:3-11).

머튼(Thomas Merton)은 - 단지 수도사뿐 아니라 모든 그리스도인에게 적용되어야 할 - 물러남의 의미를 다음과 같이 묘사한다.

"이것이 수도자들이 "세상을 단념하는 방식"(renunciation of the world)의 비밀이다. 수도자들의 단념은 비난이나 저주가 아니며, 황급한 도피나 한을 품고 물러서는 것도 아니다. 수도자들의 단념은 해방, 본래적인 의미의 '비움'(emptying) 속에서 일어나는 영구적인 '휴가'(vacation)와 같은 것이다. 수도자들은 단지 쓸모없고 장황한 헛된 관심의 짐을 내려놓고, 자신에게 정말 필요한 한 가지에 헌신하려 한다. 이 한 가지는 - 의미와 사랑, 자신의 정체성, 하나님에 의해 약속된 그의 비밀스러운 이름(계2:7), 그리고 세상이 줄 수 없는 그리스도의 평화(요14:27)로서 - 그가 진정으로 원하는 것이기도 하다."[13]

우리가 간절히 하나님을 체험하기를 원한다면, 우리는 반드시 우리로 하여금 오직 우리 자신, 즉 '거짓 자기'(false self)에 몰두하게 만드는 세속적이고 헛된 염려를 내려놓고 단호히 마음속 여행을 떠나야 한다. 우리의 참 자기는 - 땅 속에 숨겨진 씨앗처럼 - 우리 안 깊은 곳에 있다. 우리는 우리의 '마음'으로 돌아서면서 - 의식적으로 우리 안에 거주하시는 삼위일체 하나님의 사랑에 문을 열어줌으로써 - 우리의 가장 깊은 중심을 발견할 수 있다. 마음 안에서 '홀로 있음' 없이는 영원히 하늘 아버지의 마음에서 육신이 되신 로고스, 즉 예수 그리스도와 연관되어 있는 우리의 진정한 정체성을 깨닫지 못하게 된다. 우리의 진정한 본래성에 대한 탐구는 결코 - 하나님을 모든 창조와 삶의 시작과 끝으로 인식하지 못하

---

13 T. Merton, *Contemplation in a World of Action* (New York: Doubleday, 1971), p. 36.

는 가공(架空)의 세상 안에서는 진행될 수 없다.

우리가 우리 밖에 있는 사물들에 의해 산만하고 산란해지면 질수록, 우리의 기도는 의식적이 되지 못하고, 우리 마음은 사랑 안에서 하나님의 마음과 일치하는데 실패할 수밖에 없다. 우리는 실존의 통제된 차원을 넘어서는 것을 두려워한다. 그러나 하나님은 우리를 마음의 침묵과 고독으로 부르신다. 그곳에서는 인위적인 모든 것이 무너지고, 하나님의 창조되지 않은 에네르기아에 의해 새로운 정신적, 영적 능력이 충만해진다. 하나님은 아무 말 없이 속삭인다. "너희는 가만히 있어 내가 하나님 됨을 알지어다" (시46:10)[14] 이러한 정신적이며 영적인 단계의 침묵은 영이 성장하는데 필수적인 내적 공기이다 이러한 침묵은 우리 존재의 내적 안식으로 이어진다. 그곳에서 우리의 하늘 아버지는 우리에게 갚아주신다(마6:6). 이러한 보상은 정신적 장애와 - 마른 뼈와 같이 기억 속에 드리워진 - 무의미한 과거 경험들의 혼돈 상태, 그리고 우리를 치명적인 외로움 속으로 몰아넣는 불안을 치유한다. 우리는 개념을 넘어선 체험 속에서 하나님의 위로와 사랑을 받게 된다, 우리는 우리를 향한 하나님의 사랑을 깨닫게 된다. 이와 같이 우리의 의식 가장 깊은 차원에서 일어나는 하나님의 사랑에 대한 경험은 우리의 힘을 회복시키고, 우리를 새로운 헌신과 창조적인 삶으로 인도한다.

침묵

현대인들이 간절하게 원하는 것 가운데 하나는 침묵이다. 소음은 우리의 삶 속에 침투해 들어왔다. 심지어 하루의 일과를 마치고 잠자리에 들

---

14 King James Version.

때조차 도시의 소음들이 우리를 에워싼다. 우리는 긴장 속에 살고 있으며, 우리의 밤은 쉼 없이 방황하고 혼란한 꿈으로 채워진다. 우리는 사방에서 이리 저리 끌려 다닌다. 우리의 삶은 빠르게 지나간다. 우리는 우리가 삶의 막다른 길에 섰으며, 삶을 시작조차 하지 못했음을 자각할 때 비로소 깨어나기 시작한다. 따라서 우리는 우리의 단편적이며 시끄러운 세상을 떠나 하나님의 영원한 침묵의 원초적이며 끝없는 '지금'(now)에 들어갈 필요가 있다. 이러한 것은 그러나 겁을 먹고 후퇴하는 행위가 아니다. 하나님의 '지금'은 오히려 생명과 사랑이 동일한 하나의 경험 속에서 통합되는 장소다.

그러나 '무리'를 떠나 침묵하고 홀로 하나님과 함께 있는 시간을 가지려면 용기가 필요하다. 환상으로 가득 찬 이 세상에서 물러나는 법을 배우지 못하면 본래적 존재를 찾을 수 없다. 그러나 우리는 우리의 진면목을 감추는 이미지와 마스크를 벗지 않으려 한다. 오늘날의 문제는 고독의(solitary) 문제이다. 우리는 우리의 깊은 곳에 있는 참된 자기를 발견하고 옛 사람(거짓 자기)으로부터 해방된 '새 사람'(참 자기)이 되어야 한다. 이것이 사막 영성이 주는 첫 번째 교훈이다. 사막의 수도자들은 근본적으로 그리스도 안에서 자신의 참된 자기를 정직하게 찾으려했던 그리스도인들이었다. 그들은 진리의 차원에 도달하기 위해 사회의 시대적 강요에 의해 조작된 거짓 자아를 버려야 했다. 그들은 오직 성령의 인도하심을 받아 마음의 어둠을 통해 길을 찾았다. 그들은 '세상', 즉 하나님이 아니라 자기를 삶의 중심으로 제시하는 세상 속에 살았던 사람들이 건내준 지도들을 찢어버렸다.

친숙한 것을 뿌리째 뽑는 것은 이스라엘 사람들이 어둡고 고요하지만 약속이 있는 시나이 사막으로 들어가기 위해 이집트의 고기 가마를 떠난 것과 비슷하다. 거대한 무(無) 속에서는 오직 하나님과 우리의 참 자기에 대한 소망만이 나타나면서 우리의 요란한 행위들을 잠잠케 한다. 머튼은 침묵에 이르는 단계 속에 나타나는 고통에 대해 다음과 같이 말한다.

"자신의 실존적 자각을 심화시키려는 사람은 반드시 일상의 실존과 단절해야 한다. 이러한 단절은 비싼 대가를 치러야 하는 것이다. 이러한 단절은 고뇌와 고통 없이는 실현될 수 없다. 옛 이정표는 자신에게 길을 가르쳐주지 못한다. 그러나 지도 없이 혼자 힘으로 길을 찾아야 한다는 사실을 인식하는 사람에게는 외로움과 혼돈이 밀려오기도 한다."[15]

참된 기도 속에서 성장하며 항상 기도하고 하나님의 말씀을 경청하려면, 바쁜 일상 속에서도 침묵과 고독의 시간을 가져야 한다. 우리는 일 년 중 얼마 동안은 하나님의 침묵을 체험하고 본성의 침묵 속으로 들어감으로써 실제로 '세상'에서 물러날 수 있는 시간을 가질 수 있다. 그러나 이러한 몸의 침묵 속에서도 마음은 여전히 수많은 것들로 인해 분주할 수 있다. 사막의 은수자들이 분주한 세상을 떠났듯이. 우리도 몸의 침묵 속으로 들어가기만 한다면 홀로 하나님과 함께 있을 수 있는 내적 침묵으로 나아갈 수 있다. 가장 분주한 사람도 신실하게 찾아 나서기만 한다면 이러한 시간을 가질 수 있을 것이다. 하나님과 연합하는데 고요함이 반드시 필요하다는 사실을 확신하는 사람은 바쁜 일상 속에서도 이러한 물러남의 시간을 마련할 것이다.

이러한 시간들은 이른 아침에 또는 밤에 잠에서 깨어나 하나님을 '침묵과 진리' 안에서 경배할 때 주어질 수 있다. 우리의 마음은 목마른 사슴

---

[15] T. Merton, *Contemplation in a World of Action*, p. 126.

같이 생수(生水)에 목말라야 한다(시42). 우리는 일하는 시간에도 잠깐 시간을 내어 내면으로 들어가 하나님에게 우리의 삶을 맡길 수 있다. 우리는 자기 전에도 마음의 사막으로 들어가 우리 존재의 소음과 아우성을 침묵시킴으로써 하나님의 치유의 사랑으로 안식하는 일곱째 날에 들어갈 수 있다.

이러한 고요한 순간들이 없다면 깊은 기도 속에서 실현되는 하나님과의 연합은 더 이상 이루어지지 않는다. 하나님의 말씀을 경청하는 것은 자율적으로 우리 자신과 타자의 삶, 그리고 특히 하나님을 - 우리가 바빠서 그분을 잊어버리거나, 그분에게 이미지를 덧붙여 결국 작은 우상으로 만들어 절하든 간에 - '관리하려는'(managerial) 지배욕이 죽어가는 과정이다. 그러나 아브라함과 이삭과 야곱의 살아계신 하나님은 우리의 고요한 내적 자기의 사막 속에서 우리를 기다리시며 당신의 때와 말씀 속에서 당신을 계시하신다.

사람들은 깊은 기도를 추구하면서 마음을 산란하게 만드는 외부의 소음들을 차단하려 한다. 그러나 정신(mind) 안에서는 귀청이 터질듯 한 소음들을 발견하게 된다. 이러한 소음들을 뿌리 채 뽑고 내적인 평화와 평강을 발견하려면 마음의 훈련이 요청된다. 그러나 내적인 평강은 오직 우리의 마음이 능력의 내적 요새인 하나님에게 초점을 맞출 때에만 주어진다. 따라서 지속적인 회심, 즉 메타노니아(metanonia)가 요청된다. 모든 가치의 중심이신 하나님께 전적으로 돌아서는 삶 말이다. 이러한 회심은 마음 안에 거주하시는 삼위일체 하나님의 창조적 행위에 더욱더 자신의 모든 것을 맡기는 행위로 구성된다. 이러한 회심은 오직 우리의 자각과 가치에 나타나는 변화를 통해서만 측정될 수 있다.

로너간(Bernard Lonergan)은 회심이 의식의 네 가지 단계에서 나타난다고 말한다. 각각의 단계들은 더욱더 깊이 정신적이며 영적인 침묵과 고독, 홀로 계신 분과 함께 있기 위해 홀로 있는 삶(aloneness with Alone) 속으로 들어가는 단계들이다. 로너간은 이러한 단계들에 경험적(empirical), 지성적(intellectual), 이성적(rational), 그리고 책임적(responsible)이란 이름을 붙인다.[16] 회심의 낮은 단계들에서는 우리의 감각, 지각, 감정, 언어와 행동의 습관이 바뀐 후, 우리의 이해 방식과 표현 방식이 바뀐다. 그리고는 이성적 차원의 반성과 판단으로 나아간다. 이러한 회심들은 우리가 평가하고 결정하며 결정들을 실행에 옮기는 책임적 단계로 이어진다.[17]

이러한 책임적 단계의 회심에서 우리는 - 하나님의 선물이요, 내주하시는 삼위일체를 수용하는 가운데 나타나는 - 순전한 신뢰와 기쁨 그리고 평화를 가져다주는 참된 침묵과 고독에 도달하게 된다. 이러한 침묵은 하나님과의 깊은 일치로부터 흘러나오는 것이다. 그러나 이러한 침묵은 마음의 침묵만이 아니라, 타자를 바라보거나 미소 짓는 방식, 그리고 걷거나 말하는 방식에도 영향을 끼친다. 성부와 성자 그리고 성령 하나님의 직접적이고 즉각적인 사랑을 깊이 체험하면서 우리는 매순간 - 고뇌와 죽음 속에서도 자기희생적인 충만한 사랑을 가지고 자신의 전 존재를 하늘 아버지께 맡김으로써 자신의 삶에 책임을 지셨던 - 예수의 자유에 참여하게 된다. 우리가 우리 자신의 계획과 욕구를 침묵시키고 우리의 삶을 전적으로 하나님의 선하신 주권에 맡긴다면, 우리는 진정한 책임적 존재, 즉 하나님의 성숙한 자녀가 될 것이다. 이러한 침묵과 맡김은 - 조건이나 자격 혹은 유보 없는 - 전적이고 영구적인 자기 포기이다. 이러한 삶은 "무제약적으로 사랑 안에 존재하는 것"이다.[18]

---

16 B. Lonergan, S.J., *Method in Theology* (New York: Herder & Herder, 1972), p. 9.
17 Ibid., p. 9.
18 Ibid., p. 241.

영적 가난

우리가 우리의 참 자기 속으로 더욱더 깊이 들어가면, 우리는 – 우리의 거짓 자기를 지속적으로 부추기며 우리로 하여금 하나님의 말씀을 경청하지 못하게 만드는 – 소음들과 복잡다단한 세상으로부터 멀어지게 된다. 우리는 침묵 속으로 들어간다. 이 침묵은 진정으로 영적 가난이 된다. 영적 가난이란 – 우리 마음 안에서 예수를 낳으신 – 사랑의 하나님 아버지의 무한한 부요하심을 체험한 결과다. 우리는 여기서 예수가 말한 생명을 발견하기 위해 생명을 잃으신 역설 속으로 들어가게 된다. 성령이 그의 진리의 빛을 우리의 참 자기에 비출 때 우리는 전적으로 거룩하신 분(All-Holy)의 아름다움 앞에서 우리의 무성(無性, nothingness)과 죄인 됨을 온전하게 지각할 뿐 아니라, 심령이 상한 자가 된다. 이 곳에서는 더 이상 하나님과 같이 되려는 하와의 자성이 나타나지 않는다. 성령이 우리에게 – 성령 안에서 성자를 낳는 성부의 사랑을 받고 있는 – 하나님의 자녀라는 우리의 참된 정체성을 드러내주면, 우리의 자기 확신은 용해되고 만다.

우리는 자신을 비우며 하나님의 부요함 앞에 선다. 우리가 무엇을 말할 수 있겠는가? 하나님의 사랑은 침묵 속에서 전해진다. 그리고 우리는 자신을 비우는 침묵 속에서 하나님의 말씀을 사랑으로 경험한다. "하나님께서 구하시는 제사는 상한 심령이라 하나님이여 상하고 통회하는 마음을 주께서 멸시하지 아니하시리이다" (시51:17) 내적인 가난과 침묵은 경외심을 불러일으키는 주님의 현존 앞에서 하나가 된다. 주님은 당신의 내재적인 부드러움 속에서 오직 '작은 자'에게만 당신을 계시하신다. 진정한 내적 침묵은 사랑의 의탁(依託)이 된다. 이 때 우리는 더 이상 하나님에게 그 어떤 말도 하지 않게 된다. 하나님은 당신의 말씀 속에서 당신을 계시하시며, 우리는 오직 침묵 속에서 하나님이 당신의 말씀을 하시기를 기다릴 뿐이다. "여호와여 말씀하옵소서 주의 종이 듣겠나이다" (삼상3:9)

'하나님의 모든 충만하신 것'(엡 3:19)으로 채워지도록 자기 자신을 비우는 역설을 머튼은 다음과 같이 표현한다.

> "관상의 역설은 다음의 명제로 압축될 수 있다. 욕망 없는 존재란 이해할 수 없는 엄청난 욕망에 의해 인도되는 존재다. ... 이것은 '무'(無)에 대한 욕망처럼 보이는 눈먼 욕망이다. 그 어느 것도 이러한 욕망을 충족시키지 못한다. ... 그러나 진정한 비움은 모든 것을 초월하면서도 모든 것 안에 내재되어 있는 것이다. 이 경우에 비움처럼 보이는 것은 순수한 존재다. 비움이란 이것도 저것도 아닌 존재다. "" 적어도 그리스도교 관상 전통에서 바라보는 비움의 특성은 순수한 사랑이요 순수한 자유이다. 모든 것으로부터 자유롭고 그 어떤 것에 의해 결정되지 않으며, 그 어떤 특별한 관계에 의해 유지되지도 않는 사랑이다. 이러한 사랑은 사랑을 위한 사랑이다. 이 사랑은 성령을 통해 하나님의 무한한 특성을 나누는 것이다. ... 이러한 사랑의 순결과 자유 그리고 비(非)확정성(indeterminateness)이야말로 그리스도교의 본질이다."[19]

내적 침묵은 하나님에 대한 모든 사유와 이미지마저도 내려놓는다. 내적 침묵은 성령의 순수한 선물인 - 자기와 하나님에 대한 - 참된 지식으로 들어가는 것이다. 카시아누스(Cassian)와 초기 교부들은 이러한 상태를 '마음의 정화'라고 불렀으며, 그리스도교 영성사상 전반에서는 '겸손'

---

19 T. Merton, *The Climate of Monastic Prayer* (Spencer, MA: Cistercian-Publications, 1969), p. 128.

으로 부르기도 한다. 에바그리우스는 모든 염려와 사고로부터 해방된 내적 고요함에 대해 다음과 같이 말한다. "세속의 일에 너무 빠져있거나 끊임없이 다가오는 관심사에 휘둘리면, 순수한 기도를 드릴 수 없다. 기도란 개념들을 거부하는 것이기 때문이다."[20]

헤시카즘 교부들은 우리에게 항상 마음으로 기도하라는 첫 번째 교훈을 준다. 그들은 모든 그리스도인이 – 기꺼이 세상을 떠났던 자신들과는 달리 – 이 복잡한 '세상'을 문자 그대로 떠날 수 없다는 사실을 잘 알고 있었다. 그러나 그들은 다음의 한 가질 사실만은 확신했다. 즉 하나님의 무한한 사랑의 말씀을 개인적으로 듣기 원한다면, 마음속으로 들어가 그곳에서 침묵을 지키며 자기와 – 인격과 사물로 구성된 – 창조 세상에 초연해야 한다는 것이다. 하나님은 당신 안에서 침묵을 지키신다. 아버지와 아들 그리고 그들을 연합시키는 사랑은 – 침묵과 궁극적인 겸손, 그리고 다른 존재에 대한 자기희생적 사랑 속에서 나타나는 – 사랑하는 존재의 관계들이다.

하나님의 모든 창조 가운데 오직 우리만이 마음 안에 있는 믿음에 의해 하나님의 고요한 사랑을 '들을' 수 있다. 우리만이 하나님의 성전이요, 우리만이 – 우리 안에 계시는 삼위일체 하나님의 창조되지 않은 사랑의 에네르기아에 의해 – 끊임없이 하나님의 자녀로 거듭 날 수 있다. 안디옥의 성 이그나티우스는 하나님의 침묵과 – 하나님이 우리 안에서 말씀하실 때 – 침묵 속에서 하나님께 귀 기울여야 할 필연성의 관계를 다음과 같이 묘사한다.

"진정으로 예수의 말씀에 사로잡힌 사람은 예수의 침묵에 귀 기울일 수

---

20 Evagrius, *The Praktikos and Chapters on Prayer*, trans. and commentator John Eudes Bamberger, O.C.S.O. (Spencer, MA: Cistercian-Publications, 1970), p. 66.

있으며, 완전해질 수 있다. 그 때 예수는 그의 말씀을 통해 행동하고 그의 침묵을 통해 자신을 계시하신다."[21]

우리 안에서 하나님 아버지의 무제약적 사랑에 대해 끊임없이 말씀하시는 하나님의 말씀에 귀를 기울이는 것은, 삶의 스타일과는 상관없이, 모든 그리스도인에게 주어진 의무이다. 사막 교부들은 우리에게 내적 침묵, 헤시키아, 혹은 하나님의 사랑에 능동적으로 자신을 맡길 때 주어지는 안식의 상태에 도달하는 것이 절대적으로 필요하다고 가르친다. 콘스탄티노플의 궁정을 떠나지 않고 수도원이나 사막에서 수행을 영위했던 수도자들을 삶의 이상으로 추구했던 14세기의 평신도 신학자 카바실라스(Nicholas Cabasilas)는 현대세계를 사는 우리들에게 다음과 같이 말하고 있다.

"모든 사람은 자신이 갖고 있는 기술이나 직업을 유지해야 한다. 장군은 계속해서 지휘를 해야 하고, 농부는 땅을 경작하며, 장인은 자신의 기능을 연마해야 한다. 그 이유를 말하겠다. 사막으로 들어가거나 맛없는 음식을 먹는 것, 또는 자신의 옷을 바꾸거나 건강을 해치거나 지혜롭지 못한 일을 하는 것은 불필요하다. 왜냐하면 모든 소유를 포기하지 않고 자신의 집에 머물면서도 지속적으로 명상을 수행할 수 있기 때문이다."[22]

---

21 St. Ignatius to the Ephesians, 15, Fathers of the Church Series (Washington, DC: 1946), p. 93.
22 N. Cabasilas, *De Vita in Christo 6*; PG 150; 657–659. 다음 책에서 인용. J. M. Hussey, "Symeon the New Theologian and Nicolas Cabasilas: Similarties and Contrasts in Orthodox Spirituality," *Eastern Churches Review*, 4(1972), p. 139.

진정한 영적 가난으로 이어지는 내적 침묵의 상태에 도달하는 것을 방해하는 것은 그 어떤 삶의 스타일이나 직업, 혹은 특정한 장소나 인격이 아니라는 것이다. 예수는 영적 가난을 우리 안에 사시는 하나님의 나라로 묘사한다. 모든 그리스도인은 마음을 다해 하나님의 나라를 구하고 하나님 안에 존재하는 가치 외의 다른 모든 것들은 잊어야 한다(마6:33). 우리는 마음과 뜻과 힘을 다하여 하나님을 찾아야 한다. 우리 삶의 가장 깊은 중심이신 하나님을 찾는 것이야말로 분열되지 않은 하나의 마음(single heartedness)이다. 하나님을 찾는 것은 하나님께서 영원히 사랑하시는 고유한 인격으로 통합되는 것이다.

마음 안으로 내면의 여행을 떠나는 사람에게 기도란 더 이상 해야 할 일, 즉 하나님 앞에서 하는 행위가 아니다. 기도는 점차 하나님의 사랑의 현존 앞에 서있는 상태, 즉 전적으로 자기를 비우며 자신의 모든 것을 하나님께 드리는 상태가 된다. 우리의 영은 완전히 벌거벗은 상태 속에서 그 어떤 형체나 말없이 그러나 전적인 참 자기의 무정념의 열정(passionsless passion) 속에서 삼위일체 하나님과 일치하며 날마다 성장한다. 우리는 우리 자신의 지성적 능력으로부터 나오는 모든 빛이 – 말씀을 통해 자신을 계시하시는 하나님의 새로운 빛으로 대치되어야 하는 – 어둠일 뿐이라는 사실을 알게 된다. 마음의 기도는 우리 안 깊은 곳에 내주하시는 하나님을 끊임없이 의식하는 것이다. 마음의 기도는 안식과 평강을 가져오며, 우리 안에 있는 과도한 움직임과 욕망, 열정과 사고 모두를 가라앉힌다.

이러한 통합 속에서 우리는 다른 인간 존재 모두와 새롭게 하나 됨을 발견하게 된다. 우리가 우리 삶의 지고의 중심인 하나님을 더 가깝게 만나면 만날수록, 우리는 – 끊임없이 하나님의 창조되지 않은 사랑의 에네르기아에 의해 그 영원한 중심에 다가서는 – 다른 인간 존재 모두를 더 가깝게 만나게 된다.

에바그리우스는 진정한 그리스도인을 선한 수도자에 빗대어 다음과 같이 말한다. "수도자란 자신을 다른 인간 모두와 하나 된 존재로 간주한다. 왜냐하면 그는 끊임없이 모든 사람들에게서 자신을 볼 수밖에 없기 때문이다."[23] 우리의 내적 가난은 – 당신의 모든 자녀들을 낳고 그들에게 다양한 아름다움과 부요함의 우주를 선사하시는 아버지의 엄청남 부요함을 경험하면서 – 우리에게 기쁨을 선사한다. "우리가 그를 힘입어 살며 가동하며 존재하느니라" (행17:28) 성령은 우리로 하여금 다음의 진리를 깨닫도록 만든다. 즉 사물의 중심과 – 우리와 우리가 만나는 다른 인간을 포함한 – 창조세계 전체의 중심에서 삼위일체 하나님이 사랑의 신비, 즉 세 위격이 그들의 상호적인 관계 속에서 나누는 사랑의 삶을 사신다는 사실 말이다. 우리가 – 세 위격들이 그들의 사랑의 영을 통해 서로가 서로에게 자신을 맡기는 – 사랑의 교제를 실제로 경험하면, 우리는 일상의 분주한 삶을 살면서도 항상 기도할 수 있게 된다. 세상과 세상 속에 있는 우리의 일에도 불구하고 기도할 시간을 찾아야 하는 것이 아니다. 오히려 우리가 영적 가난에 근거해 – 모든 사건 속에서 사랑으로 역사하시는 – 하나님의 영의 부요함을 만나는 장소는 바로 우리의 현 세상이요, 우리가 일해야 하는 일상의 '분주함'(busyness)이다.

우리는 삼위일체 하나님의 교제를 본받아 자신을 희생하는 인격들의 공동체를 창조하려는 충동을 느끼게 된다. 우리는 새로운 눈을 갖고 모든 것 안에서 하나님을 관상한다. 우리는 이 세상이 하나님의 내적 생명에 의해 서서히 변화되고 있음을 깨닫고 우리가 세상 전체를 그리스도를 통해 아버지께 화해시키도록 부름받은 존재라는 사실을 자각하게 된

---

23 Evagrius, op. cit. No. 123-125, p. 76.

다(고후5:19). 이것이 바로 – 신체적 정신적 영적 차원에서 자신을 비워 냈던 – 사막 경주자들의 위대한 메시지이다. 주님 앞에 서고 그분의 말씀을 들을 수 있도록 자신을 정화하고 훈련하는 만큼 세상 앞에 서서 사랑의 섬김으로 이 세상에 증언할 수 있게 된다. 하나님은 이러한 비움을 선한 것들로 채워주신다. 역설적으로 말하자면, 세상에서 물러남은 모든 곳에서 하나님을 찾기 위함이며, 모든 사람에게 돌아가 자기희생적인 사랑 속에서 그들을 섬기기 위함이다. 역설적으로 말하자면, 침묵은 들음이며, 고독은 하나님 안에서 세상 전체를 찾으려는 것이다.

03.
마음 안에서 기도하기

인간 존재는 소통(communication)을 위해서만 창조된 것이 아니다. 우리는 오히려 사랑을 통해 서로를 나누는 친교(communion)를 위해 창조되었다. 우리의 언어는 내적 의미와 이미 존재하는 사랑을 증진시키려는 욕구를 표현하려는 상징이다. 행동하고 말하며 표현하고 반응하는 모든 것을 지닌 우리의 삶 전체는 - 사랑을 통해 타자 혹은 타자들과 교제하려는 - 내적 충동을 표현하려는 상징이다.

세계적으로 널리 알려진 러시아의 유명작가 보리스 파스테르나크(Boris Pasternak)는 이러한 사실을 『닥터 지바고』에서 니콜라이 니콜라예비치(Nikolai Nikolaievich)의 입을 빌려 다음과 같이 말한다.

"내가 생각한 것을 당신에게 말하고 싶다. 인간 안에 잠들어 있는 짐승을 억제하기 위해 필요한 것이 - 감옥에 갇히게 된다거나 사후에 하나님의 벌을 받을 것이라고 말하는 - 위협이라면, 인간성의 가장 고귀한 표상(Emblem)은 자신을 희생하는 예언자가 아니라, 서커스에서 채찍으로 사자를 통제하는 조련사일 것이다. 당신은 그렇게 생각하지 않는가? 그러나 바로 여기에 핵심이 있다. 수 세기 동안 인간을 짐승 보다 나은 존재로 만든 것은 곤봉이 아니라 내면의 음악과 무기를 들지 않은 진리의 저항할 수 없는 힘, 그리고 이러한 진리가 지닌 강력한 매력이었다. 수많은 사람들이 복음서에서 가장 중요한 것으로 윤리적 명제나 계명을 손꼽아왔다. 그러나 나에게 있어 가장 중요한 것은 그리스도께서 삶에서 취한 비유로 말씀하신다는 사실이다. 예수는 일상의 현실 속에서 진리를 설명하신다. 이러한 것을 강조하는 사상은 죽어야 할 운명을 가진 사람들의 교제가 영원한 것이라고 말한다. 그리고 삶 전체가 의미가 있기 때문에 상징적이라고 말한다."[1]

우리가 하나님의 사랑의 아름다움을 발견하게 되는 곳은 인간이 사랑하고 사랑받는 사랑의 관계들이다. 이러한 아름다움을 우리는 초월적이라고 부른다. 이러한 사랑은 우리가 잡거나 소유할 수 있는 것이 아니며, 우리가 자기만족에 빠져있을 때에는 결코 드러나지 않기 때문이다. 우리는 언제나 새롭고 뜨겁게 하나님과 연합되기를 갈망한다. 이러한 연합은 당신을 낮추는 하나님의 사랑과 자비에 의해 실현될 수 있다. 우리가 의식의 확장을 통해 사랑의 연합 속에서 자신의 정체성을 찾는다면, 우리는 이러한 깨달음을 간절히 소망하게 될 것이다. 우리는 이러한 깨달음 없이는 살 수 없다. 그러나 다른 인간이나 하나님과 사랑을 나누며 새롭게 성장하는 데에는 엄청난 고통이 뒤따른다. 감당해야 할 것은 너무나 많다! 고뇌 속에서 - 새로운 차원의 사랑에 도달하기 위해선 반드시 죽어야 하는 - 자신의 무성(無性)과 자기중심성을 바라볼 수도 있다. 그러

---

1 Boris Pasternak, *Doctor Zhivago* (New York: Pantheon Books, 1958), p. 42.

나 우리는 죽음에 대해 생각하는 것을 좋아하지 않는다.

쉬지 않고 드리는 기도

사막 교부들은 하나님의 사랑에 완전히 사로잡힌 사람들이다. 하나님의 사랑은 그들의 마음속에서 불타오르며, 하나님과의 지속적인 교제를 위해 그들을 사막으로 내몬다. 그들은 성경의 계명이 과장된 것이라고 생각하지 않았다. 그들은 또한 계명의 성취가 – 특정한 기술을 사용하거나 특별한 삶의 형태를 취하는 – 소수의 엘리트 그룹에게만 해당되는 것이라고 생각하지도 않았다. 그들은 항상 기도하라는 예수의 명령이 모든 그리스도인에게 해당되는 것이라고 믿었다. "예수께서 그들에게 항상 기도하고 낙심하지 말아야 할 것을 비유로 말씀하여" (눅18:1) 예수는 말씀하셨다. "항상 기도하며 깨어 있으라" (눅21:36)[2] 사도 바울도 명백하게 초기의 그리스도인들에게 쉬지 말고 기도하라고 권면한다.

> "쉬지 말고 기도하라 범사에 감사하라 이것이 그리스도 예수 안에서 너희를 향하신 하나님의 뜻이니라" (살전 5:17-18)

사막 교부들은 '마음'으로 들어가 그곳에서 하나님의 은혜로 하나님의 사랑의 현존을 끊임없이 기억하려고 노력했다. 그들은 기도가 – 하나님께 선물을 구하고, 받은 선물에 감사하는 – 말로 하는 기도(saying prayer) 이상의 것임을 깨달았다. 그들에게 기도란 존재의 상태, 그들 자신의 이상이나 사회가 그들에게 만들어준 관습적 이상(Ideal)을 넘어서는

---

2 King James Version.

삶의 상태를 의미한다. 기도란 끊임없이 내면으로 들어가는 여행이요 ─ 가능한 한 의식적으로 사랑하는 마음을 갖고서 자신을 자신의 근원과 목적인 하나님께 맡기면서 ─ 자신의 참된 자기로 돌아서는 것이다.

이러한 쉬지 않고 드리는 기도, 혹은 교부들이 말하는 '마음의 기도' 또는 '순수한 기도'는 인간들에게 가능한 것인가? 사막 최고의 교부들은 이러한 기도가 하나님의 은혜라고 생각했다. 그들은 매 순간 사랑 속에서 하늘 아버지를 기쁘게 하기 위해 순종하는 것이 그리스도인의 삶이 목적이라고 믿었다. 이를 위한 수단은 자기중심적인 사랑을 근절하고 그리스도를 닮아가는 덕을 증진시키려는 욕망과 금욕 수행을 통해 마음을 정화시키려는 노력이다.

그러나 그들은 마음의 정화를 이루려는 금욕 수행이 아무리 철저하더라도 쉬지 않고 드리는 기도의 상태에 이르게 하는 것은 오직 성령의 은혜임을 알고 있었다. 빈 마음에 믿음과 사랑과 소망의 은사들을 부어주며 하나님과 자기 자신에 대한 잘못된 이미지를 소멸시키는 분은 성령이다. 무엇이 사람으로 하여금 어린아이와 같이 신뢰 속에서 모든 근심을 하늘 아버지께 맡기고 끊임없이 ─ 그리스도인이 신화(神化)되었다는 증거인 ─ 하나님 사랑과 이웃 사랑을 실천하도록 만드는가? 이러한 사람은 새로운 내면의 눈 ─ 그로 하여금 하나님의 진리 속에서 '내면의 음악'(inward music)을 듣고 따르도록 만드는 ─ 성령의 눈을 갖게 된다.

"오직 하나님이 성령으로 이것을 우리에게 보이셨으니 성령은 모든 것 곧 하나님의 깊은 것까지도 통달하시느니라 사람의 일을 사람의 속에 있는 영 외에 누가 알리요 이와 같이 하나님의 일도 하나님의 영 외에는 아무도 알지 못하느니라 우리가 세상의 영을 받지 아니하고 오직 하나님으로부터 온 영을 받았으니 이는 우리로 하여금 하나님께서 우리에게 은혜로 주신 것들을 알게 하려 하심이라 우리가 이것을 말하거니와 사람의 지혜가 가르친 말로 아니하고 오직 성령께서 가르치신 것으로 하니 영적인 일은 영적인 것으로 분별하느니라 육에 속한 사람은 하나님의 성령의 일들을 받지 아니하나니 이는 그것들이 그에게는 어리석게 보임이요, 또 그는 그것들을 알 수도 없나니 그러한 일은 영적으로 분별되기 때문이라 신령한 자는 모든 것을 판단하나 자기는 아무에게도 판단을 받지 아니하느니라 누가 주의 마음을 알아서 주를 가르치겠느냐 그러나 우리가 그리스도의 마음을 가졌느니라" (고전 2:10-16)

끊임없이 기도하는 방법

교부들은 모든 그리스도인이 항상 기도하라는 부르심을 받았다고 확신하면서 신약성서로부터 나온 이 계명을 지키려 했다. 그러나 어떻게 항상 기도할 수 있다는 말인가? '기도'란 말이나 침묵 속에서 하나님에게 말하는 것이며, '항상'이란 다름 아닌 기도하는 시간을 뜻하지 않는가? 사막의 수도자들도 생계를 위해 일해야 한다는 사실을 받아들였다. 그들도 먹고 자야 한다. 초기 그리스도인들 가운데는 이 계명을 지나치게 문자적으로 해석하는 그룹이 있었다. 메살리안(Messslian, 시리아어로는 Mesaliane이며 기도하는 자를 뜻한다)으로 불리는 사람들은 기도와 양립할 수 없는 일이나 직업을 거부했다.[3] 그러나 온건하고 정통적인 교부들은 이러한 가르침의 불가능성을 인지하고, 메살리안들이 노동을 거부

---

3 이 주제에 대해선 다음 문헌들을 참조하시오. I. Hausherr, *The Name of Jesus*, trans. Charles Cummings, O.C.S.O. (Kalamazoo, MI: Cistercian Publications, Inc., 1978), p. 126; «Comment Priaient les Peres," *Revue d' Ascetique et de Mystique* (Jan-Mar, 1956), pp. 33-36; «L'erreur fondamentale et la logique du Messalinisme,» *Orientalia Christian Periodica*, 1 (Rome: 1935), pp. 328-360.

하면 정신을 차리라고 음식을 주지 않았다.

대다수의 교부들은 쉬지 않고 드리는 기도의 참된 의미가 말로 끊임없이 기도를 드리라는 것이 아님을 인식했다. 오리게네스는 선한 노동과 계명 준수가 기도에 방해가 되지 않는다고 가르쳤다. 그에게 쉬지 않고 드리는 기도란 기도를 일상의 필수적인 일과 연합시키는 것을 의미했다. 오리게네스에게 기도란 정신(mind)을 하나님께 들어 올리는 것이다. 한 인간이 드리는 '온전한 기도'(prayerfulness)는 그의 행위와 기도가 하나님의 사랑으로부터 나오느냐에 달려 있다.[4]

성 아우구스티누스(St. Augustinus)는 오리게네스의 가르침에 의존하면서 쉬지 않고 드리는 기도를 하나님이 기뻐하시는 행위로 제시한다. 그는 또한 그리스도인이라면 누구나 다 이러한 기도를 드릴 수 있다고 말한다. "따라서 우리가 이러한 열망을 가지고 기도하는 것은 믿음과 소망 그리고 구제 속에서 일어난다."[5] 그러나 교부들이 계속해서 제기하고 끝까지 씨름했던 물음은 다음과 같은 것이다. 모든 행위가 하나님 사랑에서 비롯되어야 한다면, 우리는 어떻게 항상 하나님을 사유할 수 있는가?

4세기의 철학자이자 사막 관상기도의 영적 스승이었던 에바그리우스는 영적 관상을 '순수한 지성'(pure intellectuality)의 상태로 간주한다. 에바그리우스가 묘사하는 순수한 기도란 모든 정신적 개념과 사고와 이미지뿐 아니라 모든 다양성(multiplicity)과 추론이 배제된 상태를 뜻한다. 부정적인 측면에서 바라보면, 불규칙한 정념들의 근원인 다양성 자체에서 물러날 때 비로소 정념 없는 상태인 아파테이아(apatheia)에 도달할 수 있다는 것이다. 에바그리우스에게 아파테이아란 무감각(apathy)이 아

4 Origenes, *On Prayer*, The Classics of Western Spirituality Series, trans. Rowan A. Greer (New York: Paulist Press, 1979), Ch. 12,2, pp. 104-105.
5 St. Augustine, *Epist. Class*, 111, 121, PL 33, 493-507.

니라 '열정적인 무정념'을 뜻한다. 이러한 열정적인 무정념은 자비의 행위를 최고조에 이른 이성적 사랑의 상태로 규정한다. 이러한 사랑은 이 세상에서 하나님에 대한 지식을 넘어서는 그 어떤 것을 사랑할 수 없게 만든다.

그러나 이러한 설명은 모든 사람이 이해하기에는 무리가 있는 것처럼 보인다. 그러나 신약성서의 가르침은 모든 사람을 위한 것이다. 다수의 사막 교부들은 기도를 – 에바그리우스가 강조했던 – 지성적인 관점에서 바라보지 않는다. 그들은 오히려 기도를 의식이 항상 모든 행위와 사유의 목표인 하나님을 향하도록 의식을 내면으로 '밀어 넣는' 수행'(praxis) 혹은 금욕적 삶의 맥락에서 설명한다. 마카리우스 학파와 요한 클리마쿠스, 헤시키우스, 필로테우스, 닐(Nil)과 같은 시나이 산의 영성사상가들은 쉬지 않고 드리는 기도를 '하나님을 향해 나아감'(straining toward God)으로 묘사한다. 이러한 수도자들은 육체노동과 삶의 다른 의무들을 이행하면서도 드릴 수 있는 특수한 마음의 기도 형식 혹은 – 마음에 새길 만큼 자주 반복하는 – 외마디 기도(ejaculations)를 고안해냈다.

이것이 바로 예수기도의 시작이다. 이 기도는 주님이자 구세주이신 예수의 현존 안에 머무르려는 내적 열망을 가지고 할 수 있는 한 자주 예수의 이름을 내포한 구절에 집중하는 기도이다. 이 기도의 핵심은 영적으로 주님을 갈망하고 주님께 나아가는데 있다. 이러한 기도형식은 통회와 '죄 가운데 있는' 인간의 상황을 강조한다. 마음의 깊이에서 부르짖는 사막의 수도자들에게 하나님은 무한한 사랑으로 체험되었다. 그들은 동시에 자신의 가난과 – 그들의 비(非)본래적인 '타락' 상태로부터 스스로 자신을 건져낼 수 없는 – 무능함을 체험했다.

하나님 기억

　성 바실리우스와 항상 기도하라는 그의 가르침을 따르는 제자들은 앞에서 말한 마음의 기도를 반박하지 않으면서도 이러한 기도를 세상 속에 살아가는 보통 사람들이 실천할 수 있도록 변형시킨다. 바실리우스는 일반적인 그리스도인이 하나님에게 집중하는 외마디 기도를 입술로나 마음으로　지속적으로 암송할 수 없음을 인식했다. 그는 "네 자신을 돌보라"는 새로운 구절을 부각시키면서, 한 편으로는 하나님의 지속적인 현존을 주의 깊게 의식하는 내적인 경청(attentiveness)을, 다른 한 편으로는 하나님이 매 순간 계시하시는 당신의 거룩하신 뜻에 자신을 일치시키려는 적극적인 열망을 강조한다. 바실리우스는 인간이 하나님에 의해 존엄한 존재로 부름 받았음을 깨달았다. 하나님이 우리 삶의 목적이라는 사실을 기억하는데 그치지 말고 우리의 행위가 하나님을 향하도록 감독하고 인도할 수 있어야 한다는 것이다. 바실리우스는 이러한 경청을 끊임없이 드리는 기도의 토대로 간주한다.

　　"우리는 모든 주의를 기울여 우리의 마음을 지켜야 한다. 우리가 이렇게 해야 하는 것은 하나님에 대한 사유를 잃어버리거나 헛된 상상을 통해 하나님의 기적에 대한 기억을 더럽히는 것을 막기 위해서만이 아니다. 마음을 지켜야 하는 것은 지속적이고 순수한 기억을 통해 하나님에 대한 거룩한 사유가 우리의 영혼에 지워지지 않는 봉인으로 새겨져야 하기 때문이다. ... 따라서 그리스도인은 크고 작은 행위들이 하나님의 뜻을 따르도록 지도해야 한다. 그는 동시에 이러한 행위를 주의 깊고 정확하게 실천에 옮기고, 자신의 사유를 자신에게 할 일을 주신 분에게 고정시켜야 한다. 그는 이렇게 함으로써 다음과 같은 말씀을 성취한다. "내가 여호와를 항상 내 앞에 모심이여 그가 나의 오른쪽에 계시므로 내가 흔들리지 아니하리로다"(역자 주: 시편16:8) 그리고 다음의 가르침을 준수한다. "너희가 먹든지 마시든지 무엇을 하든지 다 하나님의 영광을 위하여 하라"(역자 주: 고전10:31) … 우리는 모든 일에서 주께서 바라보고 계신 것처럼 행동하고 사유해야 한다. 우리는 "내가 하늘에서 내려온 것은 내 뜻을 행하려 함이 아니요 나를 보내신 이의 뜻을 행하려 하심이니라"(역자 주: 요3:38)는 주님의 말씀을 실천해야 한다."[6]

바실리우스에게 쉬지 않고 드리는 기도는 지속적으로 하나님에 대해 사유하거나 외마디 기도를 바치는 대신에 (그러나 그가 이러한 방법들을 경시하는 것은 결코 아니다) 의지로 하여금 지속적으로 하나님의 현존을 기억하도록 하는 개인적 열망에 집중한다. 개인이 하나님의 사랑의 현존을 기억하려는 열망을 갖지 않는다면, 지속적인 기도나 선행도 하나님을 기쁘게 하지 못할 것이다. 그리스도인으로 하여금 자신의 사유와 말 그리고 행동이 하나님을 향하도록 인도하는 것이 바로 하나님에 대한 기억이다. 하나님은 삶의 구체적인 순간에 실현되는 그리스도인의 삶의 시작과 끝이다.

해석

우리는 매 순간 하나님의 사랑의 현존을 깊이 인식하려고 노력함으로

---

6 St. Basil, *Regulae fusius tractatae*, PG 31, 920C–921B, 쉬지 않고 드리는 기도와 그리스 교부들의 교리에 대해선 다음 문헌을 참조하시오. I. Hausherr, *Hesychasme et Priere* (Rome: Pntifical Oriental Institute, 1966).

써 항상 기도하라는 계명을 실현하려 했던 초기 그리스도인들의 노력을 쉽게 무시할 수 있다. 그들은 물론 도시생활을 하는 현대인과는 달리 소음과 염려가 적은 단순한 사회 속에 살았다. 그러나 마음으로 기도하라는 그들의 가르침에서 우리가 받아들여야 할 것은 무엇인가? 우리는 어떻게 일반적인 현대인의 삶에 적용될 수 없는 요소들을 걸러내고, - 역동적인 그리스도인이 되기 위해선 반드시 받아들여야 할 - 영구적인 참된 교리를 발견할 수 있을까?

하나님이 사랑이라면, 그는 항상 전적으로 자신을 비우면서 자신을 우리에게 선사하신다. 참된 그리스도인이 되는데 필수적인 참된 기도란 사랑이신 하나님의 활동으로 점점 더 온전하게 변형되는 상태다. 이것이 신약성서의 본질적 교리들인 성육신과 속죄의 목적, 즉 우리 인간이 하나님의 조건 없는 선택에 의해 당신 자신의 삼위일체적 삶에 참여하도록 부름 받았다는 교리의 의미이다. 우리는 우리 안에서 중생(重生, regeneration)을 이루시는 성령에 의해 신화(神化)로 부름 받았다. 이것이 바로 초기 교부들의 - 인간을 하나님의 본성에 진정으로 참여하게 만드는 하나님의 은혜에 의해 인간이 하나님이 된다(벧후1:4)는 - 신화 (theosis, divinization) 교리가 말하려는 바이다. 그러나 신화란 비(非)본질적으로, 즉 단지 도덕적으로만 하나님을 닮아가는 과정이 아니다. 신화란 - 삼위일체 안에 거하는 정도에 따라 - 우리를 참된 자기로 만드는 사랑의 연합을 실현하고 의식하는 과정이다.

마음의 기도는 궁극적으로 우리 안에 거주하시는 삼위일체의 활동이다. 우리는 하나님의 사랑의 행위에 의해 마음 안에서 삼위일체와 하나가 된다. 수년 동안 사막의 교부들을 만났고 그들과 함께 살았던 카시아누스는 교부들의 가르침을 서방에 전달해주었다. 그는 마르세유 (Marseilles)에서 수도원을, 다른 곳에서는 수녀원을 세웠으며, 『담화집』

과 『제도집』을 남겼다. 그는 그리스도인 안에 존재하는 하나님의 사랑의 행위를 다음과 같이 묘사한다.

"그 후에 우리에게 제자들을 위해 기도하는 우리 주님의 기도가 완전하게 성취될 것이다. "아버지께서 내 안에 내가 아버지 안에 있는 것같이 그들도 다 하나가 되어 우리 안에 있게 하사"(요17:21, 26) 예수는 또한 그들이 자신 안에, 자신이 그들 안에 있게 됨으로써 그들도 하나가 되어 우리 안에 있게 해달라고 간구한다. 그러나 이러한 일은 "우리를 먼저 사랑하신"(요일4:19) 하나님의 완전한 사랑이 우리 마음에 들어올 때 ‒ 반드시 이루어질 수밖에 없는 ‒ 주님의 기도가 성취되면서 일어난다."[7]

마음의 기도는 기술이나 기도의 과정 중에 나타나는 하나의 단계가 아니다. 헤시카즘 교부들은 마음의 기도를 지속적으로 정신(mind)을 마음(heart) 속으로 밀어넣는 과정으로 묘사한다. 근본적으로 마음의 기도는 인간의 언어와 정신적 이미지의 한계를 넘어서서 ‒ 하나님과 인간이 무언(無言)의 자기 비움 속에서 만나는 ‒ 내적 '고요의 순간'(still point)에

7 Cassian, *Conferences* 10, Ch. 7, *A Select Library of Nicene and Post-Nicene Fathers of the Christian Church* (Grand Rapids, MI: Wm. B. Eerdmanns, 1964). 카시아누스의 사상과 저술을 다룬 주요문헌들은 다음과 같다.
Owen Chadwick, *John Cassian* (London: University Press, 1968); *John Cassian, Conferences* in *Sources Chretiennes*, No. 54 (Paris: Cerf, 1968); *Institutions Cenobitiques* in *Sources Chretiennes*, No. 109 (Paris: Cerf, 1965);
Dom A. Menager, «La Doctrine Spirituelle»(Paris: 1923), Vol. VIII, pp. 183‒212;
Michel Olphe-Galliard, «Cassien (Jean),» DS (Paris: Beauchesne, 1953), Col. 214‒276;
«La Purete de Coeur d'apres Cassien,» *Revue d'Ascetique et de Mystique* (Toulouse: 1937), pp. 141‒160;
Dom E. Pichery, «Les Conferences de Cassien,» *La Vie Spirituelle* (Paris: 1921), Vol. 4, pp. 55‒66.

도달하려는 정서적 자세다.

러시아의 은둔자 성 테오파네스(St. Theophan)는 이러한 자세를 다음과 같이 묘사한다.

"기도는 정신(mind)과 사고를 돌이켜 하나님을 향하도록 하는 것이다. 기도하는 것은 정신을 가지고 하나님 앞에 서고 정신이 확고하게 하나님을 응시하며, 경건한 두려움과 희망 속에서 그분과 대화하는 것을 의미한다. ... 중요한 것은 정신이 마음속에서 하나님 앞에 서는 것이며, 생애 마지막 날까지 끊임없이 하나님 앞에 서는 것이다. 정신과 함께 마음 안에서 하나님 앞에 서는 법을 배우는 한, 원하는 대로 행동하십시오. 이러한 자세에 기도의 본질이 있기 때문입니다."[8]

이러한 깊은 기도 속에서 우리는 더욱 의식적으로 부활하신 주 예수의 현존을 찾게 된다. 우리는 예레미야가 이스라엘에게 선포했던 것과 같은 '마음의 할례'를 추구한다. "너희는 스스로 할례를 행하여 너희 마음 가죽을 베고 나 여호와께 속하라" (렘4:4) 우리를 향한 하나님의 크신 사랑을 직접 체험하기 위해 들어가야 하는 곳은 '마음', 즉 자유롭게 사랑할 수 있는 인격 안에 존재하는 가장 깊은 차원의 의식이다. 우리가 예수께서 말씀하신 '골방'(마6:6)을 발견하고 침묵과 진리 속에서 아버지를 경배하게 되는 곳은 다름 아닌 마음이다.

마음속에서 우리는 용감하면서도 겸손하게 우리 본성의 어두운 그림자를 바라보게 된다. 우리는 또한 - 가면과 화려한 언행, 그리고 우리가 전에 기도의 본질로 간주했던 영적 자세 속에 억압되어 있었던 - 마성적

---

8 St. Theophan the Recluse, Igumen Chariton이 편찬하고 E. Kadloubovsky와 G.E.H. Palmer가 번역한 *The Art of Prayer* (London: 1966), p.17에서 재인용.

인 힘, 즉 우리가 과거에 경험했던 모든 것으로부터 나오는 마성적인 힘을 바라보게 된다.

마음의 정화

예수는 마음이 깨끗한 자가 하나님을 보게 되리라고 말씀하셨다(마 5:8). 헤시카즘 교부들은 마음의 기도를 마음의 정화와 동의어로 간주했다. 그러나 그들은 결코 이러한 것들을 상세하게 묘사하지는 않았다. 그들은 그리스도인들에게 – 양자가 동일한 것이지만 – 양자 모두를 권면했다. 무질서한 욕망을 근절하고 덕을 세우는 것과 관련된 기술과 가르침은 교부들의 저술에 자주 나타난다. 그러나 그들은 기도와 마음의 정화라는 주제를 아직 이러한 것을 경험하지 못한 사람들에게 해명하는 것이 어렵다는 사실을 알고 있었다. 그러나 내면 여행을 시작하고 내주하시는 삼위일체 하나님에게 자신을 맡긴 사람에게는 이러한 설명이 필요하지 않다.

마음의 기도는 성서의 언어로 말하자면 '알아가는 것'(knowing)이다. '안다'는 것은 – 남편이 결혼생활을 통해 아내를 '알아가듯이' – 경험을 통해 그 어떤 사물이나 인격을 알아가는 것을 의미한다. 이러한 앎은 결코 지적인 지식이 아니라, '마음' 안에서 '실제로' 알아가는 것을 뜻한다. 이것은 '보는 것'(seeing)이다. 마음이 순수해졌기 때문이다. 헤시카즘에서 말하는 정화는 빛을 직접 보는 것과 유리를 통해 보는 것의 예를 통해 더욱 잘 이해될 수 있다. 전자의 경우 우리는 빛을 통해 보게 된다고 말할 수 있다. 그러나 우리로 하여금 보게 하는 매개는 만질 수 없다. 그러나 유리를 통해 빛을 바라보는 경우에는 우리가 보게 되는 것은 유리를 통해서이며, 우리로 하여금 빛을 보도록 만드는 것도 유리라는 매개이다.

교부들이 '마음의 정화'란 표현을 통해 말하려는 바는 만질 수 있는 유리에 대한 실체적인 체험이 아니라 빛에 대한 즉각적 체험이다.

마음이 정화된 가운데 마음 안에서 기도한다는 것은 - 우리를 자기중심성으로 이끄는 모든 것을 근절하도록 만드는 - 영적 주의력을 강화시키기 위한 내적 훈련을 뜻한다. 마음의 기도는 또한 모든 사고와 말 그리고 행위를 하나님의 영광을 위해 예수 그리스도의 통치 하에 두려는 내적 의향을 뜻한다(고후10:5; 고전10:31). 그러나 마음의 기도 안에 존재하는 직접적 경험의 관점에서는 그 이상을 의미한다. 마음의 기도는 이미지와 매개 그리고 감각적 사물로부터 자유로워진 정화를 뜻한다. 마음의 기도는 빛을 유리라는 매개를 통해서가 아니라 직접적으로 바라보는 즉각적인 기도이다. 하나님의 영은 완전한 영이시다. 따라서 그를 직접적으로, 즉 영 대 영으로 만나기 위해선 우리가 완전히 순수해져야 한다. 따라서 우리는 하나님과의 직접적인 만남을 방해하는 모든 것, 심지어는 하나님에 대한 이미지마저도 내려놓아야 한다.

그렇다고 교부들이 기도의 영역에서 감각과 지성 그리고 이미지의 역할을 부정하는 것은 아니다. 이러한 것들은 - 교부들이 마음의 기도 혹은 순수한 기도로 부르는 - 관상기도에 선행하거나 이러한 기도를 예비하는 기도에 필요하다. 하나님은 마음의 기도에서 완전히 순수하고 영적인 존재로 나타난다. '순수하지 않은' 정신은 이미지와 상징 그리고 개념의 노예가 된다. 믿음과 소망 그리고 사랑이 성령에 의해 정화되거나 깊어지지 못했기 때문이다. 정신은 감각적인 것을 통해 하나님께 이를 수 있다. 하나님은 우리가 이러한 방식으로 사물에 대한 지식에 이르는 것을 거부하지 않는다. 오히려 하나님은 항상 감각적인 것을 통해 그러나 감각적인 것의 도움 없이 하나님과 소통하는 단계로 인도하시려 한다.

시리아인 이삭은 마음 속 깊이로 들어가기 위해 감각적인 것에 죽는 과정을 – 바울의 '겉' 사람과 '속' 사람 개념을 사용하면서 – 다음과 같이 묘사한다.

"겉 사람이 세상에 대해 죽을 때까지, 그러나 죄뿐 아니라 모든 행위에 대해 죽을 때까지, 그리고 동시에 속사람이 악한 생각에 대해 죽고, 몸의 자연적 동요가 약해져 죄의 달콤함이 더 이상 마음에 떠오르지 않을 때까지는 성령의 달콤함이 인간 안에 나타나지 않으며, 그의 지체들도 이생에서 정화에 이르지 못할 것이다. 뿐만 아니라 하나님에 대한 사유가 인간의 영혼 속으로 들어가지 못하며, 지각되거나 보이지도 않게 된다. 불가피한 경우를 제외한 삶의 염려들을 모두 내려놓을 때까지, 그리고 이러한 염려를 하나님께 맡기게 될 때까지, 영적 엑스터시는 일어나지 않을 것이다."[9]

그리스도인에게 하나님 안에서 성장한다는 것은 자신의 전 존재가 하나님의 존재 속으로 들어가는 것을 뜻한다. 이렇듯 마음속에서 기도하는 것이 습관이 된 사람은 자신이 하나님과 함께 호흡하며 하나님의 호흡에 참여한다고 말할 수 있다. 순수한 기도는 영과 영의 소통이다. 이 기도는 하나님의 침묵의 언어로 하나님과 대화하고 그분의 존재 속에서 그분의 것을 나누는 능력이다. 사랑하는 사람은 창조된 현실에 매이지 않고 바로 그 마음, 즉 사랑받는 자의 마음, 즉 그의 중심이자 영에게 달려간다.

카시아누스는 이러한 '불같은 기도'를 헤시카즘의 언어로 묘사한다.

"우리는 마음의 근저(根底)에서 감동을 받음으로써 (성서의) 의미에 도

---

9 St. Isaac of Syria, *Directions on Spiritual Training* in *Early Fathers from the Philokalia* (London: Faber & Faber, 1954), p. 235.

달하게 된다. 그러나 성서를 읽어서가 아니라 성서를 예기하는 경험에 의해서 그렇게 된다. 이러한 방식으로 우리의 정신(mind)은 부패하지 않은 기도에 이르게 된다. ... 이 기도는 그 어떠한 말이나 발성을 사용하지 않는다는 점에서, 그러나 불타오르는 마음을 지닌다는 점에서 여느 기도와 구분된다. 이 기도는 이루 다 헤아릴 수 없는 영의 열정에 의해 마음의 엑스타시를 통해 실현된다. 그리고 이렇게 감각이나 보이는 물질의 도움이 없이 감동받은 마음은 말로 할 수 없는 신음과 탄식으로 자신을 하나님에게 쏟아 붓는다."[10]

기도는 사랑이다

이러한 기도는 궁극적으로 – 우리가 마땅히 기도할 바를 알지 못할 때 연약한 우리에게 다가오시는 – 성령의 사역이다(롬8:26-27). 성령은 우리가 우리의 '마음'(heart)을 비우는 만큼 우리의 마음을 하나님의 사랑으로 채운다. 우리는 더 이상 노예나 하인처럼 두려움이나 보상 때문에 하나님을 섬기지 않는다. 우리는 오직 사랑 그 자체가 주는 기쁨으로 인해 순수하게 아버지를 사랑한다. 이 사랑은 그 어떤 조건 없이 주어진 자유로운 사랑이다.

기도에 대한 사막 교부들의 가르침은 하나님의 순수한 사랑이 주도하는 삶을 살라는 권면이다. 겸손과 공경을 통해 모든 세속의 애착으로부터 해방되면, 하나님에 대한 사랑에 근거해 온 세상을 다시 하나님에게 돌려드리게 된다. 그리스도인의 삶의 목표인 완전(perfection)은 오직 사랑에 의해서만 도달할 수 있다. 사막 교부들이 우리에게 전해준 모든 금욕 수행

---

10 John Cassian, *Conferences*, 10, Ch. 11.

들은 하나님의 사랑이 우리 마음에 도래하는 것을 도울 때에만 의미를 갖는다. 끊임없이 기도하는 상태인 마음의 기도는 오직 – 매 순간 우리의 마음에 하나님의 크신 사랑을 부어주는 – 성령의 빛 속에서만 가능하다. 이러한 사랑이 우리를 하나님과 연합시킬 때 그 사랑은 우리를 하나님의 사랑을 닮은 사랑, 즉 세상을 위한 이타적인 사랑으로 채운다.

적용

현대인은 진정한 사랑을 이해하는데 상당한 어려움을 느낀다. 우리는 우리 주위의 모든 것에서 진정한 사랑을 조소하는 듯한 잘못된 방식의 사랑을 발견하게 된다. 우리의 삶은 다음과 같은 구호로 넘쳐난다. "전쟁이 아니라 사랑을 하라." 현대 심리학은 우리에게 '의미 충만한 관계'란 화두를 던져주었다. 그러나 대부분의 사람들은 이러한 관계성을 타자에 대한 헌신적인 책임감이 아닌 개인의 행복감으로 해석하고 있다.

교부들은 세상을 떠나 그들의 마음속에서 일어나는 보이지 않는 전투에 참여하기 위해 사막에 거주하며 살았다. 그곳에서 그들은 밤낮으로 하나님의 현존을 완전한 사랑으로 체험하는 것을 가로막는 악마의 세력을 죽이기 위해 투쟁했다. 우리들 가운데 사막에 은거하라고 부름을 받은 사람은거의 없을 것이다. 그러나 세례를 받은 우리 모두는 우리를 내적인 사막으로 인도하는 성령의 부르심을 느낄 수 있다. 우리 주위에는 실제적인 사막이 넘쳐난다. 그러나 이 사막은 녹색 생명이라곤 찾아보기 힘든 무미건조하고 황량한 모래사막이 아니다. 이 사막은 쓰레기, 오물, 소음, 복잡함으로 범벅이 된 황량한 사막이다. 이 사막은 우리를 그 어디로도 인도하지 않는다. 오염과 포르노, 자살과 폭력은 우리 도시에 넘쳐난다. 우리는 "지하철 벽과 빈민가 주택을 바라보며" 도시 생활의 일상

속에서 우리를 우리의 마음으로 부르시는 하나님의 사랑의 현존을 발견해야 한다.

하나님은 우리 주변 어느 곳에나 계신다. 하나님이 계신 곳에서 우리의 도시들이 배제되는 것은 아니다. 현대의 도시 순례자는 위험을 무릅써야 한다는 사실, 즉 자신의 현존에 대한 현재의 집착을 내려놓을 준비가 되어 있는 사람에게만 당신을 드러내시는 '부재하시는(不在) 하나님'을 찾아 나서려면 자신을 뿌리째 뽑아내야 한다는 사실을 인식하고 있다. 우리는 과거 그 어느 때보다도 가장 '무신적인'(ungodly) 상황 속에서 놀랍게도 당신을 계시하시는 하나님에게 마음을 열어놓으라는 요청을 받고 있다. 그러나 하나님의 사랑의 현존과 변형시키는 능력을 발견하려면 다름 아닌 우리의 마음속으로 들어가야 한다. 그리고 – 우리로 하여금 사랑으로 현존하시는 하나님을 점점 깊이 지각하도록 만드는 – 부재와 어둠, 집착과 교제, 그리고 상실감과 탐구심을 체험하는 곳 또한 우리의 마음이다. 이러한 사랑 속에서 우리는 그분과 하나가 되며, – 우리와 분리되어 있으며 그들의 중심인 하나님과도 분리되어 있는 – 타자와 하나 되게 하는 사랑을 실현할 능력을 부여받는다.

헤시카즘 교부들이 수행했던 마음의 기도는 다양한 차원에서 현대인의 삶에 적용될 수 있다. 우리가 사막의 영성으로부터 받아들일 수 있는 첫 번째 교훈은 우리도 사막 교부들과 마찬가지로 항상 기도하기를 소망할 수 있다는 사실이다. 그들은 강조한다. 황량한 사막에서 인간 실존의 가장 근본적이며 필연적인 의미는 기도를 드리는 것이 아니라 직접적이며 즉각적인 하나님의 사랑을 점점 더 깊이 인식하는데 있다는 사실 말이다. 그들은 모든 것에서 하나님의 사랑을 드러낼 수 있는 방법을 밤낮으로 모색함으로써 항상 기도하는 삶을 성취하려 했다.

우리는 매순간 하나님의 뜻을 실천하려는 영성을 배워왔다. 그러나 신구약성서가 말하는 마음의 기도 영성은 - 우리에게 가장 가까우며 우리로 하여금 당신의 사랑을 나누도록 부르시는 - 하나님을 창조되지 않은 사랑의 에네르기아(energy)로 체험하는 것에 기초하고 있다. 우리 서방교회의 영성은 너무나 자주 하나님에게 '기도를 드리라고'(say prayers) 가르쳐왔다. 이러한 영성에서 하나님은 우리 밖에 계실 수밖에 없으며 우리는 말과 이미지로 그분에게 다가서게 된다. 좀 더 신중한 그리스도인들은 현존하는 하나님의 '행위들'을 실현한다. 그러나 하나님의 현존은 하나님의 실제적 행위만큼이나 실제적이다. 우리는 헤시카즘의 마음의 기도로부터 - 현존하시는 예수의 현존과 이름에 집중하는 외마디 기도와 같은 기술을 사용하면서 - 하나님의 현존을 기억하는 법을 배울 수 있다.[11] 다음 장에서 우리는 예수기도라는 특별한 주제를 다루게 될 것이다.

그러나 마음의 기도가 우리의 기도 생활에 기여할 수 있는 가장 큰 공헌은 기도를 삼위일체 하나님 안에서 실현되는 삶의 방식으로 사유하도록 만드는 것이다. 마음의 기도는 그리스도교 영성의 모든 측면에 영향을 끼친다. 이 기도는 금욕과 내적 규율의 모든 수단들을 포괄하면서 전 인격을 감동시킴으로써 옛 인간을 예수 그리스도에게 종속시킨다. 이를 통해 새로운 인간이 그리스도 안에 존재하는 새로운 피조물(고후5:17)로 나타난다. 마음의 기도는 근본적으로 관상, 즉 행위가 아니라 존재이며 (not doing but being), 성 아우구스티누스가 말했듯이 우리의 참된 자아가 "우리 자신 보다 우리에게 더 가까운" 하나님에게 본질적으로 결합되어 있다는 깨달음이 점점 깊어져가는 과정이다.

마음의 기도는 우리의 거짓 자아, 즉 하나님과 다른 존재들 심지어는

---

11 이러한 '외마디' 기도가 서방에서 사용된 실례에 대해선 다음의 문헌을 참조하시오. V. Poslusney, O. Carm., *Union with the Lord in Prayer* (Locust Valley, NY: Living Flame Press, 1972).

자기 자신마저도 정서적으로나 지성적으로 우리 자신의 합리적 틀에 짜맞추려는 자아와 우리의 습관적 감각을 끝없이 초월하는 과정이다. 마음의 기도는 또한 우리로 하여금 우리 자신을 삶의 근원으로부터 흘러나오는 에너지로 체험하도록 만드는 자유의 중심, 즉 '우리 마음의 동굴'(cave of our heart)로 끝없이 내려가는 과정이다. 마음의 기도는 – 우리로 하여금 우리의 근원이 '하나님의 마음'이라는 사실을 체험하도록 만드는 존재 안에서 실현되는 – 말 없는 대화이다. 우리는 새롭게 발견한 우리의 독특한 동일성을 지각하면서 우리 자신을 하나님의 하나 됨(Oneness)에 맡길 수 있게 된다.

우리는 하나님의 현존에 집중하는 것을 도울 수 있는 기술들을 사용할 수 있다. 헤시카즘 교부들은 우리에게 단 한 가지가 아니라 매우 많은 기술들을 제공해준다. 좋은 방법이란 작동하거나 추구하는 목적을 성취케 하는 방법이다. 독일의 신학자 로츠(Johannes Lotz)는 여기서 명백한 지침을 제공해준다.

"방법들이 우리의 개인성에 폭력을 가하도록 방치해서는 안 된다. 방법들은 오히려 묵상하는 사람들이 자신만의 방법을 찾을 수 있도록 개인성을 자유롭게 해주고 묵상에 적응하도록 도와주어야 한다."[12]

기술들은 그리스도인의 삶의 목적, 즉 예수 그리스도 안에서 우리를 무한히 사랑하시는 하나님을 사랑하는 삶으로 돌아서도록 돕는 수단에 불과하다. 그러나 관상은 항상 진지하고 신실하게 금욕을 통해 자신을 비우면서 하나님의 선물을 받으려는 사람들에게 주어지는 선물로 간주

---

12 J. Lotz, *Interior Prayer: The Exercise of Personality* (New York: Herder & Herder, 1965), p. 133.

되어 왔다. 관상은 성령에 의해 주어지는 것이요, 항상 무상으로 주어지는 것이지 우리의 노력에 좌우되는 것이 아니다. 전반적으로 말하자면, 마음의 기도는 하나님의 은혜로 우리 자신을 하나님의 현재 안에 있는 새로운 차원의 삶으로 밀어 넣으려는 상태라 할 수 있다.

특히 마음의 기도는 이미지나 언어를 사용하는 것을 넘어서는 관상에 속한다. 아마 이러한 영역 안에서 우리는 마음의 기도에 관한 사막 교부들의 가르침으로부터 가장 중요한 도움을 얻을 수 있다.

사막의 기도

사막 교부들이 정립한 관상 교리는 신비적 결합에 이르는 다양한 단계들을 설명하는 교리가 아니다. 교부들의 관상 교리는 성령의 인도하심 아래서 예수 그리스도의 형상과 모양으로 성장해가는 과정을 기술할 뿐이다. 예수 그리스도를 닮아간다는 것은 도덕적 자세가 아니라 그리스도 안에서 하나 됨을 의식적으로 자각하는 것이다. 이러한 마음의 사막에서 관상하는 상태는 바울로 하여금 다음과 같이 고백하도록 만들었다. "이제는 내가 사는 것이 아니요 오직 내 안에 그리스도께서 사시는 것이라"(갈2:20)

우리에게는 마음, 즉 내면의 골방으로 들어가 그곳을 떠나지 말라고 권면하는 사막 경주자들의 격려가 필요하다. 왜냐하면 마음이야말로 우리가 알아야 할 모든 것을 가르쳐주는 곳이기 때문이다. 관상에 이르기 전까지 우리의 기도를 도와주었던 – 감각적 위로의 지지대 역할을 했던 – 이미지와 말들이 가치를 잃어버릴 때 믿음이 순수하고 생기를 되찾게 된다. 우리 안에 거주하시는 하나님의 현존은 자신을 어두움으로 나타내신다. 우리는 우리의 자기 신뢰를 반드시 죽이고 마음의 어둠 속에서 –

우리 자신의 지적 능력으로는 헤아릴 수 없는 -거대한 벽 앞에 서게 될 때 비로소 자신을 드러내시는 하나님의 사랑 안에서 믿음을 심화시켜야 한다.

우리는 사막의 밤에서 하나님께 당신을 보여 달라고 외쳐야 한다. 그러면 우리는 점차적으로 하나님 앞에 선 우리 자신의 절대적 무성(無性, nothingness)을 깨닫기 시작한다. 우리는 어둡고 깊으며 강한(deep, dark, stark) 믿음 안에서 하나님께 자신을 맡기며 자비를 베풀어달라고 외친다. "주, 예수 그리스도 하나님의 아들이시여 이 죄인을 불쌍히 여기옵소서!" 이러한 부정신학적(否定神學的, apophatic) 지식은 마음의 사막 안에서 상한 심령, 즉 아나빔(Anawim, 가난)에 주어지는 성령의 순수한 선물이다. 이 지식은 무지(Unknowing)가 선사하는 지식이다. 사막 교부들 모두가 동의하는 교리를 꿰뚫고 있는 위(僞) 디오니시우스(Pseudo-Dionysius)는 이 지식을 다음과 같이 묘사한다.

"어둠 속에 현존하는 하나님은 심지어 바라봄의 대상이나 바라봄의 주체로부터 나타나 수행자를 무지의 어둠 속으로 밀어 넣는다. 그곳에서 수행자는 그가 이해한 모든 지각들을 포기하고 전적으로 형태가 없고 보이지 않는 것에 몰두하게 된다. 그는 모든 것을 초월한 분에게만 속하고 그 어떤 존재(그 자신이나 다른 존재)에도 속하지 않는다. 그리고 그의 모든 이성 능력을 수동적인 고요함으로 변화시키면서 전적으로 알 수 없고 모든 지식을 포기할 때에만 알 수 있는 분과 연합하게 된다. 그러나 이 지식은 그의 이해를 넘어서는 것이다."13

---

13 Pseudo-Dionysius, *Mystical Theology*, 다음 문헌에서 재인용. *The Soul Afire*, ed., H.A. Reinhold (Garden City, NY: Doubleday, Image Books, 1973), p, 49. 이 책의 저자를 위 디오니시우스라고 부르는 이유는 그가 자기 글의 권위를 위해 자신이 바울이 아덴에서 설교할 때 회심했던 디오니시우스라고 말하기 때문이다.

마음의 기도는 인간이 자신의 참된 상태, 즉 그리스도 안에(in Christ) 있는 존재로 돌아서는 지속적인 과정을 동방 교회 방식으로 묘사한 것이다. 신성화된 인간의 '마음' 혹은 의식(롬5:5) 안에 살아계시는 성령이 선사하신 사랑에 의해 그리스도인은 항상 모든 인간관계와 일상의 사건 속에서 마음이 체험한 내적 존엄성에 따라 사는 법을 추구한다. 우리는 예수께 사랑의 영을 우리 마음에 부어달라고 외칠 때 세례 받은 상태를 유지하게 된다. 지속적인 정화와 이기심에 대해 죽는 삶이 지속되면서 우리는 의식적으로 하나님과 관계를 맺게 된다. 우리는 내적인 조화, 평강, 고요함, 그리고 우리의 중심인 하나님 안에서 쉼의 상태에 이르게 된다. 이것이 바로 헤시키아(hesychia) 혹은 그리스도와의 통합이며, 내주하시는 삼위일체 하나님과 하나 됨 속에 있는 기쁨과 평강이다. 이곳에서는 자신을 완전히 맡기려는 욕망과 하나님과 이웃을 사랑하기 위해 고난을 감내하려는 욕망을 극대화시킴으로써 '부재하시는'(absent) 하나님을 소유하려는 강렬한 욕구가 일어난다.

마리아의 마음

동방 교회 교부들은 항상 성모(聖母, Theotokos 하나님을 낳은 자) 마리아에 대한 신심을 가졌다. 나는 이러한 신심이 마음의 기도로 불리는 관상적인 태도에도 나타난다고 생각한다. 그들은 마리아에게서 – 모든 인간과 교회가 마땅히 그렇게 되어야 할 – 존재의 원형(archetype)을 본다. 전적으로 통합된 존재, 믿음 안에서 자신을 전적으로 맡기는 존재, 하나님의 뜻에 대한 순종과 사랑 말이다.

융(C.G. Jung) 학파의 정신분석학자 노이만(Erich Neumann)은 모든 인간 존재 안에 있는 아니무스(animus)를 '집중하는 의식'(focused consciousness)으로, 아니마(Anima)를 '확산적 인식'(diffuse awareness)으로 규정한다.[14] 아니마는 개방적이며 수용적이다. 그리고 새로운 풍요로움을 흡수하고 참된 자기가 될 수 있도록 이러한 풍요로움을 고대하면서 기다린다. 아니마는 마음의 기도의 특징을 잘 드러내준다. 예수는 설교를 통해 아니마를 칭찬한다.

> "내가 진실로 진실로 너희에게 이르노니 한 알의 밀이 땅에 떨어져 죽지 아니하면 한 알 그대로 있고 죽으면 많은 열매를 맺느니라 자기의 생명을 사랑하는 자는 잃어버릴 것이요 이 세상에서 자기의 생명을 미워하는 자는 영생하도록 보전하리라" (요12:24-25)

마리아는 항상 영원한 아니마의 상징으로 간주될 것이다. 마리아는 모든 인간 존재의 성취로 간주될 것이다. 마리아는 강하면서도 섬세하게, 부드러우면서도 끈기 있게 하나님의 거룩한 뜻에 순종하면서 우리 모두에게 외친다. 우리는 우리 본성의 아니마 차원을 발전시킬 때 참된 인간이 된다고. 마리아는 우리가 무엇인가를 행할 때가 아니라 육신이 되신 말씀이신 예수 그리스도가 태어날 수 있도록 우리의 삶과 우리 주변의 세상에서 성령의 활동에 순응할 때 그리스도인이 된다고 가르친다. 우리 모두가 그렇게 되어야만 하는 마리아는 우리의 삶과 아니무스 반응을 – 그 어떤 필연성 없이 자신을 우리에게 주시는 – 하나님에 대한 개방성으로 통합시키는 삶이며, 이로써 이러한 개방성을 이웃 사랑으로 전환시키는 삶이다. 이러한 통합이 시작되는 곳에 존재하는 아니마는 우리가 우리의 삶에 드리운 통제된 의식에서 벗어나 겸손히 자신을 하나님의 은혜

---

14 E. Neumann, *Origins and History of Consciousness* (Princeton, NJ: Princeton University Press, 1971), pp. 121 ff.

에 온전하게 맡길 때 비로소 자신의 모습을 드러낸다.

누가복음은 헤시카즘 교부들과 비슷한 어조로 마리아의 마음을 두 번 묘사한다. 그녀는 베들레헴에서 목자들이 한 말을 곰곰이 생각한다. "마리아는 이 모든 말을 마음에 새기어 생각하니라" (눅2:19) 누가는 나사렛에서 예수와 함께 살았던 그녀의 삶도 비슷하게 요약한다. "그의 어머니는 이 모든 말을 마음에 두니라" (눅2:51) 마리아의 마음, 즉 가장 깊이 인격화된 의식의 중심은 항상 말씀이신 예수에게 집중되어 있었다. 그녀가 하나님의 어머니가 된 것은 주를 섬기는 작은 여종으로 순종하기 위함이었다(눅1:46). 그녀는 그녀의 아들에게 일어나는 모든 사건들을 성령의 빛에서 숙고하였다.

그녀의 삶 전체는 '마음'으로 살았던 삶이었다. 그곳에서 그녀는 말씀과 성령을 통해 다가오는 하나님의 사랑의 행위를 만났다. 그녀의 삶은 오직 이 말씀이 새로운 삶으로 나타나게 하기 위한 삶이었으며, 그리고 생명의 이 말씀을 다른 사람들에게 건네주기 위한 삶이었다. 따라서 그녀는 영광 속에서 - 하나님으로 하여금 모든 존재를 정복하게 하시는 - 그리스도인의 통합된 삶인 마음의 기도를 쉬지 않았다. 그러나 지금은 영광 속에서 관상하는 자가 된 마리아는 주님의 사랑하는 종이다. 마리아가 받아들인 사랑은 그녀로 하여금 그 사랑을 다른 사람에게 전해주도록 만든다. 이러한 사랑 때문에 마리아는 완전히 정화된 마음속에서 사랑으로 전 세계, 즉 그녀의 아들의 형상과 모양에 따라 만들어진 모든 인간 존재들을 섬기려는 열망에 사로잡힌다. 마리아는 우리를 위해 완전히 실현된 통합된 인간 존재가 된다. 행동 속에 존재하는 관상가는 - 온 세상과 함께 하나님의 생명을 받아들이고 나누는 - 하나님의 말씀의 성모 (聖母)이시다.

이것이 바로 마음의 기도가 우리 현대인에게 주는 의미이자 활용법이다. 마음의 기도란 '마음'속에서 예수 그리스도의 죽음과 부활을 살아감으로써 인격을 통합하고 성취하는 참된 그리스도인이 되어가는 상태이다. 우리와 사막 교부들이 획득한 통합의 정도는 항상 타자를 향한 섬김 속에 나타나는 사랑과 겸손에 의해 측정되어야 한다. 이것이 바로 마음의 기도의 본질이다.

04.
생명에 이르는 깨어짐(brokenness unto life)

　예수 그리스도와 제자들은 그리스도인의 삶을 생명에 이르는 죽음(death-unto-life)으로 묘사했다. 예수는 이러한 삶을 자기를 부인하는 삶, 자기 십자가를 지고 예수를 따르는 삶으로 묘사했다(마10:38; 16:24; 막8:34; 눅9:23; 14:27). 예수는 한 알의 씨앗이 땅에 떨어져 죽지 아니하면 많은 열매를 맺을 수 없다고 말씀하신다(요12:24). 예수는 니고데모에게 하나님의 나라에 들어가기 위해선 위로부터 다시 나야 한다고 말씀하셨다(요3:5).

　이러한 말씀들은 모든 인간의 삶 속에 존재하는 내적 성장의 법칙을 묘사한 것이다. 하나님의 형상과 모양에 따라 창조된(창1:26) 인간들은 낮은 차원의 존재를 비우고 새로운 차원의 초월적 의미를 받아들이기 위해 자신을 위로 들어 올릴 능력을 가졌다. 성서는 이러한 회심의 과정을 탈출(*Exodus*)이란 말로, 즉 이집트의 노예 생활에서 벗어나 하나님의 백성을 약속된 땅으로 인도하는 사막의 어둠 속에서 점차적으로 자유를 되찾아가는 과정으로 묘사한다.

심리학자들은 이러한 회심의 과정이 이중적인 운동 속에서 진행된다고 말한다. 첫 번째 단계는 자신 자신을 있는 그대로 그 어떤 변명 없이 정직하게 받아들이는 것이다. 이 단계에서 우리는 우리가 우리의 진정한 인격성이라고 생각했던 것이 실제로는 거짓 자기(false self)였다는 진실을 깨닫게 된다. 많은 사람들은 분주함이나 일 혹은 여행 등의 다양한 방법으로 이러한 진실을 피하려 든다.

오직 우리가 우리의 실존적인 자기를 신실하게 받아들이기를 배울 때에만 우리는 두 번째 단계에 눈 뜨게 될 수 있다. 즉 좀 더 고결하고 사랑이 많으며 선한 사람이 되기를 갈망하게 된다. 첫 번째 단계가 전제될 때에만 우리는 거짓 자기와 – 현재의 인격이 우리의 참된 자기라는 거짓말을 은폐시키기 위해 사용해 온 – 방어 장치 및 기술을 내려놓게 된다. 그러나 대다수의 인간들은 죽음의 과정이 새로운 생명을 낳는다는 사상을 매우 싫어한다!

틸리히는 그의 책 『존재에로의 용기』(The Courage to Be)에서 다음과 같이 말한다. "존재의 현실화는 비존재의 불안(anxiety of nonbeing)을 용기 있게 받아들이는 능력을 함축하고 있다."[1] 비존재의 불안이란 거짓 안전이라는 라이너스의 담요(Linus Blanket)를 거부하는데서 나타나는 불안과 두려움이다. 우리 모두는 – 하나님과 그분의 말씀 안에 존재하는 우리의 참된 인격으로 나아가려는 – 회심의 첫 번째 단계에서 이러한 불안을 마주하게 된다. 자기 자신과 타자 그리고 심지어는 하나님마저도 지배하려는 자기 통제와 자기 폐쇄성의 단단한 껍질을 깨뜨리는 것은 새

---

1 Paul Tillich, *The Courage to Be* (Boston: 1952), pp. 39–66.

로운 생명에 이르는 고통스러운 첫 번째 단계다.

이러한 회심 체험은 기도에서도 나타날 수 있다. 좀 더 초월적인 가치를 추구하는 회심들은 모두 – 우리로 하여금 우리 자신을 그분의 돌보시는 손에 맡기도록 인도하시는 – 궁극적인 사랑의 능력에 의해 실현되기 때문이다. 프랑스의 영성사상가 바스(Denis Vasse)는 기도를 필요(need)에서 욕망(desire)으로 나아가는 여정으로 규정한다.[2] 기도의 초기 단계에서는 우리가 하나님을 필요로 한다. 그러나 우리는 우리의 형상에 따라 하나님을 창조한다. 하나님은 우리 피조물의 모든 필요를 충족시켜 주시는 분이 되어야 한다. 이러한 하나님은 – 우리와 오랫동안 함께 살아왔던 – 거짓 자기를 강화시킨다.

그러나 우리가 우리 자신을 진지하게 바라보면 우리가 하나님에게 접근하는 방식이나 우리 자신과 타자들 바라보는 방식에 거짓과 오류가 존재한다는 사실을 깨닫게 된다. 자신의 깊이를 바라볼 수 있는 과도기적 관점이 열린 것이다. 마르셀(Gabriel Marcel)의 표현을 빌리자면, 이러한 인격은 "궁극적으로는 자신에게 물음이 된다."[3] 우리가 우리 자신에게 던져야만 하는 근본적인 물음은 다음과 같다. 우리는 "밖으로" 도피하면서 우리를 새로운 생명으로 초대하는 하나님의 음성에 귀를 닫아 버리는가? 아니면 하나님으로 하여금 진정으로 하나님 되게 하는 방식을 모색하면서 우리 자신 안에 머무르는가? 마르셀은 – 용기 있게 내면을 응시하는 인격에게 다가오는 – 내적인 공허함의 감정을 다음과 같이 묘사한다.

"쉼 속에 있으면, 불가피하게 자신의 내적 공허함에 빠져들어가는 자신

---

2 Denise Vasse, *Le temps du desir* (Paris: 1973), pp. 19–20.
3 Gabriel Marcel, *Problematic Man*, trans. Brian Thompson (New York: Herder & Herder, 1967), p. 55.

을 발견하게 될 것이다. 이러한 공허함은 우리에게는 참을 수 없는 것이다. 그러나 그곳에는 그 이상이 존재한다. 즉 이러한 공허함을 통해 우리는 불가피하게 우리 삶의 비참함, 파스칼이 말했던 - "우리가 그것을 조심스럽게 숙고할 때 그 어떤 것도 우리를 위로할 수 없는" - "비참한 삶의 조건"을 지각하게 된다. 따라서 삶의 전환이 필연적으로 요청된다."[4]

우상 파괴

'내면'에 머물며 일상적인 차원 이상의 수준에서 우리 자신을 탐구하게 되면, 우리의 거짓 자기가 싫어지기 시작한다. 우리는 새로운 삶으로 부르는 음성을 받아들이지 못하도록 고안된 거짓과 속임수를 바라보게 된다. 우리는 다른 사람들 앞에서 우리 자신을 과시하거나 우리가 행한 것을 드러냄으로써 우리의 가치를 각인시키려는 거짓 자세와 작은 속임수를 보게 된다.

무엇보다도 내면의 어둠 속에서 갑자기 나타나는 빛은 우리 내면의 공허함을 비추어줌으로써 우리가 기도 속에서조차 하나님 앞에서 얼마나 정직하지 못했는지를 드러내준다. 그리고 우리가 얼마나 교리와 예전의식 뒤에 숨어 살아왔는지도 보게 된다. 교리와 예전의식은 우리의 종교적 혹은 영적 삶에 꼭 필요한 구조들이지만 이러한 상황에서는 거짓 안전을 보장해줌으로써 회심으로 부르시는 하나님의 음성을 차단하기도 한다. 그러나 믿음이 깊어지면 하나님을 향한 우리의 습관적인 태도를 바라보려는 용기를 갖게 된다. 이 때 우리는 하나님을 우리의 이기적 목

---

4 Ibid., p. 100.

적을 위해 이용했던 우리의 뻔뻔함을 바라보면서 수치심을 느끼게 된다. 우리의 기도 생활 배후에는 하나님을 향한 진실한 사랑이 아니라 하나님을 필요로 하는 마음이 있었다. 그러나 우리는 지금 잘못된 우상들, 즉 우리가 마치 하나님과 동격이거나, 더 거칠게 말하자면, 하나님을 우리가 부르면 언제나 달려와야하는 존재인 양 생각하는 이미지와 말들을 내려놓기 시작한다.

우리가 우리의 '비존재'의 빛에서 우리 실존을 직면하게 될 때 우리 안에 불안과 두려움 그리고 혐오감을 불어넣어주는 하나님의 사역은 죽음을 자기중심적으로 숙고하는 것과는 거리가 멀다. 은혜의 사역은 '돼지 먹는 쥐엄 열매'를 떠나 우리의 참된 자기로 돌아서려는 존재론적 '향수'(nostalgia)이다. 은혜의 사역은 전적인 맡김의 행위 속에서 우리 하늘 아버지의 사랑 속에 존재하는 것이다.

사막 교부들

사막 교부들은 자신의 거짓 자기를 바라보고 삶 속에서 하나님에게 전적인 자유를 드리기 위해 '내적 투쟁'을 용감하고 끈기 있게 수행한 영성가들이었다. 그들은 지속적으로 어둠과 빛, 죽음과 — 그리스도 안에서 새로운 삶을 지향하는 — 부활의 변증법적인 긴장 속에서 살았던 사람들이었다. 신 신학자 성 시므온은 자신의 거짓 자기와 맞설 때 발견한 것을 다음과 같이 시적으로 묘사한다.

"마찬가지로 내가 말하고 있는 영혼은,
빛이 어떻게 비추고 있는지를 보고,
자신이 끔찍한 어둠과 깊은 무지와

사방이 막힌 감옥 속에 있음을 알게 되면,

자신이 어디에 있는지를 보게 되고,

자신이 속박되어 있는 장소를 보게 된다.

그리고 이 장소가 온통 끈적끈적하고

독사들로 득실거리는 진구덩이라는 사실도 알게 된다.

그리고 자신의 손과 발이 사슬에 묶여 있고,

먼지와 오물로 뒤덮였으며,

뱀에 물려 뜯겨 상처를 입은 것도 알게 된다.

그리고 자신의 몸은 수많은 벌레들로 뒤덮인 채

부풀어 오른 것을 보게 된다.

이것을 바라보면서 영혼이 어떻게 전율하지 않을 수 있겠는가?

어떻게 울지 않을 수 있겠는가?

그리고 어떻게 부르짖지 않을 수 있겠는가?

그리고 어떻게 온 힘을 다해 회개하면서 이러한 끔찍한

속박으로부터 건져달라고 간구하지 않을 수 있겠는가?

그렇다. 이러한 것을 보는 자들은 누구나 애통하고 신음하며

빛을 환하게 비추시는 그리스도를 따를 것이다!"[5]

죄와 양심의 가책

사막 교부들은 – 자신을 위해 기도 속에 만들어 놓았던 – 우상들을 파괴하기 위해 그들이 깨어지는 장소인 사막으로 나아갔다. 오랫동안 지속되었던 안팎의 건조함과 불모지는 그들로 하여금 살아계신 하나님의 자

---

5 St. Symeon the New Theologian, *Hymns of Divine Love*, trans. George A. Maloney, S.J. (Denville, NJ: Dimension Books, 1975), Hymn 30, pp. 164–165.

비와 치유의 능력을 간구하도록 만들었다. 교부들은 그들의 내면에서 그들을 다스리려는 하나님에게 저항하고 반역하며 분노하는 마음이 있음을 깨닫는다. 그들은 지속적으로 마음의 정화를 위해 분투했지만, 아직 부족하다고 부르짖는다. "내가 내 마음을 정하게 하였다 내 죄를 깨끗하게 하였다 할 자가 누구냐"(잠20:9) 그러나 그들은 그들의 의무가 끊임없이 부르짖는 것임을 알게 되었다. "하나님이여 주의 인자를 따라 내게 은혜를 베푸시며 주의 많은 긍휼을 따라 내 죄악을 지워 주소서 나의 죄악을 말갛게 씻으시며 나의 죄를 깨끗이 제하소서"(시51:1-2)

초기 교부의 문헌들은 대부분의 경우 탈신화화(非神話化)되어야 한다. 우리가 그들의 특수한 언어적 상징들, 즉 문자적 번역이 전해줄 수 없는 심오한 체험의 상징 속으로 들어갈 수 있으면, 우리는 좀 더 분명하게 초기 그리스도인들이 받아들였던 실체적 진리를 우리의 영성적 삶에 적용할 수 있을 것이다.

초기 교부들 모두가 강조하는 명백하고 본질적인 가르침이자 우리 현대인들에게도 - 필연적인 탈신화화가 이루어지기만 한다면 - 적용할 수 있는 한 가지 가르침은 죄와 양심의 가책에 관한 그들의 교리다. 그들은 죄를 단지 행위, 즉 외적 법을 위반하는 행위로만 보지 않았다. 그들에게 죄란 그들이 만지고 보고 냄새 맡고 듣고 맛보는 모든 것에 스며드는 전염병 같은 것이었다. 사막 교부들은 다윗과 같이 그들이 실제로 죄악 중에 출생했음을 깨닫고 있었다(시51:5). 물론 하나님의 계명을 고의적으로 침해하는 죄들이 있다. 그러나 다른 죄들은 - 그들로 하여금 하나님의 계명에 불순종하게 만들면서 그들 주위에 있는 악한 권세에 귀 기울이게 만드는 - 무지(無知)의 어둔 구름으로서 그들을 불구로 만든다.

그들은 죄로 인해 눈물 흘리는 것을 그리스도인의 마땅한 의무로 간주했다. 따라서 "애통하는 자는 복이 있나니 그들이 위로를 받을 것임이요"(마5:4)라는 예수의 선언은 오리게네스, 에프라임, 바실리우스, 나지안즈의 그레고리우스(Gregory of Nazianzen), 니사의 그레고리우스(Gregory of Nyssa), 요한 크리소스토무스(John Chrisostom), 시리아인 이삭(Isaac the Syrian) 등에게 진리로 받아들여졌다. 한 마디로 말하자면, 이것이 바로 초기 그리스도교 금욕주의자와 신비사상가들에게 공통적인 교리였다.

통회

초기 수도자들은 생명을 유지하기 위한 최소한의 필수품만을 가지고 사막으로 도피했다. 그곳에서 그들은 깊은 고독과 침묵 속에서만 들을 수 있는 하나님의 말씀을 분명하고 순수하게 듣기 위해서 모든 애착으로부터 마음을 정화시켰다. 그들은 하나님의 명령의 토대를 성경에서 발견했다. "하나님의 뜻대로 슬퍼하는 것." 구약성경은 개인적으로나 공적으로 애도하는 자의 깊은 슬픔을 가리키는 희랍어 펜토스(penthos)를 120회나 사용한다. 이사야는 하나님의 소원을 다음과 같이 선언한다. "슬퍼하는 자에게 화관을 주어 그 재를 대신하며 찬송의 옷으로 그 근심을 대신하시고" (사61:3)[6]

비잔틴 영성 해석자 가운데 한 사람인 하우스헤르(Irenee Hausherr)는 양심의 가책, 즉 통회(penthos)를 다음과 같이 정의한다. "자신이나 타자의 잘못 때문에 영원한 구원을 잃어버린 것을 바라볼 때 생겨나는 슬픔."[7] 양심의 가책은 합리적 개념 이상의 것으로서 하나님께서 회개하는

---

6 통회라는 주제를 다룬 고전적 작품으로는 다음 문헌을 참조하시오. Irenee Hausherr, S.J., *Penthos-la doctrine de la componction dans l'Orient chretien* in *Orientalia Christiana Analecta*, No. 132 (Rome: Pontifical Oriental Institute, 1944).
7 Ibid., p. 50.

죄인에게 베푸시는 항구적인 체험이다. 요엘의 말씀은 초기 수도자들의 회심 혹은 메타노이아(*metanoia*) 이해의 토대가 되었다. "여호와의 말씀에 너희는 이제라도 금식하고 울며 애통하고 마음을 다하여 내게로 돌아오라 하셨나니 너희는 옷을 찢지 말고 마음을 찢고 너희 하나님께 돌아오라"(욜2:12-13)

애통하는 마음을 가로막는 장애물

사막 교부들은 그리스도인이라면 마땅히 통회에 대한 감각을 가져야 한다고 가르쳤다. 이러한 감각은 인간 실존의 죄와 불확실성에 대한 통찰력을 심화시키고 인간이 깨어지도록 돕는다. 따라서 사막교부들은 수시로 양심을 검증하는 수행과 – 인간의 종말과 영원한 상급(형벌)을 강조하는 말씀과 더불어 – 그리스도의 말씀과 생애를 진지하게 묵상하는 영성훈련을 소홀히 하면 마음의 움직임이 둔감해지며 방탕의 영에 빠지기 쉽다는 사실을 인지했다. 자만은 '세상적인' 삶을 주도하지만, 통회는 – 모든 것이 하나님 안에 있다는 자각과 인간을 선하신 하나님의 순수한 선물로 바라보는 통찰력을 가져다주는 – 겸손을 심화시킨다.

말이 너무 많아지는 것은 방탕에 이르는 길 가운데 하나로 간주된다. 성 도로테우스(St. Dorotheus)는 무절제한 언어생활이 다른 악덕들을 불러온다고 말한다.[8] 사실 말이 많거나 언어생활에 절제가 없다는 것은 자기중심적 삶을 살고 있으며, 하나님을 바른 행위의 기준으로 받아들이지 않고 있다는 사실을 지시해주는 것이다. 따라서 무절제한 언어 생활은 반드시 자제해야 한다. 이러한 경고는 예전에 관한 사막교부들의 가르침

---

8 St. Dorotheus, *Doctrine IV*, Nos. 5,6, PG 88, 1665.

에도 나타난다. 정교한 전례 성가와 비본질적인 것에 몰두하는 예전은 수도사의 마음을 황폐하게 만들며 그에게서 – 자신과 하나님에 대해 바른 지식을 갖고 하나님을 경배하는 – 본질적인 소명을 빼앗아간다. 신학적인 문제를 무미건조하게 지성적으로만 사색하는 것도 통회를 가로막는 위험요소가 된다. 이러한 사색은 신학자들을 자만하게 만들면서 하나님을 인간적 모델에 따라 창조하는 우(愚)를 범하기 때문이다.

통회를 돕는 길

사랑하는 하나님에 대한 과거의 불충, 즉 인간의 연약함과 악으로 기우는 성향, 따라서 영원히 하나님으로부터 분리될 수도 있다는 '실존적' 자각에서 나오는 사유들은 인간으로 하여금 자기 사랑으로부터 돌아서서 하나님의 신실하신 사랑을 향해 나아가도록 만든다. 진정한 회심은 끊임없이 하나님을 향해 나아가려는 상태와 자신의 삶의 목적이신 하나님에게 항상 복종하는 상태로서 이전의 삶을 혐오하고 저항도록 만든다. 악한 충동들의 뿌리에는 자만, 즉 우리가 하나님의 사랑에 전적으로 의존되어 있다는 사실을 인정하지 않으려는 자세가 존재한다. 이러한 뿌리 깊은 속박에 맞설 수 있는 유일한 수단은 겸손을 열망하고 갈망하는 자세이다. 자신의 삶이 하나님에게 속해 있음을 겸손하게 인정하는 자세 말이다.

수행(Praxis) 혹은 금욕적 삶은 "자신의 골방에 앉아 있는 것"으로부터 시작된다. 그곳에서 그는 알아야 할 필요가 있는 모든 것을 배우게 된다. 진지하게 하나님에게 집중하면서 영원한 심판의 때 자신에게 일어날 일을 반성하는 행위는 그리스도인을 내적인 슬픔에 빠뜨린다. 이때 그리스도인은 과거에 지은 죄로 인해, 그리고 오직 하나님의 자비 속에서만 발견되는 새로운 능력으로 인해 눈물 흘리게 된다.

눈물의 은사

교부들은 그들의 처절한 슬픔의 구체적인 기준을 눈물의 은사에서 찾았다. 진정한 슬픔은 필연적으로 몸 전체에 영향을 끼친다. 통회의 눈물은 하나님과의 인격적 관계에서 자기 정체성을 찾는 감각을 선사해준다. 이러한 연합의 체험 속에서 눈물은 인격의 가장 깊은 차원을 감동시키는 슬픔의 표식으로서 흘러나온다. 요한 클리마쿠스는 그의 책에서 다음과 같이 말한다. "신음소리와 슬픔들은 주님께 외친다. 두려움으로부터 흘러내리는 눈물은 우리를 위해 간구하는 것이다. 그러나 거룩한 사랑의 눈물은 우리의 기도가 받아들여졌음을 우리에게 알려준다."[9]

에바그리우스는 기도와 관련해 수도사들에게 다음과 같이 권고한다.

"슬픔을 통해 거친 너의 본성이 순화될 수 있도록 먼저 눈물의 은사를 간구하라. 그리고는 너의 죄를 주께 고백하라. 그러면 주님으로부터 용서를 받게 될 것이다. 눈물로 기도하라. 그러면 너의 간구는 응답을 받을 것이다. 눈물로 구하는 기도보다 주를 기쁘게 하는 것은 없다."[10]

자신의 내적 파멸과 하나님으로부터의 소외, 그리고 괴로움과 증오심 그리고 – 당신의 행복과 삶을 나누자고 부르시는 하나님의 사랑에 무관심했던 자만이 거듭되면서 형성된 – 완고한 마음을 체험하는 사람은 갑

---

9 St. John Climacus, *The Ladder of Divine Ascent*, trans. Lazarus Moore (London: Faber & Faber, 1959), p. 114.
10 Evagrius, *The Praktikos and Chapters on Prayer*, trans. and commentator, John Eudes Bamberger, O.C.S.O. (Spencer, MA: Cistercian Publications, 1970), Nos. 5,6. p. 56.

자기 예기치 않은 순간에 굳은 마음이 부드러운 마음으로 대치되는 것을 체험하게 된다(겔36:26). 슬픔의 눈물이 내적 존재의 깊이, 즉 오랫동안 기만과 근심 그리고 죽음에 대한 두려움 속에 살아왔던 마음의 깊이로부터 갑자기 흘러나온다.

교부들은 극단적인 히스테리(hysteria)에 관심을 갖는 사람들이 아니다. 교부들은 오히려 눈물 속에서 – 감각이나 정서 혹은 정신(mind)의 한 단계가 아니라 오히려 그들 존재의 중심에서 – 그들을 감동시키는 설득의 심리학적 상태에 깊은 관심을 갖는다. 그들은 내적인 '중심'으로부터 흘러나와 감각에 영향을 미치지 않는 그 어떤 양심의 가책도 인정하지 않는다. 그들은 분명 너무나 많은 눈물을 흘리는 신경과민증 환자들이 있다는 사실을 알고 있을 것이다. 클리마쿠스는 다음과 같이 말한다.

"나는 눈물 한 방울을 핏방울 흘리는 것처럼 어려워하는 사람들을 보았다. 그리고 그 어떤 어려움 없이 눈물을 샘솟듯이 펑펑 흘리는 사람들도 보았다. 나는 그들이 흘리는 눈물 보다 그들의 수고를 보고 그들을 판단한다. 하나님도 그렇게 판단하실 것이다."[11]

교부들은 전 인격이 슬픔 속에서 흘리는 눈물을 보면 내적인 양심의 가책을 측정할 수 있다고 생각했다. 클리마쿠스는 다음과 같이 덧붙인다. "눈물은 사유의 결과이고, 사유의 아버지는 합리적인 정신(mind)이다."[12] 교부들은 타자와의 관계 속에서 체득했던 경험을 영적인 삶에 적용시켰다. 커다란 슬픔과 후회 그리고 삶에서 가장 소중한 것을 잃어버릴지도 모른다는 두려움을 체험한 사람은 이러한 감정들을 눈물로 표현

---

11 Climacus, *The Ladder of Divine Ascent*, Step 7, p. 116.
12 Ibid., p. 115.

할 수밖에 없기 때문이다.[13] 가능한 한 온전하게 하나님의 선하심 앞에서 슬픔에 사로잡히려는 욕망은 교부들이 강조하는 중요한 덕목이었다. 사막 교부들에 의하면, 내면의 욕구 그 자체는 - 강력하고 지속적인 양심의 가책에 도달했을 때 신체적 눈물로 변하는 - 영적 울음이었다. 교부들은 양심의 가책을 깊이 체험하는 것을 반드시 성취되어야 할 영성의 주요 목표로 간주했다. 눈물의 선물을 개별적인 '은사'(charism)로 간주하거나 위로받기 위해 바라지만 않는다면, 눈물의 은사에 대한 욕구는 참회를 불러일으킬 것이다.

양심의 가책과 이에 덧붙여진 눈물의 은사를 시리아인 이삭보다 더 잘 설명해준 사람은 없을 것이다. 그는 다음과 같이 가르친다. 첫 번째 나타나는 눈물은 어둠 속에서 울부짖는 것이다. 치유와 영원한 구원을 간절히 바라기에 자신을 공정한 눈으로 판단하면서 눈물을 흘리는 것이다. 겸손은 하나님께서 주신 통찰력으로서 자신뿐 아니라 전 인류의 속박 상태에 대한 애통으로 나타난다. 니사의 성 그레고리우스는 다음과 같이 말한다. "사물을 있는 그대로 바라보는 사람은 눈물 없이 살지 못한다."[14]

눈물은 새로운 삶이 태어나기 전에 주어지는 해산의 고통과 같다. 은혜는 다가올 삶의 빛에 하나님의 형상을 가져다준다. 그러나 슬픔의 눈물은 한 단계 높은 영적 통찰력과 성장에 길을 내어준다. 애통의 눈물이 자비와 사랑의 눈물에 굴복하면서 더 이상 어둠 속에 있는 자신이 강조되지 않는다. 성 이삭은 이러한 영적 성장의 단계를 다음과 같이 기술한다.

"슬픔의 눈물이 두 번째 단계에 이르는 문을 여는 것이 아니다. 두 번

---

13 참조. M. Lot-Borodine, "Le mystère du 'don des larmes' dans l'Orient chretien," *La vie spirituelle*, 48, *Supplement* (1936), pp. 65-110.
14 St, Gregory of Nyssa, *De Beatitudine*, 3, PG 44, 1224C.

째 단계는 매우 높은 수준의 단계이다. 왜냐하면 이 단계는 자비를 받아들이는 징후를 내포하기 때문이다. 통찰력에서 비롯된 이 눈물들은 몸을 떨게 만든다. 눈물이 자연스럽게 흘러나오지만 강제성이라곤 찾아볼 수 없다. 이 눈물은 몸을 성별(聖別)한다. 그리고 얼굴 모양이 변한다. 기쁨에 넘치는 마음이 몸을 아름답게 만들기 때문이다. 정신(mind)이 고독 속에 있을 때 눈물은 얼굴 전체를 촉촉하게 만든다. 이러한 눈물을 통해 몸은 이른바 여러 가지 영양분을 섭취하게 된다. 기쁨은 얼굴 전체에 확산된다."[15]

눈물은 두 번째 세례의 표식이다. 그러나 눈물 세례는 물이 아닌 성령으로 받는 세례다.[16] 그리스도인을 향한 하나님의 무한한 자비와 사랑을 깊이 체험하는 사람은 또한 자유를 선사하는 기쁨과 평화 그리고 온 세상을 향한 자비로운 사랑을 체험하게 된다. 예수께서 가르치셨듯이, 그는 자신의 죄에 대해 눈물을 흘리면서 하나님의 위로를 받는다. 사막 교부들은 모든 정욕으로부터 정화된 가운데 지속적인 평안을 누릴 수 있었다. 내면의 행복을 낳는 평안 말이다. 이러한 평안은 이슬람 금욕주의에서 종종 나타나듯이 눈을 감은 채 모든 것을 하나님의 섭리로 받아들이면서 문제를 회피하는 자세도 아니며, 단순히 세상을 무시하는 철학적 스토아주의(stoicism)도 아니다.

내면의 행복은 십자가를 통해 빛으로 나아가는 그리스도교적 체험의 토대이다. 양심의 가책은 죽음의 과정이며 기쁨은 자신의 모든 능력들이

---

15 St. Isaac the Syrian, *Mystic Treaties*, trans. A.J. Wensinck (Amsterdam: Niewe Reeks, 1969), p. 165.
16 클리마쿠스는 이러한 눈물에 대해 다음과 같이 말한다. "세례보다 위대한 것이 세례 후에 흘리는 눈물이다." *The Ladder of Divine Ascent*, Step 6, p. 114. 신 신학자 성 시므온도 비슷하게 말한다. 참조. Sources Chretiennes Series, Vol. 51, *Theologiques, Gnostique et Pratiques* (Paris: Cerf, 1959), p. 50.

평화와 행복 속에서 백배의 열매를 맺는 새로운 삶으로 부활하는 것이다. 성령은 여기서 굳건한 믿음과 소망 그리고 하나님 사랑을 마음에 부어주신다. 하나님은 "모든 것을 태워버리는 불"로 내주하신다. 그리고 이러한 불타오르는 사랑은 눈물을 흘리지 않을 수 없게 만든다. 그러나 그는 더 이상 쓰라린 고통 속에 있지 않으며, 오히려 항상 기뻐한다. 이러한 상태는 성 이삭이 가르치고 있듯이 순수한 기도로 발전한다.

> "하나님에 대한 사유가 사람의 영을 휘저어놓는 순간 마음은 단번에 사랑으로 뜨거워지며 눈물이 샘물 솟듯이 흘러나온다. 사랑은 사랑하는 사람을 생각할 때마다 눈물을 흘리는데 익숙하기 때문이다. 이러한 상태 속에 있는 사람은 눈물을 흘리지 않을 수 없다. 하나님을 생각하지 않는 시간이 그에게는 존재하지 않기 때문이다. 심지어 잠 속에서도 그는 하나님과 대화를 나눈다, 사랑은 이러한 일들을 행하는데 익숙하다. 이러한 삶이 바로 인간됨의 성취이다."[17]

사막교부들이 눈물의 은사를 통해 보편적으로 체험했던 것은 다른 인간뿐 아니라 동물과 식물 그리고 무생물을 향한 사랑과 자비 속에서 실현되는 우주적 하나 됨이었다. 하나님의 현존은 모든 창조 속에서 자신을 내어주는 사랑으로 빛난다. 이러한 사랑은 정화된 관상가로 하여금 사랑과 자비로 세상에 반응하도록 만든다. 눈물을 통해 나르시즘(narcissism)의 모든 얼룩으로부터 자유로워진 마음은 모든 인간 존재를 자비로운 하나님의 눈으로 바라본다. 이러한 마음은 성 이삭이 말했듯이, "인류를 위한 자비로 충만해지며", "그들에 대한 연민 때문에 괴로워

---

17 St. Isaac the Syrian, op. cit. p. 176.

하고", "사람을 차별함이 없이 불처럼 타오른다."[18]

이와 같이 모든 인류를 대상으로 하는 우주적 사랑은 은수자 아가톤 (Agathon)의 이야기에 잘 나타난다. 그는 길거리에 방치된 병자를 발견하고는 여섯 달을 돌봐주었다. 그는 다음과 같이 말한다. "나는 나병 병자를 발견하면 나의 몸을 그에게 주고 그의 병든 몸을 대신 취하게 되기를 소망했다. 이것이 바로 완전한 사랑이다. 우리도 교부들처럼 은혜 받을만한 사람이 되도록 교부들을 닮아갑시다."[19]

러시아 영성의 고전인 『순례자의 길』(The Way of a Pilgrim)에 등장하는 순례자는 눈물을 흘리며 슬퍼하는 것을 배우고 눈물의 은사를 통해 마음속에서 항상 기도하는 법을 배웠던 교부들의 체험을 보여준다. 그는 모든 피조물과 하나 됨을 다음과 같이 표현한다.

> "온 세상은 … 매혹과 기쁨으로 충만한 것처럼 보였다. 사람과 동식물 등 모든 것이 나로 하여금 하나님을 사랑하고 감사하게 만들었다. 나는 그들을 나의 가족으로 여기게 되었다. 나는 그들 모두에게서 예수 이름의 마법을 발견했다."[20]

해석

현대 서구 그리스도교는 죄에 대해 슬퍼하는 감각과 우리의 내적 소외와 깨어짐에 대한 체험을 중시하지 않는다. 마미온(Dom Marmion), 파버(F. Faber), 하우스헤르(I. Hausherr), 레가미(P. Regamey) 등의 영성 사

---

18 Ibid., p. 330.
19 Ibid., p. 381.
20 *The Way of a Pilgrim*, trans. R. French (New York: Ballantine, 1977), p. 78.

상가들은 이미 이러한 현상을 지적해왔다.[21] 우리에게 죄에 대한 슬픔 속에 거하는 것은 아주 부정적인 것처럼 보인다. 심지어는 소름끼치는 일이기도 하다. 현대인들에게 슬픔에 잠기는 것은 분명 자기만족적인 현상이 아니다. 우리는 아마도 초기 사막 교부들이 수행했던 양심의 가책을 온전하게 이해할 수 없을지도 모른다. 우리는 히스테리는 말할 것도 없이 순전한 감정주의에도 두려움을 느낀다. 종교적 탈선행위에 대한 수많은 연구들은 우리로 하여금 건전한 이성에 근거하지 않은 것은 어떤 것이든 의심하도록 만들었다. 그러나 우리들은 그 대가로 지속적으로 양심의 가책 속에 머물도록 돕는 수단을, 즉 경건하면서도 사랑하는 마음을 가지고 항구적인 기도를 통해 하나님의 현존 안에 거하도록 돕는 수단들을 잃어버렸다.

틸리히(Paul Tillich)는 "영원한 지금"(The Eternal Now)이란 소논문에서 참회가 그릇된 행위를 슬퍼하는 감정 이상의 것임을 강조한다. "참회란 전 인격의 행위이다. 자신을 자신의 존재를 구성하고 있는 요소들로부터 분리시키며 이러한 요소들이 더 이상 현재에 영향을 끼치지 못하도록 과거의 것으로 폐기시키는 전 인격의 행위이다."[22] 우리가 좀 더 의식적이며 내적으로 산다면 우리는 바울이 "내 지체 속에 있는 죄의 법"(롬 7:23)으로 묘사한 것에 눈을 뜨게 될 것이다. 죄란 하나님의 계명을 위반하는 행위 이상의 것이다. 교부들은 율법의 비본질적인 측면을 넘어서서 '마음'(heart)의 내적 운동과 하나님의 직접적이고 부드러운 사랑을 깊이 자각했다. 간단하게 말하자면, 교부들에게 죄란 부활의 신비를 기쁘게

---

21 C. Marmion, *Christ the Ideal of the Monk* (St, Louis: 1926), Ch. 8; F. Faber, *Growth in Holiness* (Baltimore: 1855), pp. 350-366; I. Hausherr, S.J., *Penthos;* P. Regamey, O.P., "La 'componction du coeur,'" *La vie sprituelle*, 44, *Supplement* (1935), pp. 1-16, 65-83; 45, *Supplement* (1935), pp. 8-21; 86-99.
22 Paul Tillich, "The Eternal Now," *The Modern Vision of Death*, ed. N.A. Scott, Jr. (Richmond, VA: 1967), p. 103.

살아내려는 것을 방해하는 장애물을 뜻한다. 교부들은 죄의 이러한 특성을 알고 있었기에 죄에 대한 책임감을 느끼며 용서를 빌고 울부짖었다. 물론 이러한 통회는 하나님의 사랑에 내재된 치유하는 자비의 행위를 의식의 깊은 차원 속으로 받아들이려는 것이다.

수 세기동안 서방교회 신학자들은 죄의 특성을 행위나 악덕 혹은 계속되는 행위에 의해 형성된 성향(disposition)에서 찾았다. 은수자 테오파네스(Theophan the Recluse)는 죄에 세 가지 의미를 부여한다. 즉 죄를 비난받을만한 행위, 정념(passion), 그리고 영혼의 상태 혹은 내적인 성향으로 제시한다.[23] 요한복음은 죄를 일종의 상태, 즉 항구적이며 내적인 성향으로 제시한다. 요한은 개인뿐 아니라 온 '세상'이 죄 안에 있다고 말한다(요1:29). 바울은 세상 속으로 들어온 죄를 인격화시킨다. 비슷한 표현들은 동방의 영성사상가인 마카리우스(Macarius)에게도 발견된다.

> "우리에게 악이란 실제적이다. 왜냐하면 악은 우리 마음속에서 우리를 훼방하며, 사악하고 역겨운 생각들을 제시하면서 순수한 기도를 드리지 못하게 하기 때문이다. 악은 우리의 정신을 세상에 집착하게 만든다. 악은 우리의 영혼인 체하면서 우리의 모든 뼈와 지체들에 영향력을 행사한다."[24]

그러나 성서를 따라 죄를 인격화시켰던 교부들은 도덕적 악이 자유로운 인격 내에서 나타나는 존재의 결핍이라고 믿었다. 교부들이 우리에게 주는 통찰력 가운데 하나는 마음 안에서 일어나는 불규칙한 운동을 치

---

23 St. Theophan the Recluse, *Nachertanie Christianskago Nravoucheniya* (Moscow: 1895), p. 145.
24 Pseudo-Macarius, *Spiritual Homilies*, trans. G. A. Maloney, S.J., in *Intoxicated with God* (Denville, NJ: Dimension Books, 1978), Nos. 16, 6, p. 114.

유를 받아야 할 불결한 것으로 제시한 것이었다. 그들의 문헌은 자발적인 죄와 비자발적인 죄를 명백하게 구분한다. 그러나 그들은 마음 상태에 대한 책임을 가능한 한 개인에게 지운다. 교부들에게 죄란 언제나 인간 자유의 행위였다. 잘못된 것을 실제로 선택하거나, 주의력 결핍 때문에 죄악으로 인도하는 내적 운동에 저항하지 못한 책임 말이다.

교부들에게 관상과 결합된 지혜는 - 궁극적으로 하나님의 로고스와 관계된 - 피조물의 내적 로고스를 인지할 때 주어진다. 피조물 내에 존재하는 이러한 내적 조화에 주의를 기울이지 않는 태만 때문에 죄를 짓게 된다는 것이다. 하나님의 계획에 대한 이러한 무지는 - 모든 것 안에서 하나님과 이웃을 사랑하라는 - 하나님의 계명에 대한 불순종에서 비롯된다.

죄의 결과

교부들은 악한 행위의 외적 결과에 집중하기 보다는 마음의 내적 왜곡을 더 심각하게 받아들인다. 다수의 교부들은 성 바실리우스를 따르면서 죽을 죄과 용서받을 수 있는 죄를 구분하는 대신에 하나님의 계명을 범하는 모든 죄는 "하나의 동일한" 범죄임을 강조한다.[25] 따라서 어떤 죄는 비록 외적 결과가 사소한 것처럼 보일지라도 "죽을 죄"가 될 수 있다. '죽을 죄'는 방종 속에서 자신의 욕망에 집착하는 정도와 하나님을 떠나는 정도에 따라 결정될 것이다.

따라서 죄의 귀결은 인간 내에 존재하는 하나님의 형상을 보이지 않게 만드는 것이다. 죄는 영혼의 영적 눈을 가리면서 그리스도인으로 하여금 어느 곳에나 계시는 하나님을 보지 못하게 만드는 어둠이다. 이러한 장

---

25 이러한 가르침에 대해선 다음 문헌을 참조하시오. D. Amand, *L'ascese monastique de saint Basile* (Maredsous, 1949), pp. 152 ff.

애와 조화의 결핍은 세상에 영향을 끼친다. 죄의 사회적 측면과 우주적 차원은 러시아의 영성에 잘 나타난다. 러시아의 영성은 인간이 하나님 및 이웃과 맺어나가는 선하거나 악한 관계와 땅 그리고 나머지 창조세계 사이에 존재하는 밀접한 연관성을 강조한다.

도스토예프스키는 – 아마 이교도 시절부터 전해져왔던 – 고대 러시아인의 이러한 통찰력을 포착하면서 땅을 – 인간의 반항과 해악을 묵묵히 받아들이는 – 거룩한 어머니로 묘사한다. 『카라마조프의 형제들』에 나오는 수련 수도자 알로샤(Aloysha)는 몸을 굽혀 자신의 죄를 대지의 중심부에 나지막한 소리로 고백함으로써 죄로 어지럽혀진 우주와 화해할 수 있는 길을 모색한다. 동방 교부들에 의하면, 그 누구도 개인적으로나 '사적으로' 죄를 지을 수 없다. 용서를 구하는 우주의 떨림만이 존재할 뿐이다.

자비를 청하는 부르짖음

우리는 앞에서 하나님께서 죄인에게 베푸시는 용서와 치유의 자비를 받기 위해선 진정으로 죄를 뉘우치며 부르짖는 것이 필요하다는 교부들의 가르침을 살펴보았다. 초기 교부들과 그들의 가르침을 따르는 그리스도인들에게 양심의 가책은 과거 현재 미래의 연속선상에 살면서도 '영원한 지금'(eternal now) 속에 거할 수 있는 수단이 된다. "완전에 이르기 위해선 다른 길이 없기에"[26] 오직 슬피 울 수밖에 없었던 교부들에게 하나님은 목표, 즉 그들의 삶을 당신께로 인도하지만 죽음 이후에야 비로소 도달할 수 있는 대상이 아니다. 하나님은 풍성한 사랑이며, 매 순간 자신의 피조물에게 창조되지 않은 에네르기아를 넘치도록 부어주시는 분이

---

[26] 참조. Abbot Poemen, *Apophthegmata Patrum*, PG 65, 353A.

다. 인간은 하나님의 형상을 따라 지어졌으며 서로 사랑하는 어린아이와 아버지의 관계로 부름 받았다. 그러나 이전에 죄를 지음으로써 온전하게 성장할 수 있는 기회를 무산시킨 인간은 앞으로도 - 그리스도 안에서 완전에 이를 때까지 - "탄식하며 함께 고통을 겪고 있는"(롬8:22) 세상의 내부와 주위에서 자신을 끌어당기는 힘을 체험하게 될 것이다. 이러한 '실존론적 불안'(existential angst)은 간절히 - 시공간의 황폐함 너머에 존재하면서 모든 완전함의 소유자(possessor)가 되시는 - 전적인 타자(Another)를 찾게 만든다.

교부들의 확신에 의하면, 인간이 해야 할 유일한 일은 사랑 때문에 우리가 영생을 얻도록 우리를 위해 죽으신(요3:16) 독생자들 보내주신 자비로운 아버지를 간절히 찾는 것이다. 그러면 용서를 베푸시는 자비를 조건 없이 받게 된다. 인간이 반드시 해야 할 유일한 일은 신실하게 부르짖는 것뿐이다. 그러면 나머지는 하나님께서 해주실 것이다. 성 크리소스토무스(St. John Chrysostom)는 설교 중에 자주 다음과 같이 권면했다. "당신은 죄를 지었습니까? 그러면 하나님에게 제가 죄를 지었다고 말씀하십시오. 이것이 어렵습니까?"[27] 그러나 성 테오파네스(St. Theophan)는 "내가 죄인"이라고 말하는 것이 "내가 죄를 지었다"고 말하는 것보다 중요하다고 말한다.[28] 자신이 죄에 지속적으로 사로잡혀 있는 죄인임을, 따라서 항상 하나님의 자비가 필요하다는 확신에서 - 끊임없이 하나님의 자비를 청하는 - 호칭기도(呼稱祈禱, litany)와 예수기도(Jesus Prayer)가 나타났다. "주 예수 그리스도 하나님의 아들이시여 이 죄인을 불쌍히 여기옵소서."

---

27 St. John Chrysostom, *De Paenitentia*, 2, 2, PG 49, 285.
28 Thomas Spidik, S.J., *La doctrine spirituelle de Theophane le Reclus* in Orientalia Christiana Analecta Series, 172, (Rome: Pontifical Oriental Institute, 1965), pp. 147 ff.

그러나 초기 동방교부들의 일반적인 가르침에서 그리스도인으로 하여금 하나님을 만나게 해주었던 것은 – 하나님 없이 살았던 과거에 대한 슬픔과 하나님 없이 살 미래에 대한 두려움을 동반한 – 양심의 가책이었다. 하나님은 자기 자신을 약한 자, 가난한 자, 궁핍한 자에게 주신다. 하나님을 말씀하신다. 나는 비천한 자에게 다가서며 존재한다. 나는 자신의 피조성을 고백하는 피조물에게 자신을 드러낸다. 사막 교부들은 통회하는 다윗과 함께 끊임없이 울면서 두 번째 세례를 체험한다. "나의 죄악을 말갛게 씻으시며 나의 죄를 깨끗이 제하소서" (시51:2) 클리마쿠스는 다음과 같이 말한다. "세례 이후에 지은 죄는 눈물이 씻어준다."[29] 진정으로 양심의 가책을 실천에 옮겼던 사막의 그리스도인들은 이러한 죄책으로부터의 자유 속에서 하나님의 아름다움과 선하심을 더 분명하게 바라볼 수 있었다. 그들은 온유함으로 충만해지면서 하나님과 더 깊이 하나 되기를 갈망한다. 그리고 자신의 약함 속에서 자신의 강함을 발견한다. 그의 강함은 전능하신 아버지 안에 있다. 그는 하나님의 전능을 자신의 약함을 자비롭게 용서하시는 하나님의 사랑 안에서 체험한다.

적용

우리는 묻곤 한다. 이와 같이 지속적으로 우리의 깨어짐과 죄악성을 강조하는 것은 너무 침울하고 부정적인 것이 아닌가? 이러한 것은 우리의 죄악을 취하시고 우리를 삼위일체 하나님의 자녀로 세우시는 예수 그리스도의 십자가와 부활을 모욕하는 것은 아닌가?

캔사스 토피카에 있는 메닝거 재단의 메닝거 박사(Dr. Karl Mennin-

---

[29] Climacus: *The Ladder of Divine Ascent*, Step 7, p. 114.

ger)는 정신과 환자들을 치료하면서 다수의 그리스도교 설교자가 그랬듯이 죄를 너무 강조하는 것이 수많은 그리스도인에게 부정적이고 건강에 좋지 않은 영향을 끼친다고 말한 적이 있다. 그러나 그는 후에 자신의 저술을 통해 죄를 죄로 인식하는 것과 저지른 죄를 속죄하기 위해 죄에 대한 책임감을 받아들이는 것 모두가 사라져가는 현실을 한탄한다.[30] 그는 죄를 다음과 같이 정의한다. "죄란 고집 세고 반항적이며 불성실한 기질을 갖고 있다. 그러나 죄로 인해 누군가는 거부당하고, 분노의 감정을 갖거나 상처를 받게 된다. 고집스럽게 자아를 행복하게 만들거나 만족시키기 위해 타자의 행복을 희생시키거나 무시하는 것이 죄의 본질적 성격이다. ... 따라서 죄란 마음의 중심에서 타자에 대한 사랑을 거부하는 것이다."[31]

그는 이 책에서 우리 모두가 과거뿐 아니라 현재에도 세상의 가난한 자와 고난 받는 자에게 불의를 저지른 우리 모두의 죄를 인식해야 한다고 주장한다. 그는 인간의 행위가 자발적이면서도 동시에 무의식적임을 강조한다. 무의식적 죄책의 문 앞에 놓인 다수의 죄들은 집단적인 죄이다. 우리 모두는 직간접적으로 아메리카 대륙의 원주민을 착취한 것, 사회적 불공정, 환경오염, 가난한 자들에 대한 무관심, 살상무기의 증가에 책임이 있다. 이러한 보편적인 죄책은 실제적이며, 우리의 의식과 무의식에 깊이 내장되어 있다. 한 저자는 이러한 사실을 다음과 같이 묘사한다.

"대다수의 사람들은 전쟁을 반대한다. 그럼에도 불구하고 우리는 궤양처럼 발발하는 전쟁의 불가피성에 압도당하고 있다. 자본주의와 식민주의의 오만함, 인종과 계급에 대한 증오심 등이 전쟁의 불가피성을 강

---

30 Karl Menninger, MD, *Whatever Became of Sin?* (New York: Hawthorn Books, 1973).
31 Ibid., p. 19.

요하고 있다. 고도 문명화된 유럽에서는 600만 명이 가스실에서 사라져갔다. 사랑의 능력을 갖지 못한 우리의 이기적 자아의 삶과 사고를 바꾸는 데 실패한 것은 이 모든 것의 한 부분에 불과하다. 우리는 사람들에게 너무 많은 해악을 끼치고 있다. 우리는 세상의 거대한 악에 참여하고 있다. 그러나 우리의 손은 너무나 깨끗하다."[32]

하나님과 세상 그리고 우리 자신을 정적인 관점에서 바라보면, 죄란 하나님의 법에 저항하는 고의적인 행위로 간주될 수 있다. 그러나 죄를 이렇게 이해할 때 우리는 우리의 본성적인 죄악성을 암시해주는 아담과 하와의 처음 죄를 숙고하지 못하게 된다. 우리는 – 항상 우리 주변에 이기심의 악한 그물망을 구축하면서 우리 안에 현존하시는 하나님의 생명과 사랑의 능력을 옥죄는 – 죄의 우주적인 전염력에 사로잡혀 있다. 성경과 사막교부들은 우리에게 외친다. 우리 모두가 죄인이며, 우리 모두가 영적인 어둠과 질병 상태에 빠져있다는 것이다. 우리를 건강한 사람으로 만드는 것은 사랑이다. 그러나 만나는 모든 사람들을 사랑하려는 우리를 항상 방해하는 것이 존재한다.

예수회의 리오네(S. Lyonnet)와 쇼넨베르크(Piet Schoonenberg) 같은 학자들은 사도 바울이 말하는 '원죄' 안에서 우리 모두가 연관되어 있다는 사실을 강조한다. 그러나 이러한 연관성은 탄생을 통해 인류에 편입되는 법리적 연관성이 아니라 인간의 개인적 죄에 의한 것이다. 개인적 죄는 원죄의 일부이면서도 하나님의 사랑에 저항하는 우주에 또 하나의 악을 추가시키는 죄이다.[33] '지극히 거룩한 구속주회'의 해링(Bernard

---

32 *A New Catechism* (New York: Herder & Herder, 1967), p. 260.
33 참조. P. Schoonenberg, S.J., *Man and Sin*, trans. Joseph Donceel, S.J. (Notre Dame, IN: University of Notre Dame Press, 1965), pp. 129 ff; S. Lyonnet, S.J., "Le sens de eph. 'ho en Rom v. 12 et l'exegese des peres grecs," *Biblica*, 36 (1955), pp. 436-457. 죄란

Haring, C.Ss.R)은 우리의 죄악성을 이 세상을 좀 더 공정한 세상으로 만들려 하지 않는 우리의 태만에서 찾는다. 도덕성이라는 정적(靜的)인 관점에서는 죄악에 대한 책임감과 회개나 개혁의 필요성을 말하기 힘들다. 그는 다음과 같이 말한다.

> "우리가 건전한 여론 형성, 즉 주택과 경제적 기회 균등 등의 문제에 적극적으로 참여하지 않거나 사회 제도를 개선하려 들지 않는다면, 이것은 분명 그냥 죄 가운데 머물고 따라서 세상 죄를 증대시키겠다고 말하는 것과 같다. 우리가 삶의 모든 차원에서 화해와 평화를 위해 일하지 않는다면, 우리는 분명 죄인으로 남게 되며 메시아적 평화에 대한 소망을 소멸시키게 될 것이다. 마찬가지로 이웃에 대해 균형 잡힌 책임감을 느끼고 신체적 사회적 문화적 종교적 삶에 공동책임을 느끼지 않는 사람은 부지불식간에 세상 죄를 증대시키게 된다."[34]

우리의 고의적인 죄와 태만 외에도 우리의 실수를 바라보고도 죄에 책임감을 느끼지 못하게 만드는 다수의 장애물이 존재한다. 이러한 것들 역시 하나님의 자비와 치유를 받아야 할 죄의 일부분이다. 우리의 과거의 습관과 죄 그리고 사고유형들, 우리의 훈련방식과 교육, 우리의 부모들과 가정생활, 정부와 산업사회 그리고 군대에서 발견되는 모호한 결정과 죄악을 묵인하는 국가 내에서 살아가야 하는 삶은 우리에게 과거의 압박으로 작용한다. 우리는 용서에 인색하며, 우리의 마음은 타자에

집단적이며 개인적인 악으로서 의도적이든 아니든 간에 세상에 존재하는 우주적 죄를 증대시키는 것이라는 개념에 대해선 다음 문헌을 참조하시오. Bernard Haring, C.Ss.R., *Sin in the Secular Age* (Garden City, NY: Doubleday & Co., 1974): Sean Fagan, S.M., *Has Sin Changed?* (Garden City, NY: Doubleday & Co., 1979).
34 Bernard Haring, op. cit. p. 28.

대한 편견으로 가득 차 있다. 두려움이 우리의 일상을 결정하며, 그리스도의 사랑의 법아래 사는 것을 방해하지는 않는가? 과거에 대한 두려움, 미래에 대한 두려움, 그리고 다음 순간에 대한 두려움은 우리의 삶 속에서 무엇보다도 사랑으로 나타나는 성령의 열매를 맺지 못하게 만든다(갈 5:16-22).

내면의 눈물

우리 모두는 우리가 사는 시공간과 상관없이 경험을 통해 – 하나님의 아름다움과 거룩하심에 가까이 다가가면 갈수록 우리 마음 안에 존재하는 어둠과 죄악을 더 깊이 자각하게 된다는 – 진리를 알게 되었다. 우리는 과거의 좋지 않은 기억들에 흩뿌려질 수도 있는 마른 뼈 조각들을 기꺼이 바라보려 한다. 우리 모두에 대한 하나님의 무한하신 사랑의 산(山)을 바라볼 수 있는 사람은 자신 안에 존재하는 무성(無性)의 골짜기를 보게 된다. 사랑이신 하나님의 무제약적 현존은 우리가 얼마나 처절하게 우리의 이기심과 에고이즘이라는 감옥에 갇혀 있는지를 보여준다. 그러나 우리가 용기를 내서 내면의 침묵과 정직함 속으로 들어가 우리 안에 존재하는 어둠의 무덤을 바라본다면, 하나님의 부드러운 사랑의 빛이 우리 자신을 비추면서 치유의 능력을 가진 부드러운 내적 눈물이 우리의 영적 눈에서 흘러나올 것이다. 우리는 마음의 깊이에서 작은 목소리로 속삭이게 될 것이다. "하나님이여 주의 인자를 따라 내게 은혜를 베푸시며" (시51:1)

이러한 내적 고요함 속에서 우리는 겸손한 마음으로 – 우리가 끊임없이 치유 받아야 할 존재라는 사실을 깨닫게 해주시는 – 성령의 사역에 자신을 맡기게 된다. 우리는 우리의 분열된 모습을 바라보며 후회하고 슬퍼

한다. 우리는 어둠의 감옥에 갇혀있다고 느끼게 된다. 그러나 우리는 회심의 결단을 통해 우리를 인도하시는 섬세한 빛의 광선을 볼 수 있다. 요엘의 말씀은 이스라엘뿐 아니라 우리 모두를 위해 주어진 말씀이다.

> "너희는 이제라도 금식하고 울며 애통하고 마음을 다하여 내게로 돌아오라 하셨나니 너희는 옷을 찢지 말고 마음을 찢고 너희 하나님 여호와께로 돌아올지어다 그는 은혜로우시며 자비로우시며 노하기를 더디하시며 인애가 크시사 뜻을 돌이켜 재앙을 내리지 아니하시나니" (욜 2:12-13)

우리가 초기 사막 교부들처럼 우리 자신의 내적 사막에 거한다면, 우리는 우리 안에 내주하시는 예수 그리스도, 즉 홀로 생명을 가져다주시며 풍성하게 하시는 의사 예수 그리스도께 자신을 맡기는 법을 배우게 될 것이다. 그리고 할 수 있는 한 밤낮으로 울부짖으며, 우리 자신을 구원하기 위해 우리의 능력을 믿는 대신에 어린아이 같이 치유하시는 예수 그리스도를 신뢰하게 될 것이다. "주, 예수 그리스도, 하나님의 아들이시여, 이 죄인을 불쌍히 여기옵소서!" 이러한 신뢰는 반성, 즉 하나님의 현존과 무한한 사랑의 빛에 의해 드러나는 내적 지식을 요구한다. 이러한 빛 속에서 우리는 우리의 어둠을 바라보게 된다.

이러한 어둠 속에서 우리는 정직하게 우리의 죄책과 죄악을 인식하게 된다. 그리고 이를 넘어서 성령의 능력에 의해 우리의 깨어짐과 ‒ 하나님의 용서와 치유의 사랑을 끊임없이 필요로 하는 ‒ 우리의 현실을 깨닫게 된다. 성령의 조명에 의해 우리의 슬픔이 깊어지면 질수록 하나님의 지배에 자신을 맡기려는 소망은 더 강해진다. 우리는 마음 속 깊은 곳에서 세례를 받게 된다. 성령 안에서 지속적으로 이루어지는 두 번째 세례 말이다. 내면의 눈물을 통해 우리의 자기중심적인 자아는 죽고, 부활하신 예수 그리스도 안에서 새로운 삶으로 부활하게 된다.

깨어진 세계와 하나 됨

우리가 양심의 가책을 통해 - 우리 마음에 부어지는 사랑의 성령(롬 5:5)이 이루어내는 - 내적 치유를 체험하게 되면, 우리는 하늘 아버지와 하나 되는 기쁨을 알게 된다. "하나의 성령과 하나의 몸", "그리고 만유 위에 계시며 만유를 통해 만유 안에 계시는" 하나님 아버지와의 연합은 하나님의 사랑을 알지 못하는 형제자매들을 기억하게 만든다. 우리는 예루살렘을 보시며 우셨던 예수처럼 하늘 아버지께 손을 들어 올리며 세상에 흩어져 살면서 하나님에게 냉담하게 반응하는 우리의 가족과 친척 친구와 동포 그리고 이웃을 위해 부르짖게 될 것이다. 우리는 모든 인간이 영생을 얻도록 당신의 생명을 주시는 참 하나님이시며 참 인간이신 그리스도의 찢어진 마음을 체험하게 될 것이다. 우리는 예수처럼 - 원하지 않는 - 그들을 세심한 사랑의 날개 안에 모으려 할 것이다(마23:37).

하나님의 권좌 앞에 겸손히 서서 이웃들을 위해 하나님에게 자비를 간청하면 기도뿐 아니라 금식도 배우게 된다. "내 눈이 밤낮으로 그치지 아니하고 눈물을 흘리리니 아는 처녀 딸 내 백성이 큰 파멸, 중한 상처로 말미암아 망함이라" (렘14:17) 그러나 그들은 비참한 죄인들이며 우리는 구원받은 사람들로서 그들도 우리처럼 구원받기를 원한다고 말하는 것은 결코 아니다. 우리는 성령의 계시에 의해 우리가 우리의 형제자매들과 공유하는 죄악과 깨어짐 속에서 하나 됨을 체험한다. 우리는 우리 자신이 죄와 깊이 결합되어 있음을 인식한다. 따라서 우리는 하나님께 고백하면서 깊이 고뇌하는 가운데 그분 앞에서 무릎을 꿇고 우리 자신이 그들이 저지르는 악의 저자임을 깨닫는다. 우리의 마음은 사랑으로 불타오른다. 따라서 모든 인간들이 하나님을 더욱 더 온전하게 알게 되기를 소망한다. 우리는 또한 하나님에게 우리가 그들이 받아야 할 심판을 대신 받게 해달라고 간청한다.

인류에 대한 그리스도인의 형제애, 몸과 영혼 혹은 영의 차원에서 상처받고 비참하게 살아가는 사람들에 대한 그리스도인의 형제애 속에서 이와 같이 하나 됨을 느끼면, 모든 사람에 대해 지속적으로 동정과 자비심을 갖게 된다. 이것이 바로 내적 자유에 이르는 가장 실제적인 길이며, 동시에 보다 나은 세상을 만드는 자유의 길이다. 도스토예프스키의 카라마조프 형제에 등장하는 조지마(Zossima) 사부는 세상을 변화시키는 비밀을 다음과 같이 묘사한다.

"세상을 변화시키기 위해선, 세상을 새롭게 재창조하기 위해선 심리학적으로 다른 길을 선택해야 한다. 당신이 실제로 모든 사람에게 형제가 되기 전까지는 형제애가 이루어지지 않을 것이다. 세상의 그 어떤 과학적 지식이나 공통의 관심사도 자신의 재산과 권리를 모든 사람과 공평하게 나누라고 가르치지는 않을 것이다."[35]

내적 자유

양심의 가책과 깨어짐에 대한 개인적이며 공동체적인 감각은 우리를 약하게 만든다. 우리는 매 순간 내주하시는 성령과 그분의 권면에 자신을 맡기게 된다. 완고한 마음은 회개의 영에 의해 기꺼이 하나님의 계명

---

35 F, Dostoyevsky, *The Brothers Karamazov*, trans. Constance Garnett (New York: Random House, 1937), p. 317.

을 들으려 하고 한 치의 망설임도 없이 들은 것을 행동에 옮기려 한다. "말씀하옵소서 제가 듣겠나이다" (삼상3:10) 이러한 내적 겸손을 하나님과 이웃 앞에서 실천하는 행위를 통해 우리는 새로운 자유의 세계에 진입할 수 있다. 이 때 우리는 우리의 최대의 적인 거짓 자기로부터 자유로워질 수 있다. 이러한 자유는 더 이상 자신의 세계를 자신의 이기적 필요에 따라 창조하지 않는다. 하나님의 사랑이 우리의 마음을 정화시키면, 하나님의 마음과 하나 됨으로써 다른 모든 피조물들과 하나가 되는 새로운 정체성을 발견하게 된다.

삶을 자유롭게 수행할 수 있는 자유와 자발적으로 기뻐하는 가운데 하늘 아버지에게 복종하는 자유는 우리의 전 존재에 성령의 열매인 내적 평화와 기쁨 등을 선사해준다(갈5:22). 이러한 성령의 열매는 타자의 삶 속에 존재하는 어둠을 내쫓는 빛을 방출한다. 이 곳에는 어린아이 같이 충만한 생명이 존재한다. 이 곳에는 매일 마다 - 오랫동안 그곳에 잠들어있었던 - 새로운 사랑의 능력에 따라 살아가는 역동적인 삶이 선사된다. 예수 그리스도는 그곳에 거주하시며 부활의 승리를 이루신다. 그 어떤 것도 우리를 우리의 반석이시며 구원이신 그분에게서 떼어놓을 수 없다. 그분의 이름과 현존은 언제나 우리의 입술과 마음에 존재한다. 왜냐하면 그분은 애통하는 자가 위로를 받을 것이라고 약속하셨기 때문이다(마5:4). 그 누군가가 우리를 박해한다 할지라도 우리는 하늘에서 우리에게 주어질 부요한 상급을 생각하며 기뻐할 것이다(마5:10).

죄에 대해 슬퍼하는 것과 죽고 부활하는 삶 사이에는, 즉 죄에 대해 애통하는 것과 예수 그리스도 안에서 영광스런 모습으로 변화될 때 주어지는 기쁨 사이에는 묘한 마력(alchemy)이 존재한다. 이러한 기쁨은 그 누구도 빼앗아갈 수 없는 기쁨이다. 이것이 바로 세상 죄를 바라보며 우시고 아버지께 사람들의 무지를 용서해달라고 간구하셨던 예수 그리스도께서 가르치셨던 기쁨이다. 십자가에서 죽어가면서 자신의 생명을 우리 모두를 위해 바치셨을 때 예수는 이러한 기쁨을 체험하셨다.

지속적인 필요

자신과 세상 죄에 울었던 초기 그리스도인들의 문헌 가운데에는 구시대적이며 따라서 탈신화화를 필요로 하는 부분들이 많다. 그럼에도 불구하고 4세기 이집트 사막에서 수행했던 수도사들과 20세기 인공지능 시대를 살아가는 그리스도인에게 항상 동일한 것으로 남는 진리가 존재한다. 즉 우리 모두에게는 예수 그리스도의 세례, 그러나 한번이 아니라 하나님의 사랑에 저항하는 뿌리 깊은 흔적들이 정화될 수 있도록 거듭 받아야 하는 세례가 필요하다는 것이다. 그러나 이러한 구원의 세례는 오직 끊임없이 눈물을 흘릴 때에만 선사된다. 우리는 우리의 삶 속에 존재하는 하나님의 재창조의 능력을 끊임없이 필요로 한다. 그러나 하나님은 언제나 당신의 의미 충만한 현존을 통해 우리의 무의미한 의식의 흐름 속에 들어오셔서 우리로 하여금 하나님의 '영원한 지금'(ethernal Now)에 참여하게 하시는 분, 즉 용서하며 사랑하시는 분이시다.

05.
영적 전투

    구원 혹은 삼위일체 하나님의 삶에 참여하는 것은 하나님이 우리에게 주시는 순전한 선물이다. 사도 바울은 다음과 같이 말한다. "너희는 그 은혜에 의하여 믿음으로 말미암아 구원을 받았나니 이것은 너희에게서 난 것이 아니요 하나님의 선물이라" (엡2:8)

    하나님은 그 어떤 대가 없이 약속하신 사랑을 실천에 옮기셨다. 이 사랑은 개인적으로는 우리 각자에게, 공통체적으로는 선택된 백성인 우리 모두에게 선사되었다. 그러나 우리는 하나님의 부르심에 응답해야 한다. 자기중심적 목적을 위해 하나님을 이용하는 삶으로부터 하나님이 기뻐하시는 순종의 삶으로 돌아서라는 부르심 말이다. 우리는 죄가 우리 안과 밖에서 무엇을 의미하는지를 살펴보았다. 우리는 치유 받을 수 있도록 끊임없이 하나님 앞에서 울며 자비를 구하는 것이 얼마나 중요한지도 배웠다.

    그러면 하나님의 삶에 참여하라는 부르심에 순종하기 위해 구체적으로 실천해야 할 영적 삶에는 어떤 것이 있는가? 동방 교회 교부들의 사상은 종종 히에로니무스(St. Jerome) 같은 서방교회 교부들에게 오해를 받곤 했다. 동방 교회 신자들은 그들 자신의 노력으로 하늘에 올라갈 수 있다고 믿는 펠라기우스(Pelagius) 추종자라는 것이다. 사실 사막 교부들은 지속적인 응답, 즉 수행(*praxis*) 혹은 금욕생활을 받아들일 준비가 동반되지 않으면, 관상(theoria)의 은사도 주어질 수 없다는 사실을 강조한다. 수행이란 소극적으로는 자기애(自己愛)를 뿌리째 뽑아버리는 것을 뜻하며, 적극적으로는 그리스도인의 덕을 심화시킴으로써 그리스도의 마음을 입는 것을 뜻한다.

보이지 않는 싸움

사막 교부들의 삶에는 현저한 특징이 있다. 그들은 끊임없이 자신을 마음 속 깊은 곳으로 내몰았다. 그들은 대부분의 사람들과는 달리 시간과 관심의 우선순위를 내적인 삶에 두었다. 교부들은 - 하나님을 사랑하고 섬길 것인지 아니면 맘몬을 사랑하고 섬길 것인지를 결정하는 - 영적 싸움의 승패가 결정되는 곳이 마음이라는 사실을 깨달았기 때문이다. 그들은 예수 그리스도로부터 영감을 받아 내면을 향한 여행을 떠나며 하나님의 왕국이 온전하게 이루어지도록 마음을 정화시켰다.

> "입으로 들어가는 것이 사람을 더럽게 하는 것이 아니라 입에서 나오는 그것이 사람을 더럽게 하는 것이니라" (마15:11)

> "화 있을진저 외식하는 서기관들과 바리새인들이여 잔과 대접의 겉은 깨끗이 하되 그 안에는 탐욕과 방탕으로 가득하게 하는도다 눈 먼 바리새인이여 너는 먼저 안을 깨끗이 하라 그리하면 겉도 깨끗하리라" (마 23:25-26)

교부들은 사도 바울의 언어를 사용하면서 모든 그리스도인의 영성 생활을 보이지 않는 싸움(aoratos polemos)으로 제시한다. 보이지 않는 적에 대한 싸움은 우리 자신에 의해 하나님의 은혜와 함께 그리스도 예수를 통해 감행된다. 우리의 영적 행복 전체는 지금 그리고 영원히 인류 공동의 적, 즉 마귀(demons)와 싸우는 방식에 달려 있다. 이러한 전쟁은 몸과 영혼 모두에서 수행된다. 그러나 싸움터로 지정되고 승리 혹은 패배가 결정되는 곳은 마음 혹은 정신(heart or mind)이다.

사도 바울은 모든 그리스도인들에게 권면한다.

> "마귀의 간계를 능히 대적하기 위하여 하나님의 전신갑주를 입으라 우리의 씨름은 혈과 육을 상대하는 것이 아니요 통치자들과 권세들과 이 어둠의 세상 주관자들과 하늘에 있는 악의 영들을 상대함이라"(엡 6:11-12)

이 말씀은 교부들이 자주 인용하는 말씀이다. 바울은 싸움, 투쟁, 전쟁, 정화, 절제, 고행 등의 '전투' 용어들을 자주 사용한다. 그리스도인은 싸우기 위해 전장에 나가는 투사이며, 마지막까지 견디는 자만이 영광의 면류관을 받을 수 있다는 것이다. 위(僞) 마카리우스는 바울의 교리를 수도자들이 – 반복해서 읽는데 그치지 않고 – 사막에서 영위하는 삶의 기반이 되는 가르침으로 옮겨놓았다.

> "진실로 하나님을 기쁘게 하고 적과 싸우려는 자는 이중의 전선에서 싸움을 수행해나가야 한다. 이러한 싸움 가운데 하나는 삶의 물질적 차원에서 세상적인 것에 집착하는 태도와 세상의 속박과 유혹, 그리고 죄악의 정념들로부터 완전히 돌아서는 것이다. 다른 하나는 내면에서 사도

바울이 말했던 악한 영에 대항하는 싸움이다. … 하나님의 말씀을 듣고 이러한 전투에 뛰어들면서 세속적인 염려와 속박을 던져버리고 육체적 쾌락을 억제하며 이러한 쾌락에서 발을 떼는 사람은 인내심을 가지고 주를 따르게 된다. 그러나 이 때 그는 마음속에 또 다른 하나의 투쟁, 숨겨져 있는 반감, 다른 방식으로 다가오는 악한 영의 유혹, 즉 다른 형태의 전투가 시작되는 것을 발견하게 된다. 따라서 굳게 서서 인내심을 가지고 흔들리지 않는 믿음 속에서 주께 부르짖으며 주로부터 오는 도움을 기다리라. 그러면 주께서는 숨겨진 정념의 영역에서 활동하는 악한 영으로부터 그대를 구원하실 것이다."[1]

교부들은 카시아누스를 따르며 영적 투쟁을 영적 완전으로 인도하는 수단으로 이해했다.[2] 이러한 투쟁을 통해 모든 덕(virtue)이, 특히 사랑의 덕이 선사된다.[3] 수도자들은 가장 버림받은 땅을 사막에서 찾아내 그곳에서 영적 싸움을 수행한다. 그들의 영은 공격적인 영, 즉 악한 영에 공격을 퍼붓고 기꺼이 전투를 감행하는 영이다. 이러한 전투는 결국 개인의 마음 안에서 일어난다.

마귀(Devils)

아타나시우스의 『성 안토니우스의 생애』와 에바그리우스와 카시아누스의 저술 속에 나타난 교부들의 마귀론은 사막 교부들 가운데서, 그리고 시간이 흐르면서 전통적인 영성사상가들의 저술 속에서 영적 전투를

---

1 Pseudo-Macarius, *Spiritual Homilies*, No. 21, trans. G.A. Maloney, S.J., in *Intoxicated With God* (Denville, NJ: Dimension Books, 1978), p. 135.
2 John Cassian, *Conferences*, 18, 13, PL 49, 1113.
3 Ibid., 4, PL 6-7, 590.

기술하는 고전적인 방식이 되었다. 교부들의 마귀론은 분명 영적인 삶을 악한 영에 대한 전투 혹은 전쟁으로 바라보는 성서(엡6:12; 계12; 창2)에 토대를 두고 있다. 물론 그리스 철학과 기원전 2세기의 유대교 영성이 사막 교부들의 마귀론에 영향을 끼친 것은 부인할 수 없는 사실이다.[4] 그러나 그리스도교 사상가들은 한 가지 관점에서는 일치한다. 마귀는 온 세상에 대해 우주적 권세를 행사하지만, 하나님의 능력에 대한 믿음과 금욕 수행을 통해 마귀의 세상을 정화시키는 것이 사막의 경주자들의 의무라는 사실 말이다. 따라서 수행은 그리스도인의 삶을 완전하게 만들고 그리스도인의 하나님 사랑과 세상 사랑을 심화시키는 방편으로 간주되었다.

교부들은 마귀가 죄 많은 사람들은 공격하지 않는다고 가르친다. 그들은 이미 마귀에 사로잡혀 있기 때문이다. 오리게네스에 의하면, 마귀의 공격을 불러들이는 사람은 완전을 추구하는 사람들이다.[5] 그는 마귀들이 인간을 강제로 죄짓도록 만드는 것은 아니라고 말한다. 그러나 에바그리우스는 마귀들이 인간의 마음에 상상(fantasies)과 이미지들을 불어넣는다는 사실은 인정한다. 따라서 가장 강력한 전투가 일어나는 곳은 마음이다.

> "마귀들은 세상 사람들을 공격할 때에는 주로 그들의 행위를 매개로 삼는다. 그러나 수도자들에게는 대부분의 경우 생각이 공격의 매개가 된다. 사막에서는 수도자들이 세상일에 휘둘릴 것이 없기 때문이다. 행위보다는 생각을 통해 죄를 짓는 것이 쉽듯이, 생각의 영역에서 치루는 전투가 사물과 사건의 영역에서 감행되는 전투보다 치열하다. 마음은

---

4 참조. J. Danielou, "Demon das la litterature ecclesiatique jusqu'à Origenes," DS (Paris: 1957), T. 3, pp. 152-189.
5 Origen, *Homilia in josue*, VIII, 4, GCS 7, p. 339.

사악한 상상에 빠질 때 실제로 쉽게 움직이며, 통제가 되지 않기 때문이다."[6]

마귀들은 영리하게도 우리를 바라보고 약점을 살핀 후 상상을 통해 우리를 공격한다.

로기스모이(*Logismoi*)

로기스모이는 선한 본성을 가졌든 아니면 악한 본성을 가졌든 이미지, 즉 지각적인 상상이다. 우리 안에 내주하면서 우리로 하여금 우리 밖에 있는 대상에 관심을 갖도록 만드는 상상력 말이다. 로기스모이는 그리스 철학자들이 노에마(*noema*)로 불렸던 것, 즉 생각과는 다르다. 대상 그 자체가 악한 것은 아니다. 그러나 타락한 본성과 원죄 때문에 우리는 은혜 받은 마음이 지시하는 것보다 로기스모이가 지시하는 대상을 바라보게 된다. 교부들은 악한 로기스모이의 영역 내에서 일어나는 이미지 유혹(Image-temptations)이란 심리학적 현상에 관심을 가졌다. 우리가 이러한 이미지를 받아들임으로써 마음 안에 암세포 같은 자기애(自己愛)를 증식시키면, 그 이미지는 악한 것이 된다.

우리 마음속에 윙윙거리는 시끄러운 혼란 상태가 지속되는 한 진정한 기도나 – 전적 타자라는 하나님의 정체성과 하나님의 자녀라는 우리의 정체성을 깊이 의식하는 – 이타적인 사랑은 존재할 수 없다. 고요함(*hesychia*) 속에서 기도하는 것은 하나님의 사랑에 온전하게 집중하면서 하나님께 자신을 드리며 기도하는 것을 뜻한다. 우리는 매 순간 우리로

---

6 Evagrius, *The Praktikos and Chapters on Prayer*, trans. and cpmmentator John Eudes Bamberger, O.C.S.O.). (Sprencer, MA: Cistercian PIblications, 1970), No. 48, p. 29.

하여금 하나님에게 집중하지 못하게 만드는 생각들을 점검해야 한다. 위 마카리우스는 집중을 방해하는 생각들 속에 나타나는 마음의 활동을 다음과 같이 유비적으로 설명한다.

> "죄로 더럽혀진 영혼은 산에 있는 숲, 혹은 강에 있는 갈대나 두껍고 가시 많은 덤불과 비슷하다. 이러한 길을 통과하려는 사람은 손을 내밀어 길 위에 있는 것을 옆으로 치워야 한다. 마찬가지로 악한 권세로부터 오는 생각들도 영혼을 괴롭힌다. 따라서 악한 영의 권세가 일으키는 생각들을 구분하기 위해선 주의력과 경계심이 요구된다."[7]

사막교부들을 위해 보이지 않는 전투를 감내내는 마음의 내적 활동을 기술한 심리학의 대가 에바그리우스는 로기스모이를 단순한 생각이 아니라 이미지, 즉 - 마음 최고의 영역인 영(*nous*)이 아니라 인지 능력(*dianoia*)으로부터 나오는 - 상상으로 간주한다. 그는 로기스모이를 다음과 같이 요약한다. 이러한 상상이 자신을 매혹적인 것으로 드러내는 장소는 마음의 논증적인 영역이다. 로기스모이는 영을 '정념적인'(passionate) 운동에 빠뜨린다. 즉 - 쾌락을 위해, 그리고 그 대상이 가져다주는 권력을 위해 - 대상을 소유하라는 욕망을 부추긴다.[8]

유혹의 발전과정

마귀는 상상을 유혹의 수단으로 삼는다. 우리의 감각적이며 지각적인

---

7 Pseudo-Macarius, op. cit. No. 6, p. 63.
8 이러한 정의는 다음 문헌에서 찾아볼 수 있다. J. Muyldermans, *Evagriana*, in the French review *Le Museon*, T. KLIV (Paris: 1931), Fasc. 1, pp. 54, 59. 이 책은 최근에 발견된 에바그리우스의 몇몇 단편들을 처음으로 수록하고 있다.

삶에 의해 저장된 상상들 말이다. 이러한 환상들은 우리를 유혹의 첫 번째 단계로 인도한다. 여기서 사막 교부들은 대체로 클리마쿠스가 제시한 '정념적' 유혹의 발전 단계를 따른다.[9]

클리마쿠스는 생각을 통한 유혹의 다섯 단계를 제시한다. 표상, 주제, 이미지 혹은 상상이 마음에 떠오르는 단계. 이러한 이미지를 '대화' 속에서 숙고하는 단계 혹은 마음에서 그것을 돌아보는 합리화의 단계 혹은 논증적 단계. 쾌락을 느끼며 그 생각에 동의하는 단계. 이러한 동의가 거듭되면서 사로잡히거나 속박되는 단계. 이러한 제안에 빠져들면 우리는 자유를 빼앗긴 채 상상(정념)을 보는 순간 휘둘리고 만다.

교부들은 생각이 자신을 드러내는 첫 번째 단계, 즉 우리가 그 생각에 동의하게 되기 전 단계에서 깊은 주의력이 필요하다고 권면한다. 우리의 죄 많은 본성 때문에 우리에게는 극도의 주의력이 요청된다. 우리는 결

---

9 St. John Climacus, *The Ladder of Divine Ascent*, trans. Lazarus Moore (London: Faber & Faber, 1959), Step 15, p. 157-158. "통찰력이 있는 교부들은 자극, 연상聯想, 동의, 사로잡힘, 싸움, 그리고 영혼 안에 있는 정념이라고 부르는 질병 등을 구분합니다. 복된 교부들의 말에 의하면, 자극은 마음에 들어와 있던 것으로서 처음으로 마주치는 단어나 이미지입니다. 연상이란 정념적인 것이든 아니든 간에 이미 마주쳤던 것과의 대화입니다. 동의는 영혼이 대면한 자극에 기꺼이 복종하는 것입니다. 사로잡힘은 영혼이 원치 않으나 강력하게 탈취奪取되는 것으로서, 즉 이미 마주친 것에서 떠나지 못하고 머무적거리는 것으로서 영혼의 질서를 완전히 손상시킵니다. 싸움이란 공격으로 이어지는 것과 동등한 힘을 의미하며, 이 힘은 영혼의 갈망에 따라서 승리하기도 하고 패배하기도 합니다. 정념이란 오랫동안 영혼 안에 감추어져 있는 것으로서, 이것은 그 자체의 존재에 의해서 하나의 습관적인 특징을 취하기 때문에 결국 영혼은 애정을 가지고 자발적으로 그것에 매달리게 됩니다. 위의 상태들 중 첫째 상태는 죄와 관련이 없는 것이요, 둘째 상태는 이따금 죄와 무관합니다, 셋째 상태가 죄악된 것인지의 여부는 영혼의 상태에 따라 결정됩니다. 싸움의 결과는 면류관이나 형벌입니다. 사로잡힘은 기도하는 시간에 발생하는지 아니면 다른 시간에 발생하는지, 중요하지 않은 것과 관련하여 발생하는지 아니면 악한 생각들과 관련하여 발생하는지에 따라 상이하게 판단됩니다." 이 외에도 비슷한 방식으로 유혹의 발전에 관한 심리학을 다룬 문헌들은 다음과 같다. Hesychius of Sinai, *De Temp. et Virtute*, Cent. 1, 46, PG 93, 1496C; J. Damascene, *De Virtute et Vitio*, PG 95, 96; Mark the Hermit, *De Baptismo*, PG 65, 1013-1021; St. Nil, *De Monast. Exercit*, PG 79, 768B-D; Peter Damascene, *Philokalia* (Athens: 1957), T. 3. pp. 109-111. 서방의 금욕주의는 아우구스티누스와 그레고리우스 교황의 영향을 받아 단순한 세 단계의 도식을 선호한다. 제안, 기쁨, 동의로 이어지는 단계 말이다. 좀더 다양한 단계들을 제시하는 『그리스도를 본받아』를 클리마쿠스의 도식과 비교하는 것은 흥미로운 작업이 될 것이다. 1) 단순한 생각이 마음 안으로 들어간다. 2) 생생한 상상력 3) 즐거움이나 기쁨 4) 악의 움직임 5) 동의 6) 원수가 완전히 마음 안으로 들어온다. Book 1, Ch. 13.

코 수행을 통해 덕(virtues)에 이르렀어도 결코 평안한 고요함 속에 안주할 수 없다. 우리는 이러한 유혹에 너무나 쉽게 굴복하기 때문이다.[10]

마음 지키기

교부들의 저서에 반복적으로 나타나는 단어 하나가 있다. '주의'(注意, attention)를 뜻하는 *prosochi*라는 말이 바로 그것이다. 마음 지키기, 경계, 평정, 마음의 정화 등과 같은 단어들은 우리 의식 속으로 들어오려는 모든 생각들을 검증하는데 필요한 내적 경계심을 묘사하는 개념들이다. 이 모든 것은 냉정한 경계(sober vigilance) 혹은 넵시스(*nepsis*)라는 말로 요약될 수 있다. *Nepo*는 냉정한, 즉 그 어떤 것에도 취하지 않고 흥분하지 않는 상태를 뜻한다. 따라서 *Nepo*란 마음의 평정, 마음의 균형, – 샤르뎅(Teilhard de Chardin)이 그의 책 『신의 영역』(*Divine Milieu*)에서 강조한 바 있는 – '정념에 무관심한'(passionate indifference) 상태를 유지하려는 내적 성향을 뜻한다. 이러한 상태 속에 있을 때 우리는 정념에 동요되지 않고, 주의를 기울이며 이러한 생각들의 정체성을 알게 되기까지 판단을 보류하게 된다. 하나님은 이러한 생각에 내가 복종하기를 원하실까? 이러한 생각은 나를 하나님으로부터 멀어지게 하는 것은 아닌가? 그러나 이를 자각하는 순간 이러한 생각은 사라진다. 그러나 *Nepsis*는 마귀가 생각들을 통해 우리 안으로 들어오려는 것을 내적으로 자각하는데 그치지 않는다. *Nepsis*는 또한 마음에 주의를 기울임으로써 우리 안에 계신 하나님의 음성에 겸손히 순종하게 되는 발전과정을 뜻한다. *Nepsis*란

---

10 마카리우스는 순풍에 의지해 평온한 바다를 항해하는 무역상의 예를 든다. 항구에서 안전을 확신하지 못한 상인은 풍랑이 일지 않을까, 파도가 배를 침몰시키지는 않을까라는 생각에 사로잡혀 지속적으로 두려움을 느끼게 된다는 것이다. Op. cit. 43, p. 202.

하나님의 로고스에 따라 사는 삶이요, 사랑이신 아버지의 자녀가 걸어가야 할 길을 계시해주는 성령의 음성에 순종하는 삶이다. 이러한 삶은 우리가 하나님의 은혜에 의해 통합되었는지를 측정할 수 있는 기준이 된다. 나의 전체성(The total I)은 하나님의 말씀과 하나 될 때 실현된다. 우리는 이 때 우리를 분열시키거나 우리를 자기편으로 잡아당기는 정념 대신에 - 우리 안에 살아계시는 말씀에 순종할 때마다 커지는 - 내적 조화를 발견하게 된다.

교부들은 여호수아 5장 13절 - "너는 우리를 위하느냐 우리의 적들을 위하느냐" - 을 자주 인용한다. 마음에 주의를 기울이고 경계하는 그리스도인은 마음의 문 앞에 파수병이나 보초를 세운다. 그리고 의식 속으로 들어오는 생각들을 검증한다.[11] 이러한 주의력은 무엇이 하나님으로부터 온 것이며 무엇이 마귀로부터 온 것인지를 결정하는 영분별의 은사를 요청한다.

분별

쉬지 않고 기도하는 것을 강조하는 교부들에게 영분별은 필수적이었다. 매 순간 하나님을 기쁘게 하기 위해 의식적으로 - 순종하려는 마음을 빼앗아 가버리는 - 악한 세력들을 근절하는 영분별 말이다. 성경은 상징들을 통해 우리 모두가 선과 악 중 하나를 선택해야 한다는 사실을 지속적으로 시사하고 있다(참조. 창2:17). 마음의 깊이로부터 들려오는 신비한 하나님의 음성은 우리로 하여금 하나님을 향해 돌아서도록 만들지만, 사악한 음성은 은밀하게 금지된 열매를 따먹으라고 우리를 유혹한

---

11 Evagrius, *Antirrheticos*, 17, ed. W. Frankenberg (Berlin: 1912), p. 539. 또한 다음 문헌을 참조하시오. Nicetas Stethatos, Cent 1, 89, PG 120, 893A.

다. 그러면 선한 영과 악한 영을 분별하는 기준은 무엇인가? 예언자들은 하나님의 백성을 향한 하나님의 말씀을 분별하는 법을 가르쳐주었다. 지혜 문서들은 어리석고 죄 많은 자의 길과는 다른 지혜로운 자의 길에 관해 말하고 있다. 바울은 영분별을 성령의 은사 가운데 하나로 간주한다 (고전12:10).[12]

교부들에게 영분별은 영성생활의 중요한 측면이었다. 가장 이상적인 것은 지성적이고 성령 충만한 지도자 혹은 사부(師父)의 도움을 받는 것이다. 수도자들은 그들의 생각과 반응을 사부에게 매일 보고했다.[13] 성 안토니우스는 성령이 주시는 영분별의 은사를 받고 이를 통해 다양한 상상들 뒤에 숨겨져 있는 악한 영들을 분별하기 위해선 기도와 수행에 최선을 다해야 한다고 주장한다.[14] 이러한 분별은 마귀가 어떻게 일하는지와 이러한 유혹에 어떻게 대처해야 하는지를 지속적으로 관찰하지 않고는 주어질 수 없다. 에바그리우스는 다음과 같이 말한다.

"생각들의 강도와 쇠퇴하는 시기를 관찰하고 그들이 언제 나타나서 언제 사라지는지를 추적하라. 생각들의 복잡성과 주기성 그리고 이러한 생각들을 잇달아 일어나게 하고 연합시키는 마귀들을 주의 깊게 바라보라. 그리고는 이렇게 관찰한 자료들을 주님께 드리면서 설명해 주십사고 간청하라. 마귀들은 점차 관상가가 되어가는 수도자들에게 분노를 느끼기 때문이다."[15]

---

12 참조. J. Guillet, "Discernment des esprits dans l'Ecriture," DS, 1957 T. 3, Col. 1222-1247.

13 이에 대한 고전적인 작품으로는 다음의 문헌을 들 수 있다. I. Hausherr, *Direction spirituelle en Orient aufrefois* in *Orientalia Christiana Analecta*, 144 (Rome: Pontifical Oriental Institute, 1955).

14 *Life of Anthony*, 22, PG 26, 876B.

15 *Evagrius*, op. cit. No. 50, p. 29-30.

이러한 관찰은 점진적으로 특별한 유형의 감각을 선사해준다. 한 순간에 악한 생각과 마귀의 현존을 인식하도록 만드는 영적 직관 말이다.[16] 마귀의 활동을 관찰하는 수행자들의 체험은 오리게네스와 에바그리우스, 특히 에바그리우스에 의해 상세하게 기록되기 시작했다.

여덟 가지 악한 생각들

에바그리우스에 의하면, 마귀들은 몸과 혼 그리고 영의 수단을 통해 공격한다. 마귀가 인간의 의식에 집어넣는 악한 생각들은 대개 여덟 가지로 구분된다. 오리게네스는 신명기를 주석하면서 여호수아가 싸웠던 일곱 부족들을 일곱 개의 정욕 혹은 대죄(大罪)로 해석한다. 첫 번째 것은 이스라엘이 광야에 들어가기 전에 발견했던 것이다. 이집트의 고기 가마가 상징하는 탐식의 악이 바로 그것이다.[17]

에바그리우스는 감각적인 요소들로부터 출발하면서 지적인 유혹들을 제시해나간다. 이러한 주요 유혹들, 즉 죄의 뿌리는 다음과 같다. 탐식, 음란, 탐욕, 분노, 우울, 아케디아(완전을 향한 싸움에서 나타나는 지루함 혹은 권태), 허영, 교만.[18] 아케디아는 동방교부들의 유혹 목록에만 나타

---

16 Ibid., No. 39, p. 36.
17 동방교부들이 대변하는 8 가지 대죄 교리를 명확하게 해명한 하우스헤르(I. Hausherr)의 논문을 참조하시오. "L'Origine de la theorie orientale des huit peches capitaux,» *Orientalia Christiana*, Vol. XXX, No. 86 (Rome: Pontifical Oriental Institute, 1933), pp. 164–175.
18 에바그리우스의 목록은 다음 문헌에 나타난다. *The Praktikos and Chapters on Prayer*, No. 6, pp. 16–17. 참조. 다음 문헌에 나타난 에바그리우스의 가르침을 참조하시오. *Early Fathers from the Philokalia*; Essay to Anatolius, *On Eight Thoughts*, pp. 110–112; *Reflections on the Eight Thoughts*, p. 113; *On Various Evil Thoughts*, pp. 117–124. 다마스쿠스의 성 요한(John Damascene)의 죄 목록(PG 95, 80)은 위(僞) 아타리아시우스(Pseudo-Athariasius)의 목록과 동일하다. Pseudo-Athariasius, *Syntagma ad Politicum*, PG 28, 1397D-4200A. 서방의 목록은 아케디아를 뺐다(7대 죄악). 서방의 7대 대죄 사상에는 그레고리우스 대교황의 영향력이 크게 작용했다. 그는 교만을 가장 먼저 열거한 후 신체와 관련된 기본적인 죄들로 내려간다. 참조. M.W. Bloomfield, *The Seven Sins* (Grand Rapids, MI: 1952).

나는 것으로서 고독 속에서 완전을 추구하는 사막 수도자들에게 나타나는 유혹, 즉 영적 진보를 단념시키려는 유혹을 가리킨다.

덕(德, Virtue)의 발전단계

수행(*praxis*) 혹은 금욕적 삶, 영적 전투는 단지 그리스도인의 마음 안팎에 나타나는 마귀들의 부정적인 영향력을 근절시키는데 그치지 않는다. 수행은 오히려 ─ 그리스도의 마음을 받아들임으로써 우리 안에 거하시는 부활하신 예수와 하나 되는 상태에 이르기까지 ─ 그리스도인의 덕을 발전시키는 것에 중점을 둔다. 교부들은 그리스도인의 삶의 본질을 ─ 그의 아들 예수 안에서 인류를 무한히 사랑하시는 ─ 하나님과 사랑의 친교를 나누는 것으로 보았다. 그러나 이러한 사랑은 단지 감정적인 반응에 그치는 것이 아니라, 하나님의 계시된 말씀에 기록된 계명들을 준행하는 실제적인 반응이다. 따라서 하나님의 뜻에 순종하는 것은 ─ 그로 하여금 항상 기도하도록, 즉 하나님을 기쁘게 하려는 매 순간의 '행동' 속에서 의식적으로 하나님의 거룩하신 현존 안에 거하도록 ─ 각 사람의 마음 안에 존재하는 사랑을 적극적으로 발전시키는 영적 전투의 본질적인 부분이었다.

사막 교부들은 이와 같이 덕을 향상시키는 영적 전투의 긍정적인 측면을 "하나님의 계명을 지키라"는 성경의 명령에서 찾는다(역자 주: 참조. 잠3:3-4; 렘17:7-8; 요14:15-16; 요일5:2-3). 마귀의 책략은 신실하게 하나님의 계명을 지킬 때 극복된다. 교부들에게 하나님의 거룩하신 뜻에 순종하는 것은 참된 사랑의 증거요 영적 삶의 목적이었다. 예수는 이러한 진리를 명백하게 가르치셨고, 교부들도 기꺼이 순종했다. "예수께서 대답하여 이르시되 사람이 나를 사랑하면 내 말을 지키리니 내 아버지께서 그를 사랑하실 것이요 우리가 그에게 가서 거처를 그와 함께 하리라 나를 사랑하지 아니하는 자는 내 말을 지키지 아니하나니 너희가 듣는 말은 내 말이 아니요 나를 보내신 아버지의 말씀이니라" (요14:23-24) 하나님은 세 가지 능력으로 인간 영혼을 창조하셨다. 분노, 정욕, 이성의 욕구가 바로 그것이다. 하나님은 이러한 능력들이 '건강'을 누리고 창조의 목적을 이루도록 영혼의 개개 능력들에 계명을 주셨다. 마귀는 이러한 건강을 파괴하고 영혼을 하나님으로부터 분리시키기 위해 하나님의 계명을 범하라고 유혹한다.

하나님의 계명 가운데 몇몇은 단지 몸으로 행하는 자비와 같은 외적 행위에 한정되는 것처럼 보인다. 그러나 다른 계명들은 좀 더 영적이며, 외적 계명들을 포함하는 포괄적인 계명들이다. 따라서 이러한 내적 계명들이 성취될 때 다른 모든 외적 계명들도 이루어진다고 말할 수 있다. 그리스도는 우리에게 새로운 계명들을 주시기 위해 오셨다. 산상수훈이 말하는 팔복의 말씀(Beatitude)이 바로 그것이다. 이 계명은 모두를 위한 하나님의 계명이다. 교부 전통에서는 독신자와 성직자 그리고 수행자를 위한 계명과 세속의 삶을 살아가는 사람들에게 주어지는 계명이 결코 다르지 않다.[19] 그리스도는 모든 사람들에게 마음의 정화와 마음의 가난을 명령하셨다. 바로 이러한 두 가지 명령 속에 모든 덕들이 포함되어 있다. 두 가지 명령들은 하나의 포괄적인 계명으로 요약될 수 있다. "너는 마음을 다하고 성품을 다하고 힘을 다하여 네 하나님 여호와를 사랑하라" (참조. 신6:5)

교부들은 스콜라 신학과는 달리 그리스도교의 덕을 체계화시키지는 않았지만, 결코 경시하지 않았다. 오히려 이러한 덕을 은혜에 의해 하나

---

19 성 크리소스토무스는 다음과 같이 말한다. "성경은 그 어떤 구분도 알지 못한다. 성경은 모든 자가 결혼했을지라도 수도자의 삶을 따르기를 원한다." *Adv. oppugnatores vitae monasticae*, 3, 15, PG 47, 373.

님을 닮아가는 이른바 신화(divinization)의 참됨을 입증해주는 기준으로 간주했다. 오리게네스는 예수 그리스도를 - 정의, 지혜, 진리 등의 - 덕으로 불렀다.[20] 수덕(修德)이란 다름 아닌 그리스도의 본성에 신실하게 참여하는 것이다.

사랑(Charity)

교부들은 플라톤과 아리스토텔레스로부터 모든 덕은 하나의 전체로서 서로 연관되어 있다는 가르침을 받아들였다. 따라서 모든 덕들은 동등하게 발전되어야 한다. 그렇지 않으면 그 중의 어떤 덕도 실현될 수 없다. 니사의 그레고리우스는 다음과 같이 말한다. "하나의 덕이 다른 덕 없이 존재한다는 것은 불가능하다. 덕은 완전해야 하기 때문이다."[21] 교부들은 한 목소리로 사랑(charity)의 덕이 모든 덕을 포용한다고 말한다. 요한 크리소스토무스는 사랑이 영적 산의 정상에 있는 덕이라고 주장한다.[22] 믿음과 소망과 함께 우리를 신성하게 만드는 세 가지 덕 가운데 사랑이 모든 덕의 목표라는 것이다. 사랑 없이는 그리스도인의 신실한 삶은 존재할 수 없다. 신 신학자 성 시므온에 의하면, 사랑은 인간의 노력만으로 이루어지는 것이 아니다. 궁극적으로는 우리 안에 계시는 성령에 의해 실현된다는 것이다.

"사랑은 하나의 이름이 아니라, 하나님의 본질이다. 참여할 수는 있지만 알 수는 없는, 전적으로 신적인 것이다. ... 이러한 맥락에서 나는 사

---

20 Origen, *Fragmenta in Joanne*, IX, GCS 4, p. 490, p, 24. 참조. H. Crouzel, *Theologie de l'image de Dieu chez Origene* (Paris: 1956), p. 239ff.

21 St. Gregory of Nyssa, *De Beatitudine*, 4, PG 44, 1241C.

22 St. John Chrysostom, *Homilia de charitate*, PG 56, 279-290.

랑이 오직 전달 가능하고 이해될 수 있는 한도 내에서만 알 수 있고 인 격화될 수 있다고 말한 바 있다."[23]

그러나 수행에 관한 교부들의 가르침을 살펴보면, 의아스럽게도 사랑 이라는 말이 거의 나타나지 않는다. 그들은 사랑이 내면에서 체험되어야 하는 위대한 신비이며, 개개인이 처한 삶의 환경에 따라 다른 사람들을 진정으로 사랑하는 행위 속에서 드러난다고 믿었다. 그들로 하여금 진정 한 사랑의 실천적인 측면들을 강조하게 만든 것은 그들의 겸손함과 교만 에 대한 두려움이었다. 교부들은 그리스도인의 진정한 사랑을 방해하는 모든 장애물을 제거하는데 심혈을 기울였다.[24]

따라서 교부들이 강조하는 하나의 위대한 계명은 하나님을 온전하 게 사랑하라는 것이었다. 이렇게 할 때 – 창조되지 않은 하나님의 에 네르기아가 우리를 신화시키는 – 사랑으로 충만하게 되며, 이를 통 해 그들의 마음을 타자에 대한 신실한 사랑으로 가득 채울 수 있게 되 리라는 것이다. 수행(*praxis*)이란 우리가 '열정적인 무정념'(passionate passionlessness)의 상태에 도달하기 위해 진지하게 자기애(自己愛)에 맞 서려는 내적 투쟁을 뜻한다.

아파테이아(*Apatheia*)

정념의 유혹들이 우리에게 행사하는 부정적인 속박을 근절하는 지속

---

23 St. Symeon the New Theologian, *Hymns of Divine Love*, trans. George A, Maloney, S,J. (Denville, NJ: Dimension Books, 1975), Hymn 52, p. 263.
24 참조. I. Hausherr, *Penthos-la doctrine de la componction dans l'Orient chretien* in *Orientalia Christiana Analecta*, No. 132 (Rome: Pontifical Oriental Institute, 1944), pp. 55ff.

적인 투쟁과 그리스도의 마음을 받아들이는 적극적인 수덕 생활은 교부들이 아파테이아(apatheia)라고 부르는 통합의 상태를 그리스도인의 완전(perfection)으로 간주한다. 아파테이아란 개념을 서방 신학자들은 오해하곤 했다. 이 개념이 - 무관심(apathy)을 강조하는 - 스토아 철학에서 유래한 개념이기 때문이다. 스토아 철학은 기쁨과 고통, 다가오는 기회를 놓치지 않으려는 욕망, 임박한 불행에 대한 슬픔이라는 네 가지 기본적인 정념들이 실존 속에 들어오는 것을 막으려 했다. 그러나 그리스도교 전통은 결정적인 면에서 스토아 철학과 구분된다. 즉 그리스도교 전통에서 이러한 정념들 자체는 악이 아니다. 기독교 전통은 하나님을 사랑하려는 욕망과 죄 짓는 것에 대한 두려움을 갖지 않는다면 성화의 첫 걸음을 뗄 수 없다고 말한다.

동방 교부들이 모든 수행(praxis)의 목적으로 제시하는 이른바 아파테이아는 자기 통제의 상태이다. 우리는 하나님의 은혜가 우리 마음에 스며들어 우리의 행위를 결정하는 유일한 요소가 되기를 바란다. 우리는 더 이상 반성의 행위 없이는 행동하지 않는다. 진정한 사랑이 마음을 정복하고, 어떤 유형의 행위나 사유가 - 우리를 사랑하셔서 완전히 존재케 하는 - 하나님을 '사랑'하는데 가장 적합한 것인지를 알게 되기를 겸손히 기다린다. 오직 비정상적인 정념들을 통제하는 사람들만이 전적으로 예수 그리스도의 덕 아래 살면서 항구적으로 덕을 실천할 수 있다.

아파테이아는 수행(praxis)과 모든 생각들을 잠잠케 하는 내적 고요함이 기도 속에서 신비적 관상(theoria)의 은혜에 의해 서로 만나게 되는 지점이다. 마음의 정화를 통해 신비적인 조명이 새롭게 주어지며, 눈물의 은사는 우리를 죄짓게 만드는 모든 정념적 생각들을 잠잠케 만든다. 아파테이아를 통해 감각, 감정, 지성, 의지 등 우리의 전 존재가 재통합된다. 우리는 평강 속에서 하나님 안에 뿌리를 내리게 된다. 이러한 평강은 평화로운 안식으로서 항상 힘을 다해 하나님을 기쁘게 해드리려 한다. 이러한 평강은 자기중심적인 정적주의와는 거리가 멀다.

저명한 교부학자 바르디(G. Bardy)는 그리스 교부들의 저술 속에 나타나는 아파테이아를 다음과 같이 묘사한다.

"아파테이아는 우리가 그 무엇보다도 먼저 사랑해야 하는 하나님이나 사람에 무관심한 상태가 아니다. 아파테이아란 오히려 영의 완전한 자유, 절제의 열매인 완전한 포기, 모든 것에 대한 애착을 완전히 끊어버린 상태, 겸손, 지속적인 고행과 육체를 경멸하는 자세이다. 교부들에게 아파테이아란 인간적인 균형 감각이 회복된 상태를 가리킨다. ... 스토아 철학이 강조하는 엄격함이란 교부들에게는 결코 존재하지 않는다."[25]

교부들이 말하는 아파테이아는 스토아 철학의 '무감각'이나 타자와 우리 주변 세상에 대한 무관심과는 거리가 멀다. 아파테이아는 전적으로 하나님의 은혜에 의존되어 있으며, 우리의 힘만으로 실현할 수 있는 것이 아니다. 사막 교부들은 아파테이아를 정신(mind)이 조용히 마음(heart)속에 존재하는 상태로 묘사한다. 이러한 은혜는 기도 속에서 시작되며, 기도하는 중에 먼저 주어진다. 아파테이아는 에덴동산으로 돌아가는 것이며, 그리스도 안에 존재하는 인간성을 회복하는 것이다. 인간을 하나님의 형상과 모양, 즉 예수 그리스도를 따라 창조하시는 하나님의 계획을 성취하는 것이다. 아파테이아는 아버지의 자녀에게 주어진 진정한 자유 속으로 들어가는 것이며, 예수께서 오셔서 우리에게 주시는 충만한 생명에 참여하는 것이다(요10:10).

---

25 G. Bardy, "Apatheia," *DS*, Vol. 1. Col. 730.

시리아인 이삭은 아파테이아가 사막의 수도자들에 대해 갖는 의미를 다음과 같이 묘사한다.

"영혼이 이러한 영적 행위를 견디면서 하나님에게 온전히 복종하면, 그리고 직접적인 연합을 통해 신성에 다가서고 위로부터 오는 내면의 빛에 의해 영혼의 운동을 바라보는 가운데 미래의 행복을 체험하면, 영혼은 자신과 자신의 시간적 실존을 잊어버리고 지상의 존재에 대한 애착을 모두 내려놓게 된다. 영혼 안에서는 형언할 수 없는 기쁨이 타오르며, 묘사할 수 없는 달콤함이 마음을 뜨겁게 달군다. 몸 전체는 몸의 반향을 느끼며 자신을 괴롭히는 정념뿐 아니라 삶 자체도 잊어버리고, 하늘나라가 바로 이러한 복된 상태라고 생각하게 된다. 그는 이러한 상태 속에서 하나님의 사랑이 생명과 지성보다 감미로움을 깨닫고 사랑의 근원이신 하나님의 뜻을 따르게 된다. 하나님의 뜻은 이제 그에게 꿀과 벌집보다 달콤하다."[26]

재통합

에바그리우스를 비롯한 사막의 영성사상가들은 모든 '내재적'(immanent) 종교에 공통적으로 나타나는 모델을 사용한다. 인격 통합을 인격이 '외적 분산'(outward dispersion, 자기애를 충족시키려고 대상을 소유하려는 성향)으로부터 돌아서서 조화로운 일치, 즉 자신의 모든 기능들이 내적으로 고요해지는 상태로 나아가는 운동으로 바라보는 모델 말이다.

---

26 St. Isaac the Syrian, *De Perfectione Religiosa*, ed. P. Bedjan (Paris: 1909), *Logos* 31, p. 197.

따라서 아파테이아란 인간 존재를 구성하는 요소들 가운데 그 어떤 것을 억제하는 것이 아니라, 오히려 사랑 안에서 어느 때나 하나님의 뜻에 순종할 수 있는 자유에 이르도록 인격을 전적으로 재통합하는 것을 뜻한다. 자기애에 의한 분산은 노예가 되는 것이다. 반면에 아파테이아는 하나님과 이웃을 순수하게 사랑할 때 선사되는 자유이다. 아파테이아는 하나님을 사랑하고 경배하지 못하도록 만드는 삶으로부터 해방되는 것이다. 아파테이아는 에로스(*eros*)나 자기중심적 사랑으로부터 해방되는 것이요 매 순간 우리에게 다가오는 하나님의 사랑(*agape*)으로 사랑하는 것이다.

아파테이아는 완벽함이나 죄 짓는 것이 불가능한 상태를 뜻하지 않는다. 아파테이아에 도달한 사람에게도 유혹은 찾아온다. 아파테이아는 정지된 상태가 아니라 지속적인 성장 가능성을 갖고 있지만, 근본에 있어서는 존재의 깊이가 하나님의 사랑에 완전히 순응하는 상태를 뜻한다. 따라서 이러한 상태 속에서 죄를 지으려면 내면에 폭력을 가하면서 자신을 왜곡시켜야 한다. 아파테이아는 끝이 아니다. 아파테이아는 지속되는 관상과 – 하나님과 이웃 – 사랑을 통해 완전해진다.

정념(Passions)

아파테이아의 목적은 인간의 정념(passion)을 소멸시키는데 있다. 그러나 이러한 정의(定意)는 균형 잡힌 해석을 필요로 한다. 토마스 아퀴나스를 따르는 서방교회 신학자들은 형이상학적 의미의 정념과 심리학적 의미의 정념을 구분한다. 형이상학적 의미의 정념은 타자의 행위를 받아들이는 인격의 상태를, 심리학적 의미의 정념은 하나님이 주신 감각적 욕구, 즉 열정과 분노의 정념을 뜻한다.[27] 우리가 사막교부들의 저술을 심리학적 정념의 관점에서 읽어 내려가면 우리는 단지 왜곡되고 비인간화된 그리스도교만을 보게 된다. 그들에게 정념은 선하지도 않으며, 그저 그런 것도 아니다. 그들에게 정념이란 인간 영혼의 '질병'(sickness)이며,[28] 인간의 형이상학적 구성에 속한 것이 아니라 첫 인간의 타락 이전에는 존재하지 않았던 것이다.

물론 교부들은 정념을 학문적으로 규정하지 않았다. 그러나 그들 모두는 정념을 하나님이 – 우리가 "하나님의 형상과 모양을 따라" 살도록 – 우리에게 주신 자연적이고 필수적인 본능과 관련되어 있다고 생각했다. 그러나 정념은 죄를 통해 극단적이며 비이성적이고 무절제한 본능이 되었으며, 따라서 이성이나 하나님의 로고스에 더 이상 순종할 수 없게 되었다.[29] 니사의 그레고리우스는 정념을 하나님이 창조하신 능력으로 묘사한다. 그러나 죄가 인간의 본성에 – 근본적으로 선한 인간의 본성 밖에서 유래한 – 낯선 요소를 가져다주었다고 말한다. 따라서 지금 정념은 위험한 것이 되었다. 왜냐하면 가장 높은 영성적 능력들도 정념을 통제할 수 없기 때문이다.

니사의 그레고리우스에 의하면, 인간은 죄를 지은 후 더 이상 완전하고 충만한 하나님의 형상이 될 수 없다. 물질에 사로잡히고, 하나님에게 복종하기보다는 자기중심적 존재가 되어버린 인간의 실상을 표현하기 위해 그레고리우스는 하나님이 사람에게 지어 입힌 가죽 옷의 이미지를 사용한다. 타락한 인간의 상태는 부패성이다. 그러나 교부들에게 부패성

---

27 St. Thomas Aquinas, *Summa Theologica* I, 77, 2.
28 John the Solitary, *Dialogue on the Soul and the Passions of Men*, trans. I. Hausherr, S.J., *Orientalia Christiana Analecta*, No. 120 (Rome: Pontifical Oriental Institute, 1939), p. 51.
29 Clement of Alexandria, *Stromata*, II. 59, 6, *Sources Chretiennes*, No. 38 (Paris: Cerf, 1954), pp. 52ff.

은 신체적 죽음 이후 몸이 점차적으로 부패한다는 것을 뜻하지 않는다. 그들에게 부패성이란 하나님으로부터 멀어지고 인간 안에 있는 신적인 생명을 상실하는 것을 의미한다. 그러나 타락한 인간이 머무는 정념의 상태는 동시에 우리를 치유하시는 구원자를 만나게 되는 '장소나 상황'이다. 예수는 이러한 부패성의 상태 혹은 정념의 상태 속에 들어오셔서 우리를 부패하지 않는 영원한 생명으로 인도하신다.[30]

고백자 막시무스(St. Maxismus the Confessor)는 자기애 혹은 자기 지향성을 뜻하는 필라우티아(*philautia*)를 모든 정념의 뿌리로 묘사한다.[31] 모든 죄의 뿌리에는 하나님과 타자 보다 자신을 더 높이려는 운동이 존재한다는 것이다.

정념의 변형

정념에 대한 교부들의 가르침 가운데 반드시 받아들여야 할 진리가 있다. 즉 정념에 대한 애착의 정도가 어떻든 간에, 즉 신체적이든 아니면 정신적이든 아니면 영적 이든 간에 그리스도와 그의 사랑의 영에 의해 하늘 아버지와 화해할 수 없게 된 소외 상태란 존재하지 않는다는 가르침이 바로 그것이다. 그것이 내적 '질병'의 상태이든 아니면 과도한 자기애로 말미암아 우리 안에서 하나님의 생명이 죽어가는 상태이든 간에 망가진 우리 안에서 우리를 만나시는 그리스도에 의해 치유될 수 없는 상태란 존재하지 않는다. 그리스도는 방향감각을 상실한 세상의 한 부분이

---

30 이 주제에 대해선 다음 문헌을 참조하시오. Jean Danielou, S.J., *Platonisme et theologie mystique, Essai sur la doctrine spirituelle de saint Gregoire de Nysse* in *Theologie* 2 (Paris: 1944), p.82.
31 Irenee Hausherr S.J.는 그의 고전적 저서에서 이러한 사상을 발전시켰다. *De la tendresse pour sot a la charite selon saint Maxime le Confesseur* in *Orientalia Christiana Analecta*, No. 137 (Rome: Pontifical Oriental Institute, 1952).

되었다. 그리스도 역시 '정념'과 부패한 세상의 유혹을 받았다. 그러나 그는 자기 절제와 – 아버지와 우리를 향한 – 사랑으로 이러한 유혹에 저항했다. 고백자 막시무스는 정념이란 주제와 영적 투쟁의 목적에 대해 다음과 같은 결론에 도달한다. 모든 정념은 "절제와 사랑을 통해" 치유될 수 있다.[32]

해석

교부들의 저서에 나타난 교리 중에 금욕에 관한 가르침 보다 실천에 옮기기 어려운 교리는 없는 것처럼 보인다. 대부분의 사람들은 금욕 교리 앞에서 혼란을 느끼며 심지어는 반감을 표출하기도 한다. 정확하게 말하자면, 초기 교부들이 자신의 금욕수행과 신비 체험을 통해 가르쳐왔던 악의 권세에 대한 내적 투쟁과 – 현대인들에게 가장 필요한 것이기도 한 – 그리스도께서 우리 마음을 다스리는 신비에 대한 교리 말이다. 물론 우리는 성서의 저자들과 사막 교부들이 영적 투쟁을 묘사하기 위해 사용했던 이미지와 상징들을 탈신화화 시켜야 한다.

우리는 오늘날 우리를 공격하는 마귀 혹은 악마에 관해 말하는 것을 꺼려한다. 교부들과 마찬가지로 성서의 이미지와 상징을 사용하는 복음주의 교회의 신자들이 아니라면 말이다. 우리는 밤낮으로 자신들의 '영적 체온'을 체크하는 사람들을 의심쩍어 한다. 사막 수도자들의 영웅적(때로는 기괴한) 금욕생활은 더 이상 우리를 계도할 수 없을 뿐만 아니라 의구심을 자아내게 만든다.

초기 그리스도인의 상징과 위업 가운데 우리를 매료시키는 것이 있다.

---

32 Ibid., pp. 141ff

그것은 바로 온 '마음'을 다해 하나님을 사랑하기를 원했던 사람에게 나타난 '치열한'(fiercely) 삶이었다. 그들에게 이러한 치열함은 그들의 삶에서 – 가장 위대한 하나님의 계명, 즉 온 힘을 다해 하나님과 이웃을 사랑하라는 계명을 실천하지 못하게 훼방하는 – 유혹을 제거하려는 욕망에 토대를 두고 있다. 그들의 영웅적이며 지속적인 헌신은 우리에게 다음과 같이 외친다. "아무 것도, 심지어는 우리의 삶조차도 궁극적인 것이 아니다. 오직 하나님만이 궁극적이다."

그들은 정당하게 그리스도인의 삶을 투쟁으로 보았다. 예수는 이러한 투쟁을 십자가로 불렀다. 예수 안에서 참된 삶을 찾기 위해 자신의 삶을 부정하는 것 말이다. 교부들(혹은 성서 저자들)의 진술에는 신화적 요소들이 존재한다. 그러나 교부들의 교리에서 신화적 요소들을 걷어내면 아무 것도 남지 않는 것이 아니라 오히려 참된 진리가 드러난다. 사막 수도자들이 자신의 존재 이유(raison d'être)를 요약한 소름끼치는 진리 말이다. 그들은 그들 밖에 있는 '세상' 뿐 아니라 그들 안에도 적대적인 힘이 존재한다는 사실과 예수 그리스도가 온전히 그들의 주로서 그들 안에 살기 위해선 이러한 세력들이 반드시 '죽어야' 한다는 진리 말이다.

다시 찾아온 마귀(devil)

현대 신학자들은 성서와 통속 신앙에 나타난 이른바 마귀론을 검증한다. 에바그리우스를 비롯한 사막 교부들도 성서의 방식을 따라 마귀 혹은 귀신(demon)을 객관화시켰다.

성서는 예수께서 하나 혹은 다수의 귀신 들린 사람들을 만났다는 사실을 보고한다. 마태복음 17장ㄹ 15절은 예수께서 귀신 들려 고통당하는 소년을 치유하신 이야기를 전해준다. 간질을 앓는 소년은 마귀가 떠나가

자 병이 나았다. 복음서는 귀신 들린 사람들을 신체적 혹은 정신적 질환에 사로잡힌 죄인으로 간주하지 않는다. 오늘날에는 정신 질환을 앓는 상태와 귀신 들린 상태를 명백하게 구분하지만, 당시에는 이러한 구분이 존재하지 않았다. 교부들은 밖으로부터 우리를 공격하고 우리의 상상에 영향을 끼치는 마귀를 타락한 영으로 간주한다. 이러한 세력들은 우리의 상상력에 매혹적인 형상을 새기면서 우리를 꾀어낸다. 우리 때문에 우리 안에 들어와 머무는 이러한 세력들은 우리의 사유를 뒤흔들어 놓는다. 그리고 이를 통해 우리로 하여금 하나님과 이웃을 사랑하는 대신 자기애를 선택하고 죄를 짓게 만든다. 우리는 교부들의 이러한 설명을 어떻게 받아들여야 하는가? 사막 교부들은 복음서에 기록된 예수의 행적을 문자적으로 받아들여 사막으로 갔다. 복음서에 의하면, 예수는 마귀의 유혹을 세 번 받았다. 이러한 복음서의 기록은 사실에 대한 보고인가 아니면 실제적이며 역사적이지만 – 신화적인 언어를 사용하지 않고는 전할 수 없는 – 신비한 체험을 전하려는 문학적 장르에 속하는가?

사막 교부들의 본질적 가르침은 그들이 실제로 타락한 천사인 마귀를 만났는지 여부와는 상관없다. 그들은 적, 즉 그들에게 부정적인 힘을 행사하는 적대적인 세력을 영적 세계의 상징들을 통해 묘사한다. 이스라엘은 광야에서 유혹에 굴복했다. 에덴 동산의 첫 사람도 유혹의 세력에 지고 말았다. 예수는 사막뿐 아니라 그의 전 생애에 걸쳐 이러한 유혹을 받았지만, 모두 물리쳤다(히4:15). 교부들은 경험을 통해 우리의 마음 안팎에서 우리를 공격하는 세력에 저항하는 전략을 가르쳐주었다.

귀신은 하나님과 – 우리를 하나님의 자녀로 만들려는 – 하나님의 '섬기는 영'(히1;14)을 훼방하는 모든 세력들을 가리키는 상징이다. 귀신은 사악함과 교활함을 가지고 작용하는 실제적인 힘이다. 그러나 이러한 세력들은 구체적인 행위자에 한정되지는 않는다. 마귀나 귀신은 사랑 속에서 성장하는 우리를 적대시하는 모든 힘들을 가리킨다. 하나님이 실제로 영들을 통해 우주를 통치하는지는 신비에 속한다. 물론 사도 바울과 사막교부들은 그렇게 말하지만, 타락한 천사의 영이 우주를 배회하는지는 예나 지금이나 여전히 신비로 남는다.

이기심으로 가득 찬 세상에서 파괴적인 힘은 여전히 우리 가운데 존재한다. 이러한 '비정상'(unnaturalness), 즉 마땅히 존재해야 할 상태가 아닌 본성의 상태를 우리는 이웃들에게서도 발견할 수 있다. 우리는 – 우리의 무의식에 흔적을 남겼던 사람들의 행위와 우리의 과거 행위들이 기억을 통해 형성한 – 우리의 죄악성에 의해 우리를 공격하는 악에 사로잡힌다. 이러한 기억은 상상을 통해 새로운 관계, 즉 이기심을 일깨운다.

예수회 신부이자 조지타운 대학의 심리학 교수인 코르테스(Juan B. Cortes)는 귀신이라는 말이 오늘날 우리가 '콤플렉스'(complex) 혹은 '정서적'(emotional) 갈등으로 부르는 것을 가리킨다고 말한다.[33] 융(C. G. Jung) 등의 심리학자들은 의식의 정상적인 흐름에는 나타나지 않는 체험들을 저장하고 심지어는 진화시키는 무의식의 힘을 지적한다. 바울은 영적 적대자인 마귀를 우리와 싸우는 적으로 묘사한다. "우리의 씨름은 혈과 육을 상대하는 것이 아니요 통치자들과 권세들과 이 어둠의 세상 주관자들과 하늘에 있는 악의 영들을 상대함이라." (엡6:12) 바울은 또한 인간의 몸 안에 거하는 것처럼 보이는 죄악의 "공격을 받는" 인간을 심리학적으로 묘사한다. "내 지체 속에 한 다른 법이 내 마음의 법과 싸워 내 지체 속에 있는 죄의 법으로 나를 사로잡는 것을 보는도다." (롬8:23)

우리 안에 있는 악의 현존을 이성은 이해할 수 없다. 악마의 현존은 바울과 성서 기자 그리고 교부들과 신비사상가들이 여러 세기에 걸쳐 체

---

33 Cited by William V. Rauscher with Allen Spragett in *The Spiritual Frontier* (New York: Doubleday & Co, 1975), p. 155.

험했던 것을 경험한 사람만이 받아들일 수 있는 것이다. 이러한 신비사상가들은 공통의 경험을 전하기 위해 신화적인 언어를 사용한다. 그러나 이러한 체험은 오직 내적으로 사는 사람에게만 전해질 수 있다. 비슷한 경험을 한 사람에게는 신화적 언어가 – 객관적 증거를 요구하는 과학적 방법으로는 파악할 수 없는 – 신비한 실재를 묘사하는 수단이 된다. 이러한 실재는 개인의 삶 속에 현존하는 여러 요인들, 즉 신화적 언어만이 묘사할 수 있는 요인들을 아우른다. 따라서 귀신이라는 언어는 현존하는 실재를 지시하지만, 사막교부들처럼 내적으로 사는 사람에게만 말을 건넨다.

내적 경각심

그러나 생각의 유혹(thought-temptation)을 묵상했던 교부들의 심리학은 신화적으로 말하지 않는다. 그들의 언어는 독특하다. 그들의 언어는 그들이 밤낮으로 겪었던 실제적인 경험으로부터 나온 것이기 때문이다. 우리는 이러한 경험들을 받아들일 수 있다. 우리는 신체의 욕구(appetite)들이 만족을 모르고 점점 더 커지는 것을 경험한다. 우리는 가장 맛있는 음식을 먹고 가장 좋은 포도주를 마시며 성적 쾌락을 즐기려 한다. 그리고 눈 등의 감각기관에 즐거움을 주는 것을 찾아 헤맨다. 주의하지 않으면, 이러한 신체저 욕구들은 우리를 무절제하고 만족을 모르는 욕망으로 인도한다.

교부들이 제시한 8가지 기본적인 유혹들은 십계명을 대체할 수 있는 결정적인 목록이 아니다. 8가지 유혹들은 몸과 혼, 그리고 영으로 구성된 인간 실존을 포괄하는 영역들을 대표한다. 하나의 유혹이 다섯 단계로 전개된다는 가르침뿐 아니라 마음에 내적 주의를 기울이면서 이러한 생각(*logismos*), 즉 정신적 상상이 처음 나타날 때 바로 알아차리고 복음의 빛에서 검증해야 한다는 교부들의 사상은 우리에게도 여전히 타당한 가르침이다.

적용

우리는 그리스도인의 삶을 영적 투쟁으로 간주하는 사막 교부들의 가르침을 살펴보았다. 우리는 그들이 종종 – 모든 시대의 인간들이 체험하는 괴로운 현실, 즉 부정성(negativity)의 세계가 존재한다는 사실을 묘사하기 위해 – 성서 저자들의 언어와 비슷한 신화적 언어를 사용하고 있다는 사실도 알게 되었다. 이러한 세계는 우리 안팎에서 강력한 공격성을 가지고 작동한다. 따라서 ,우리가 영적 투쟁에서 성공하기 위해선 하나님의 은혜 안에서 이러한 세계의 공격성에 맞설 수 있는 공격성을 갖추어야 한다. 따라서 우리는 신화적 이미지들을 걸러내면서 우리에게 참된 영적 양식을 드러내주는 해석 방법을 모색했다. 우리는 '영적 투쟁'에 관한 교부들의 광범위한 가르침을 어떻게 우리 자신에게 적용할 수 있을까?

우리는 성서뿐 아니라 – 성서를 해석하면서 성서의 본질적인 가르침을 금욕적이며 신비적으로 살아냈던 – 교부들로부터 권고를 받는다. 우리는 언제나 우리 안팎에 존재하는 죄에 주의를 기울이는 삶을 살아야 한다는 것이다. 그러나 이러한 주의와 경계는 단지 소극적 자세만은 아니다. 이것은 오히려 우리를 구원하고 영적 싸움을 도우시는 하나님의 능력을 신뢰하는 믿음의 실천이다.

"근신하라 깨어라 너희 대적 마귀가 우는 사자 같이 두루 다니며 삼킬 자를 찾나니 너희는 믿음을 굳건하게 하여 그를 대적하라 이는 세상에

있는 너희 형제들도 동일한 고난을 당하는 줄을 앎이라" (벧전5:8-9)

우리는 사도 바울이 말하는 이른바 육(sarx, flesh)에 빠져들면서 자기 중심적이 되어가는 생각의 내적 운동들을 바라보아야 한다. 따라서 생각 속에서 이기적이 되어가는 운동들을 – 행위로 이어지기 전에 – 바라보기 위해선 항상 마음에 주의를 기울여야 한다.

적극적으로 말하자면, 예수 그리스도의 마음을 입기 위해선 우리들의 생각에 항상 주의를 기울여야 한다. 이러한 것은 항상 하나님과 이웃을 사랑하는 행위일 수밖에 없는 그리스도인의 덕 전체를 포괄한다. 하나님을 실제로 사랑하기 위해선 사도 바울의 권면을 따라야 한다.

> "하나님 아는 것을 대적하여 높아진 것을 다 무너뜨리고 모든 생각을 사로잡아 그리스도에게 복종하게 하니 너희의 복종이 온전하게 될 때에 모든 복종하지 않는 것을 벌하려고 준비하는 중에 있노라" (고후 10:5-6)

자기반성

우리의 '실존적' 자기 – 즉 언제나 특별한 치유가 필요한 인격 – 에 대한 지식은 오직 우리가 매일 우리의 생각과 말 그리고 행위를 복음의 규범적인 가치와 – 우리와 은혜롭게 소통하시려는 – 하나님의 인격적 행위의 빛에서 반성할 때에만 주어진다. 이러한 반성은 우리의 생각과 말 그리고 행위에 작용하는 동기부여와 가치체계를 검증하기 위해 내면으로 돌아서는 것을 뜻한다. 이러한 반성은 쉬운 일이 아니다. 오히려 매 순간 주의를 기울여야 한다. 왜냐하면 수년간의 경험을 통해 '거짓' 자기가

– 우리를 우리의 무의식 깊은 곳에 내재하는 참된 자기로부터 분리시키는 – 방어 기제(defense mechanism)를 형성해 왔기 때문이다. 이러한 방어 기제는 우리를 우리 주위에 있는 위협적인 세력으로부터 지켜주는 것처럼 보인다. 그러나 방어 기제는 우리가 스스로 삶의 방향을 설정하고 – 하나님과 세계 그리고 다른 인간 존재와의 관계에 부정적인 영향을 끼치는 – 과거의 조건형성(conditioning)과 고통스러운 경험들을 극복하는 것을 가로막는다.

교부들은 항상 매일의 양심 성찰을 강조했다. 그들은 양심성찰을 – 자신의 생각과 말 그리고 행위를 영적 스승에게 '고백'하는 – 고해의 전제로 간주했다. 클리마쿠스는 작은 공책을 갖고 다니면서 자신의 생각을 적어 매일 지도자에게 보여주는 수도자들의 실례를 든다.[34] 우리의 삶에 적용한다면, 이러한 것은 단순한 분석적 반성 이상의 것이다. 우리는 치유하시는 하나님에게 우리 자신을 보여드려야 한다. 성령의 인도하심에 의해 매일 하나님을 만나는 기도 속에서 이러한 일이 일어난다면, 이것은 우리의 영적 싸움에서 가장 중요한 부분이 될 것이다. 이러한 것이 없다면 깊은 기도와 그리스도인의 완전은 불가능할 것이다. 나는 이러한 실천의 다섯 단계를 『반성의 치유』(Reflective Healing)란 나의 소책자에서 제시한 바 있다.[35]

십자가

마음의 내적 움직임에 경계를 늦추지 않고 주의를 기울이면 곧 사막 교부들이 강조했던 것, 즉 당신의 생명을 나누라는 하나님의 부르심에

---

34 Climacus, op. cit. Step4. p.81
35 G. Maloney. S.J., *Reflective Healing* (Denville, NJ: Dimension Books, 1979).

응답하지 못하게 만드는 가장 큰 적이 자기를 사랑하고 자기중심적인 우리 자신이라는 사실을 알게 될 것이다. 우리는 우리 모두 안에 '옛 사람'을 가지고 있다(골3:9; 엡4:22). 따라서 우리의 자기애를 근절하려는 총력전이 요구된다(고전10:6-11). 이것이 바로 그리스도의 군사가 지고 가야 할 매일의 십자가이다. 예수는 우리에게 성공적인 투쟁의 실례를 제시해주었다. "그리스도께서도 자기를 기쁘게 하지 아니하셨나니" (롬15:3) 좀 더 긍정적으로 말하자면, 예수는 항상 당신의 아버지를 기쁘게 해드리려 했다(요8:29).

이러한 자기 부정은 부정적인 면과 긍정적인 면 모두에서 우리의 삶에 절대적으로 필요하다. 모든 욕망의 중심인 자기 자신 안으로 모든 것을 끌어들이려는 성향들을 확인하고 억제하며 소멸시키는 일이 필요하다. 우리는 이러한 성향을 모든 열망의 중심인 하나님으로 대체해야 한다. 우리는 율법주의에 초점을 맞추는 수행들을 내려놓고 일상의 행위들을 마음 속 깊은 곳에서 나오는 운동을 통해 근본적으로 변화시켜야 한다. 이러한 변화는 우리를 - 우리 안에 사시면서 우리를 우리의 궁극적 목적으로 이끄시는 - 내재적 삼위일체 하나님께 인도한다.

그리스도인의 진정한 거룩함은 어느 때에나 하나님께 나아가려는 온유함에 있다. 자기 부정의 십자가에서 비롯되는 금욕 생활은 어떠한 대가를 치루더라도 결국에는 아버지에 대한 순종의 행위가 된다. 사막이 아니라 도시에 사는 현대 그리스도인에게 금욕생활의 본질은 모든 사건과 순간 속에서 하나님의 무한한 사랑을 계시하는 하나님의 영에 주의 깊게 귀를 기울이는 것에 있다. 이 순간 하나님은 사랑으로 체험되며, 우리는 우리를 새로운 존재로 변화시키는 사랑을 선사받는다. 사랑하는 아버지의 사랑하는 자녀요 서로를 동일하게 사랑하는 형제자매가 되는 사랑 말이다.

개인적 경계심

교부들이 우리에게 제시한 원리들을 넘어서 삶 속에서 죄를 근절시킬 수 있는 방법을 찾기란 거의 불가능하다. 그러나 일상의 상황은 사람마다 다르다. 몸과 영혼의 재능과 욕구는 사람마다 다르다. 우리들은 고독한 사막 교부들 이상으로 우리의 일상적인 일과 우리의 사회적 사도직 속에서 우리가 사는 사회를 좀 더 인간적인 세상으로 만들 수 있는 방법을 모색해야 한다. 우리는 자연과 예술 그리고 과학의 아름다움과 기쁨을 누릴 수 있어야 한다. 그리고 음식과 음료 그리고 텔레비전을 절제하면서 이용하는 법을 배워야 한다. 이렇게 할 때에만 이들은 우리가 하나님과 이웃을 좀 더 낫게 사랑하고 섬길 수 있도록 도와줄 수 있다.

승리

교부들은 항상 우리를 - 느부갓네살 왕이 아사랴와 그의 친구들을 던져버렸던 맹렬한 풀무불과 비슷한 - 타오르는 불가마로 인도한다(단3:24-30). 우리가 우리의 마음을 바라보며 불가마의 불꽃 같은 영적 싸움을 감당할 용기를 갖는다면 우리는 사막의 수행자들처럼 우리 안에 현존하시는 삼위일체 하나님이 우리에게 '천사'로서 다가와 바람과 물방울처럼 불꽃을 꺼뜨리며 내적 평정심을 가져다준다는 사실을 깨닫게 될 것이다.

우리는 하나님의 자녀로 새롭게 태어나는 체험을 끊임없이 하게 될 것이다. 우리가 피조물의 가난 속에서 우리의 내적 파멸을 인식하고 복음의 덕을 실천함으로써 자아에 대한 무절제한 모든 집착에서 정화된다면, 우리는 사랑이신 하나님을 관상하게 될 것이다. 하나님은 더 이상 밖에 있는 존재나 우리에게 대상이 되는 존재가 아니다. 우리는 점차 - 우리에게 우리의 진정한 정체성, 즉 삼위 하나님의 사랑을 받는 인격이라는 정체성을 선사해주는 – 삼위 하나님과의 연합 속으로 들어가게 된다. 영적인 삶은 투쟁이다. 그러나 이러한 투쟁은 우리에게 확실한 승리를 가져다준다!

06.
예수기도

사제인 나의 삶에서 가장 큰 기쁨 가운데 하나는 미국과 캐나다를 여행하면서 진심으로 하나님과 이웃을 사랑하는 그리스도인들을 만나는 것이었다. 그들을 만나면서 나는 마치 현대판 사도행전을 읽는 것 같은 느낌을 갖게 되었다. 스데반, 고넬리오, 리디아, 도르가에 견줄만한 사람들이 브롱크스, 토론토, 샌프란시스코, 디모인에서 예수 그리스도의 제자로 살고 있다. 성령은 진실로 온 세상에서 호흡하고 계신다!

무엇보다도 이러한 사람들은 실존적인 내적 가난 속에서 예수 그리스도께 더 가까이 나아가려고 부르짖는 하나님의 사막 백성들이다. 깊은 기도에 대한 갈증이 미국의 그리스도인들에게 항상 있었던 것은 아니다. 그러나 나는 이러한 현상이 이곳에서 지속될 뿐 아니라 새롭고 흥미진진한 방식으로 확장되기를 기원한다.

그리스도인들 가운데 적지 않은 사람들이 예수기도에서 심오한 영성의 길을 발견했다. 그들은 동방 교회의 영성에서 - 어릴 적부터 그들에게 익숙했던 - 논증적 방식을 넘어서는 기도의 형태를 발견했다. 이 기도가 바로 '지성을 넘어서는'(metarational) 마음의 기도이다. 예루살렘 교회가 성령의 능력으로 체험했던 예수 사건에서 비롯된 마음의 기도 말이다.

초기의 동방 그리스도인들은 예수가 교리 이상의 존재라는 사실을 알게 되었다. 그들에게 예수는 그들 안에 사시면서 당신의 영을 부어주시며 그들을 당신의 몸인 교회의 지체로 부르며 신화시키는 진리의 생명이었다. 그들은 일상의 삶에 현존하시는 예수의 이름이 갖고 있는 능력을 체험했다. 그들은 믿음과 체험을 통해 그들을 치유하고 구원할 다른 이름이 없다는 사실(행4:12)도 알게 되었다. 예수 그리스도는 우리를 향한 아버지의 무한한 사랑을 묵상하며 십자가에서 자신을 비움으로써 아버지에게 순종했다. 바로 이러한 이유 때문에 아버지는 예수에게 "모든 이름 위에 뛰어난 이름을 주사 ... 모든 무릎을 예수의 이름에 꿇게" 하셨다 (빌2:9-11).

예수의 사람들

콘스탄티누스 황제가 그리스도교를 로마제국의 공적 종교로 받아들이면서 그리스도인들은 더 이상 예수 그리스도 때문에 박해를 받거나 순교하지 않았다. 4세기에 예수의 영은 수많은 남자와 여자들을 이집트와 시리아의 사막으로 내몰았다. 우리가 이미 앞 장에서 살펴보았듯이 그들은 그곳에서 하나님의 사랑을 항상 의식하면서 그분의 거룩하신 뜻에 완전히 순종하는 삶을 추구했다.

그리스도인들은 처음부터 그들 안에 살고계시는 하나님의 현존을 의식했으며 이러한 의식을 확장시키려 했다. 그들은 하나님과의 관계를 더 깊이 지각하고 하나님에 대해 지조를 지키며 하나님을 신뢰하려 했다.

동쪽의 혹독한 사막으로 도망쳤던 은수자들은 하나님이 진정으로 그들의 삶 속에서 하나님으로 현존하신다는 의식을 확장시키려 했다. 그들은 성령의 인도하심을 받으며 마음과 힘을 다해 하나님을 사랑하는 법을 찾으려 했다.

이러한 사막의 헤시카즘 영성으로부터 – 예수의 이름을 부르는 – 비잔틴 영성의 예수기도가 탄생했다. 예수기도의 초기 수행자들은 예수의 이름만을 부르는 기도를 드렸다. 그러나 예수기도는 점차 "주 예수 그리스도 하나님의 아들이시여 이 죄인을 불쌍히 여기소서!"라는 정형적인 기도로 발전해갔다.[1] 이와 같이 예수의 이름을 부르는 단순한 기도 혹은 점차 예수기도로 정형화된 기도는 비잔틴 헤시카즘 영성 혹은 마음의 기도의 전형이 되었다. 그러나 예수기도의 발전과정은 신구약성경이라는 근원의 빛에서만 올바르게 해명될 수 있다.

예수 이름의 능력

구약성서시대의 유대인들은 하나님의 이름에 특별한 경외심을 표했다. 하나님의 이름은 하나님의 인격의 확장, 즉 하나님의 존재에 대한 계

---

[1] 이러한 기도문이 수 세기동안 어떻게 발전해왔는지를 역사적으로 탐구한 문헌들은 다음과 같다. I. Hausherr, S.J., *The Name of Jesus.* trans. Charles Cummings, OCSO (Kalamazoo, MI: Cistercian Publications, Inc., 1978), Cistercian Studies Series No. 44; A monk of the Eastern Church, *The Prayer of Jesus* (New York: Desclee Comp., 1967); Ibid., *On the Invocation of the Name of Jesus* (Fairacres, Oxford: S.L.G. Press, 1970); G.A. Maloney, S.J., "The Jesus Prayer and Early Christian Spirituality," *Sobornost*, No. 5 (Summer, 1967), pp. 310-324; Ibid., *The Jesus Prayer* (Pecos, NM: Dove Publications, 1974); A priest of the Byzantine Church, *Reflections on the Jesus Prayer* (Denville, NJ: Dimension Books, 1978); Ignatius Brianchaninov, *On the Prayer of Jesus*, trans. Lazarus Moore (London: J.M. Watkins, 1965); Mother Maria, *The Jesus Prayer* (North Yorkshire: The Greek Orthodox Monastery of the Assumption, 1975); Per-Olof Sjorgen, *The Jesus Prayer* (Philadelphia: Fortress Press, 1975).

시와 능력에 대한 표현으로 간주되었다.[2] 한 인격이 경외심을 갖고 부르거나 한 나라가 부르짖으며 부르는 이름은 그를 하나님의 현재 속으로 인도한다. 하나님과 백성 혹은 하나님과 개인 사이에 새롭고 친밀한 관계가 형성된다(창48:16; 신28:10; 암9:12). 하나님의 이름은 성전에 머문다. 하나님이 그곳에 인격적으로 현존하기 때문이다(왕상8:10-13). 시편에서 하나님의 이름은 피난처, 도움의 능력, 사랑받고 경배 받아야 할 대상으로 간주된다.[3]

신약성서는 하나님과 예수의 이름을 경외하며 부를 때 나타나는 능력을 신학적으로 해명한다. 바울은 빌립보 교인들에게 예수의 이름을 부르라고 권면한다(빌2:9-10). 베드로도 다음과 같이 말한다. "다른 이로써는 구원을 받을 수 없나니 천하 사람 중에 구원을 받을 만한 다른 이름을 우리에게 주신 일이 없음이라 하였더라" (행4:12) 요한복음에서 예수는 당신의 이름의 능력을 제자들에게 계시한다. "그 날에는 너희가 아무 것도 내게 묻지 아니하리라 내가 진실로 진실로 너희에게 이르노니 너희가 무엇이든지 아버지께 구하는 것을 내 이름으로 주시리라 지금까지는 너희가 내 이름으로 아무 것도 구하지 아니하였으나 구하라 그리하면 받으리니 너희 기쁨이 충만하리라" (요16:23-24)

헤시카즘 교부들은 근본적으로 예수의 이름을 부르는 짧은 기도문을 밤낮으로 반복하고 때로는 이러한 기도를 호흡과 함께 드림으로써 항상 기도하라는 성서의 명령을 따를 수 있다고 생각했다(살전5:17; 엡6:18; 눅18:1; 눅21:36). 초기의 그리스도인들은 복음을 묵상하면서 예수를 하나님의 아들로 받아들였다. 그들은 예수의 이름으로 설교했으며, 예수의 이름으로 기적과 치유를 행했다. 그들은 예수의 거룩한 이름으로 집전되

---

2 참조. Igumen Chariton, *The Art of Prayer* (London: Faber & faber, 1966), pp. 28-29.
3 참조. *The Prayer of Jesus* by a monk of Eastern Church, p. 15.

는 성례전에서 예수를 만났다.

그러나 이것은 마술과는 무관하며, 오히려 – 예수 그리스도는 참 하나님이요 참 인간이시며, 십자가에서 돌아가셨지만 하늘 아버지에 의해 일으켜 세워졌으며 오늘도 우리 안에 살아계셔서 우리를 당신의 부활의 생명으로 부르신다는 – 확신으로 충만한 행위였다. 따라서 그들은 주님이신 예수의 이름을 불렀다. 그러나 그들은 동시에 그들 자신의 죄 때문에 자비로우신 예수의 치유가 필요하다는 사실을 깨닫게 되었다. 여리고로 가는 길에서 예수를 만난 맹인의 외침이 그들의 외침이 되었다. "다윗의 자손 예수여 나를 불쌍히 여기소서" (눅18:38) 회당 뒤뜰에서 겸손하게 말문을 열었던 세리의 기도 또한 그들의 기도가 되었다. "하나님이여 불쌍히 여기소서 나는 죄인이로소이다" (눅18:13) 그리스도교 예전에서 자주 부르는 자비송(Kyrie Eleison. "주여 우리를 불쌍히 여기소서")도 그들의 간구가 되었다.

위(僞) 마카리우스, 포티케의 디아도쿠스, 요한 클리마쿠스, 시나이 산의 헤시키우스, 위(僞) 크리소스토무스의 영향력 하에 다양한 형태의 '독백적'(monological) 혹은 외마디 기도가 내주하시는 그리스도에 주의를 집중하는 방식으로 제시되었다. 당시에는 고정된 기도문이 존재하지 않았다. 수도사들은 그가 선호하는 '단어'를 선택할 수 있었다. 비잔틴의 수도원이 터키 군대의 침략으로 파괴된 13세기와 14세기에는 시나이의 그레고리우스와 니케포로스의 영성사상을 따르는 예수기도 르네상스가 아토스 산에서 꽃을 피웠다. 이러한 기간 중에 예수기도의 형식이 고정되었다. "주 예수 그리스도 하나님의 아들이시여, 이 죄인을 불쌍히 여기옵소서!" 그리고 이러한 기도를 호흡과 일치시키는 기술과 기도하는 자세 등이 구체화되었다.

예수기도를 이른바 방법으로 기계화시키려는 시도도 나타났다. 니케포로스가 저술한 것으로 추정되는 『헤시카즘 기도의 방법』(*The Method of Hesychastic Prayer*)이란 책이 바로 그것이다.[4] 이 책에서 우리는 비잔틴 영성에 대한 이슬람 신비주의와 동양의 영성, 특히 힌두교의 요가와 선불교의 영향력을 감지할 수 있다. 수도사들에게는 올바르게 앉는 법과 배꼽을 응시하면서 호흡을 통제하는 방법 등이 전수되었다. 이러한 기술들은 수도사들이 이른바 '마음'(heart) 혹은 존재의 중심에 들어가는 것을 도와줄 수 있었다.

시나이의 성 그레고리우스는 그의 책 『헤시카즘 수도자들을 위한 지침』(*Instruction to Hesychast*)에서 기도하는 방법을 상세하게 규정하고 있다.

> "몇몇 교부들은 예수기도 가운데 한 단어도 빠뜨려서는 안 된다고 가르쳤다. '주 예수 그리스도 하나님의 아들이시여 이 죄인을 불쌍히 여기옵소서!' 그러나 다른 교부들은 절반 정도는 생략해도 된다고 조언한다. '예수 하나님의 아들이시여 저를 불쌍히 여기옵소서!' 혹은 '주 예수 그리스도시여 저를 불쌍히 여기옵소서.' 몇몇 교부들은 경우에 따라 기도문 전체를 드려도 되고 때로는 생략할 수 있다고 말한다. 그러나 기도문을 자주 바꿈으로서 게으름에 길을 열어주는 것은 현명한 방법이 아니다. 오히려 특정한 시간을 자신의 인내심을 시험하는 기회로 삼는 것이 적절하다. 몇몇 스승들은 입술로 기도할 것을 권면하고, 다른 선생들은 정신(mind)으로 기도드리라고 말한다. 그러나 나는 이 두 방법 모두가 있어야 한다고 생각한다. 왜냐하면 어떤 때에는 홀로 남겨진 정신이 지치고 고갈되어 정신으로 기도할 수 없기 때문이며, 어떤 때에는 입술

---

4 참조. I. Hausherr, "La methode d'orasion hesychaste,' OC, Vol. IX, No. 36, and "Note sur l'inventeur de la methode d'orison hesychaste,' OC, Vol. XX (Dec. 1930), pp. 179-182.

이 피로할 수밖에 없기 때문이다. 따라서 이 두 가지 방식은 공존해야 한다. 그러나 주께 간청할 때에는 음성이 정신의 집중을 방해하지 않고 기도를 중단시키지 않도록 마음의 동요 없이 고요하게 기도해야 한다. 이러한 기도는 정신이 이러한 행위에 익숙해져 성령으로부터 오는 능력을 받아들여 이러한 능력 안에서 굳건하게 자신만의 기도를 드리게 될 때까지 계속되어야 한다."[5]

18세기에는 아토스 산에서 필로칼리아(Philokalia)가 그리스어로 간행되면서 예수기도 르네상스가 다시 일어났다. 필로칼리아는 거룩한 산의 니코데무스(Nicodemus the Hagiorite, 1749~1809)와 고린도의 마카리우스(Macarius of Corinth, 1731~1805)가 헤시카즘 교부들, 특히 예수기도를 수행했던 교부들의 저술을 편집해 출판한 책이다.[6] 이 책의 출판은 예수기도를 수도원 밖으로 전파함으로써 그리스어를 읽을 수 있는 평신도들에게 예수기도를 소개해 줄 수 있었다. 필로칼리아는 파이시 펠리츠코프스키(Paissy Velitchkovsky, 1722-1794)에 의해 슬라브어로도 번역되었다. 『선에 대한 사랑』(Dobrotolubie)이란 제목으로 출판된 이 책은 예수기도에 대한 헤시카즘 교부들의 가르침을 슬라브어권에 전해주었다.[7] 은수자 테오파네스(Theophan the Recluse, 1815-1894)는 이 책의 내용을 보완해 러시아어로 번역했다. 이 책은 예수기도를 러시아 영성의 주요요소로 만드는데 결정적인 역할을 했다.

---

5 St. Gregory of Sinai, *Instructions to Hesychasts* in *Writings from the Philokalia on Prayer of the Heart* (London, Faber & Faber, 1951), pp. 74-75.

6 Macarius and Nicodemus, *Philokalia*, First edition (Venice: 1782). 이 초본은 PG of Migne, Vol. 147에 수록되어 있다.

7 그러나 슬라브어권, 특히 러시아 신자들이 전에는 예수기도를 몰랐다고 말하는 것은 결코 아니다. 닐 소르스키(Nil Sorsky, ~1782)는 아토스 산에서 예수기도를 배워 러시아에 전파했다. 그의 헤시카즘 영성 또한 러시아 수도자들에게 계승되었다. 참조. G.A. Maloney, S.J., *Russian Hesychasm* (The Hague: Mouton, 1973).

그러나 평신도들에게 예수기도와 기도의 기술, 그리고 이 기도가 마음과 신체에 가져다주는 영향력을 가장 감동적으로 소개해준 책은 익명의 저자가 1855년과 1861년 사이에 쓴 『순례자의 길』(*The Way of a Pilgrim*)이었다.[8] 이 책은 러시아 이민자들에 의해 유럽의 현대 언어로 번역되어 서방의 그리스도인들이 예수기도를 배우고 실천할 수 있는 계기를 만들어주었다.[9]

해석

우리는 마음의 기도가 예수기도와 완전히 일치하지는 않는다는 사실을 염두에 두어야 한다. 우리가 이미 지적했듯이, 전자가 포괄적인 개념이다. 그러나 예수기도의 실천은 분명 비잔틴 영성에서 헤시카즘 기도의 필수적인 부분이 되었다. 그리고 예수기도는 항상 마음의 기도를 언어적 형태로 요약한 것으로 간주되었다. 예수기도의 기원은 고도의 집중력을 갖고 인격적인 방식으로 항상 기도하려 했던 사막 교부들의 욕구에서 비롯되었다. 사막 교부들은 그들이 '마음'(heart)으로 묘사했던 내면의 운동 속에 거주하시는 성령과 예수 그리스도를 통해 하나님을 찾으려 했다.

---

8 이 책의 원제는 다음과 같다. *Sincere Tales of a Pilgrim to his Spiritual Father* (Kazan: 1884).

9 Rheinhold von Walter의 독일어 번역본 초판의 제목은 다음과 같다. E*in russisches Pilgerleben* (Berlin, 1926). 최초의 불어번역본은 Irenikon-Collection (1928), no.. 5-7에 수록되어 있다. 그 후에 출간된 불어번역본의 제목은 다음과 같다. *Recits d'un pererin russe* (Nauchatel: 1945). Dom Theodore Bailey, O.S.B.는 불어번역본(Irenikon)에 근거해 영어번역본을 출간했다. *The Story of a Russian Pilgrim* (London: 1930). R.M. French는 다른 영어번역본을 출간했다. 이 책이 바로 미국에서 유명해진 *The Way of a Pilgrim* (London: 1930)이다. 그는 이 책의 후편도 영어로 번역했다. *The Pilgrim Continues His Way* (London: 1943). 이 두 권의 책을 지금은 한 권의 책으로 읽을 수 있다(New York: Seabury Press, 1970). E. Kadloubovsky와 G.E.H. Palmer가 테오파네스의 *Dobrotolubie*를 영어로 번역한 두 권의 책들은 영어권 독자들에게 헤시카즘 교부들의 영성을 알리는데 기여했다. *Early Fathers from the Philokalia* (London: 1954); *Writings from the Philokalia on Prayer of the Heart* (London: 1951).

따라서 우리는 예수기도가 그리스도인의 여느 기도와 마찬가지로 예수 그리스도의 장엄함과 초월성을 강조하고 있다는 사실을 인정해야 한다. 예수 그리스도는 주님이시다. 그는 우리 모두의 창조주시요 구원자이시다. 그는 하나님이시다! 우리는 먼저 이러한 엄청난 사실을 인정해야 한다. "주, 예수 그리스도, 하나님의 아들!"

진정한 기도는 우리가 하나님의 자비로운 용서와 치유를 구해야 하는 죄인임을 전제한다. 야고보는 우리에게 우리의 죄성을 각인시킴으로써 하나님 앞에 선 우리의 미천함을 일깨워주고 있다.

"그런즉 너희는 하나님께 복종할지어다 마귀를 대적하라 그리하면 너희를 피하리라 하나님을 가까이하라 그리하면 너희를 가까이하시리라 죄인들아 손을 깨끗이 하라 두 마음을 품은 자들아 마음을 성결하게 하라 슬퍼하며 애통하며 울지어다 너희 웃음을 애통으로, 너희 즐거움을 근심으로 바꿀지어다 주 앞에서 낮추라 그리하면 주께서 너희를 높이시리라" (약 4:7-10)

우리가 우리의 죄악에 대한 감각을 상실하면, 우리는 우리에게 오실 뿐 아니라 우리를 치유하시는 생명의 수여자를 찾지 않게 된다. 예수는 우리의 인격적 구세주요 우리를 구원하시는 분이다. 그럼에도 불구하고 우리는 여전히 그의 치유의 능력을 필요로 하는 가련한 존재들이다. "주 예수 그리스도시여 이 죄인을 불쌍히 여기소서!"

예수기도가 압축된 형태 속에서 강조하는 세 번째 요소는 우리 죄인을 주(主)요 전능하신 하나님이신 예수와 연결시키는 것이다. 이것이 바로 우리와 함께 하시며 우리 안에 계시는 그분의 현존에 대한 우리의 갈망이다. 아우구스티누스는 다음과 같이 말했다. "그분은 내 자신보다 내게 더 가깝다." 바울은 다음과 같이 설교한다. "우리가 그를 힘입어 사시며 기동하며 존재하느니라" (행17:28) 예수 그리스도는 주요 하나님이시며, 완전하고 모든 피조물을 초월하시는 분이다. 따라서 그분은 우리 안에 살며 우리의 존재를 유지시키면서 우리 존재의 근거가 될 수 있다. "만물이 그로 말미암아 지은바 되었으니 지은 것이 하나도 그가 없이는 된 것이 없느니라" (요1:3)

기도를 돕는 심신상관 훈련(Psychosomatic aids)

그러면 예수기도를 돕는 방법들, 즉 호흡과 신체적 기술들은 어떻게 받아들여야 하는가? 심신상관적 기술을 사용해 새로운 차원의 의식에 이르려는 것은 의심의 여지없이 위험하고 남용될 소지가 있다. 헤시카즘 영성뿐 아니라 그리스도인을 포함한 모든 종교인의 영성에도 이러한 위험은 항상 존재해왔다.

그러나 우리가 몸과 이러한 기술들을 무시하는 경우에도 신앙은 타격을 입을 수 있다. 우리가 동방 기독교 영성, 특히 헤시카즘으로부터 배울 수 있는 교훈은 신체적 기술이 기도에 도움을 줄 수 있다는 사실이다. 향, 이콘(icon), 어둠과 빛, 엎드려 머리를 조아리는 자세, 호흡의 리듬에 맞춰 그리스도교적 만트라(mantra) 혹은 외마디 기도를 마음으로 반복하는 방법들은 우리를 통합시키고 사랑하는 삼위일체 하나님의 현존에 더 깊이 집중하게 만든다. 물론 우리는 기도 속에서 우리의 신체적 정신적 훈련과 하나님의 은혜를 구분해야 한다. 그러나 우리는 이러한 훈련들을 예전이나 예배 상징의 기능들과 분리시켜서는 안 된다.

우리의 신체적 혹은 정신적 훈련은 무엇보다도 은혜를 가로막는 장애물을 제거하는 역할을 수행한다. 이러한 행위, 즉 예수기도의 실천과 함께 발전해온 기술들은 기도 속에서 우리를 하나님의 신비적 현재로 인도할 때에만 의미를 갖는다. 이러한 행위들 또한 열매를 보고 판단해야 한다. 즉 이러한 행위를 통해 모든 존재에 대한 지속적인 사랑과 겸손한 섬김, 그리고 하나님 및 이웃과의 친교가 깊어지는지를 보고 판단해야 한다.

호흡, 자세, 금식 그리고 반복적으로 예수의 이름을 부르는 것 등의 다양한 기술들은 우리로 하여금 집중력과 고양된 의식을 가지고 기도할 수 있도록 우리를 집중시키고 우리의 산만한 정신과 마음을 고요하게 만드는 수단이 될 수 있다.[10] 신체적 혹은 정신적 기술들은 습관적이며 피상적인 차원의 산만한 기도를 넘어서서 고양된 의식을 가지고 기도하는 것을 돕는 수단으로 간주되어야 한다. "우리는 우리 자신에게 물어야 한다. 우리는 이러한 기술들을 통해 무엇을 얻고자 하는가?" 은혜는 단지 이러한 기술들을 통해 자동적으로 '생산'되는가? 하나님은 언제나 우리가 완전하게 승인된 기술들을 사용할 때 우리에게 당신의 은혜를 부어주시는가? 우리는 헤시카즘 교부들이 왜 엄격한 금욕적 삶을 하나님의 은혜를 받아들이는 수단으로 간주하며 강조하는지를 이해해야 한다. 엄격한 내적 규율이 없으면, 신체적이며 정신적인 기술들은 자기 목적이 되어 고양된 의식 상태 자체를 목표로 삼게 된다.

몸과 영혼 그리고 영의 상호관계성은 생체자기제어 연구와 뇌파기록기 등의 기계사용을 통해 분명해졌다.

하버드 의과대학의 벤슨(Herbert Benson) 박사는 - 초월명상(TM)의 기초적인 기술들을 사용하는 사람들과 명상하는 사람들, 특히 호흡의 리듬에 맞춰 만트라(mantra)를 반복하는 예수기도 수행자들을 관찰하면서

---

10 호흡이 내면 성찰을 돕는 힘이 있다는 견해에 대해선 다음 문헌들을 참조하시오. Dr. O.Z.A. Hanish, *The Power of Breath* (Los Angeles: Mazdaznan Press, 1970); J.M. Dechanet, O.S.B., *Yoga and God* (St. Meinrad, IN: Abbey Press, 1975).

– '이완반응', 즉 심박수, 혈압, 신진대사, 피부저항 등에 나타나는 급격한 변화를 비교 연구한 바 있다.[11]

이러한 기술의 효능은 우리가 이 기술을 얼마나 '많이' 습득했느냐가 아니라 – "그리스도와 그분의 권능과 그 고난에 참여함을 알고자" (빌 3:`10) – 성령께서 간절히 부르짖는 자에게 선사하시는 믿음과 사랑 그리고 소망의 강렬함에 좌우된다. 교부들이 전해주는 예수기도는 결코 하나님의 사랑에 대한 내적 헌신 없이도 소정의 목적을 달성하는 장치(裝置)나 기술이 아니다. 그러나 예수기도는 예수의 이름을 기억함으로써 자기 자신에게 집중하는 가장 효율적인 길이 될 수 있다. 예수기도는 금욕적인 삶과 관상으로 인도하는 쉬지 않고 기도하는 삶이다.

예수기도의 단계

예수기도는 다양한 단계를 거친다. 교부들은 입술로 소리 내어서 드리는 기도가 기도의 첫 단계라고 가르친다. 이러한 것은 심신의 습관을 개선시킨다. 이 때 기도는 쉽게 정신에 이르게 된다. 두 번째 단계에서는 기도가 좀 더 내적이 된다. 기도가 자신만의 리듬을 갖게 되며, 정신은 그 어떤 의식적 의지의 행위 없이 예수기도를 반복하게 된다. 세 번째 단계에서는 예수기도가 전 인격을 지배하면서 마음에 들어온다. 기도의 리듬은 마음의 운동과 일치하며, 쉼 없이 지속된다.

예수기도는 – 하나님의 은혜와 우리의 지속적인 협력을 통해 – 쉬지 않고 기도하는 것을 실현하는 수단이다. 교부들에게 내적 기도란 정신과

---

11 고대 시대로부터 의사들은 호흡이 심신의 다른 기능들에 미치는 영향력을 연구해왔다. 참조. F. Ruesche, *Blut, Lehen und Seele. Ihre Verhältnis nach Auffassung der griechischen und hellenistischen Antike* (Paderborn, 1930, 1930), pp. 209-265.

함께 마음 안에서 하나님 앞에 서는 것을 뜻한다. 이 때 우리는 그분의 현존 안에 살거나 참회하게 된다. 또는 감사하거나 찬양하게 된다. 이 때 기도는 궁극적으로는 - 점점 더 강렬해지는 믿음과 소망과 사랑 그리고 성령의 열매들을 통해 - 심령이 내적으로 가난해지는 상태에 이르게 된다. 이를 통해 기도는 그 어떤 매개 없이 하나님과 연합하는 상태에 이르도록 돕는다. 이 때 전통적인 예수기도문 혹은 개인이 선택한 구절은 더 이상 우리를 예수 그리스도의 현재로 인도하는 매개가 되지 않는다. 오히려 이 구절은 우리의 마음에 거주하시는 예수의 인격과 하나가 된다. 은수자 성 테오파네스는 헤시카즘 교부들의 가르침을 다음과 같이 설명한다.

> "우리는 항상 그 어떤 이미지나 사색의 과정 또는 사고의 지각적 운동 없이 하나님과 교제하는 상태에 이르는 습관을 획득해야 한다. 이러한 것이 바로 기도의 참된 표현이다. 바로 여기에 내적 기도의 본질 혹은 정신과 함께 마음 안에서 하나님 앞에 서는 것의 본질이 있다."[12]

예수기도의 궁극적 완성은 마음의 기도에 있다. 마음의 기도는 신비적 형태를 취한다. 하나님의 영이 기도하는 자 안에서 기도하기 때문에 관상하는 자가 더 이상 의식적으로 기도하지 않는다. 오히려 기도가 자신의 방식대로 존재하고 행동한다. 기도는 더 이상 행위의 연속이 아니라 쉬지 말고 기도하라는 사도 바울의 명령을 성취한 상태가 된 것이다(살전5:17). 기도는 이러한 인격 속에서 쉬지 않고 계속된다. 그가 말하거나 쓰거나 먹는 중에도 심지어는 잠자거나 꿈꾸는 중에도 기도는 계속된다.[13]

---

12 St. Theophan the Recluse, 다음 문헌에서 인용. *The Art of Prayer*, compiled by Igumen Chariton and trans. by E. Kadloubovsky and G.E.H. Palmer (London: Faber & Faber, 1966), p. 71.
13 Ibid., p. 24.

확장된 의식

따라서 관상이란 마술과는 무관하다. 관상은 인격이 마음을 정화시키며 기다릴 때 선사되는 하나님의 선물이다. 관상의 단계는 내적 온기를 느끼거나 신적인 빛을 지각할 때 주어지는 것도 아니다(이 점은 다음 장에서 다루겠다). 진정한 관상은 일상의 삶에서 검증되어야 한다. 예수기도의 수행은 성육신을 – 우리의 내적 의식을 하나님과 접촉하도록 만드는 – 하나님의 특별한 행위로 이해하게 만든다. 이러한 것은 – 예수의 이름을 부르고 그의 현존을 체험할 때 우리 마음 안에 거주하시는 그의 현존을 드러내는 – 신앙 속에서 하나님을 직접 만날 때 우리에게 이루어진다.

이러한 단순한 기도 속에서 우리는 그리스도를 통해 하나님을 의식적으로 인식하게 된다. 당신의 현존을 우리의 다양한 의식 속에 거주하시는 분으로 계시하는 하나님에 대한 인식 말이다. 우리가 삼위, 즉 성부 성자 성령과 교제하고 있다는 의식이 지속적으로 확장되면 하나님은 당신의 모든 창조를 통해 살아계신 분으로서 우리에게 다가오신다. 이러한 단순한 기도를 통해 우리는 우리 자신을 넘어서서 하나님 안에서 그리고 모든 창조 안에서 연합에 이르게 된다. 우리는 하나님과의 연합이 더 깊어지기를 갈구한다. 왜냐하면 경험을 통해 모든 것 안에서 하나님의 현존을 의식적으로 느낄 때에만 삶이 충만하게 실현된다는 사실을 깨달았기 때문이다.

창조 속에 하나님이 현존하신다는 의식이 확장할수록 우리는 세상에서 소리를 극복하게 된다. 우리는 우주적 환경에 역동적으로 참여하고 있음을 체험하게 된다. 오직 하나님 안에서 그리고 우리의 창조적 행위를 통해 우리가 모든 것 안에서 하나님과 역동적으로 관계되어 있음을 인식할 때 우리는 비로소 우리자신과 우리 자신의 한계를 넘어서게 된다.

이웃과의 관계도 확장된다. 이 때 이기심의 제약을 받지 않는 진정한 사랑의 행위가 나타나기 시작한다. 우리는 더 이상 '세속적인 것'(profane)에 사로잡히지 않고 오히려 모든 것의 '내면성'(insideness), 즉 모든 창조 안에 존재하시는 하나님의 사랑의 행위와 현존을 발견하게 된다.

적용

분주한 현대인들은 이러한 유형의 기도, 즉 예수의 이름이나 전통적인 기도문을 끊임없이 반복하며 집중하는 기도가 오늘날 어떤 의미가 있느냐고 반문할지 모른다. 물론 우리 삶의 스타일은 – 예수기도에 대한 저술을 남겼을 뿐 아니라 소음이나 복잡함과는 거리가 먼 고독한 삶의 맥락 속에서 예수기도를 드렸던 – 헤시카즘 사막 교부들의 삶과는 현저하게 다르다.

그러나 현대의 그리스도인들 가운데 상당수는 아직도 성서적인 기도에 헌신하고 있다. 우리는 설교하고 치유하며 – 병들고 자기중심성의 어둠에 사로잡혔던 – 세상에 하나님의 빛을 선사해주었던 예수를 직접 만나기를 갈구하고 있다. 우리가 고도로 구조화된 합리적 신학과 획일적으로 고정된 예전에서 체험했던 안전함은 우리 안에 거주하시는 삼위일체 하나님을 좀 더 내적으로 깊이 체험하려는 갈망에 자리를 내주고 있다. 우리는 하나님의 사랑 안에서 지속적으로 살기 위해 예수의 이름의 아름다움과 능력을 재발견하기를 갈망한다.

우리는 또한 스스로에게 묻는다. 우리는 아직도 우리의 시끄럽고 더러우며 분주한 도시 속에서 살아계신 구주 예수 그리스도를 만날 수 있는가? 자기 정화와 비정상적인 자기애에 죽는 삶을 실천한 후에 거룩하신 예수의 이름을 경외하며 부르는 것은 예수로 하여금 우리 마음과 우리의 거리들, 그리고 우리들의 일터와 가정에서 살아 숨 쉬도록 도울 수 있는 가? 우리가 이 기도를 - 분주한 도시를 걷거나 고속도로를 달릴 때, 그리고 끝없이 이어지는 분주한 행위에 매진할 때에도 - 모든 것 안에서 모든 것이 되시는 하나님의 전체성을 볼 수 있는 능력을 갖게 해달라는 겸손한 간구와 결합시킨다면, 하나님의 모든 창조 속에서 투명하게 비치는 하나님을 볼 수 있는 영적 감각을 발전시킬 수 있는가?

매일 예수의 거룩한 이름을 반복해서 부르는 기도를 통해 예수께서 우리 안에 살아 계신다는 의식이 확고해지면 우리는 점차 예수가 더 이상 하늘이나 예전 혹은 우리 밖에 존재하는 대상이 아니라는 사실을 깨닫기 시작할 것이다. 우리는 하나님의 자녀요 예수 안에서 그의 사랑의 영을 통해 태어난 우리의 참된 자기를 자각하게 될 것이다. 우리는 점차 하나님을 우리 존재의 근원으로 체험하게 될 것이다. 예수 또한 더 이상 개념이 아니라 우리의 전 생애에 걸쳐 우리 안에서 행동하시는 인격으로 체험될 것이다. 예수는 우리와 '상호 침투'(compenetrate)하는 관계 속에서 자신을 드러낼 것이다. 그러면 우리는 점차 바울이 예수와 하나 됨 속에서 체험했던 연합의 깊이를 이해하기 시작할 것이다. 바울은 다음과 같이 말한다. "그런즉 이제는 내가 산 것이 아니요 오직 내 안에 그리스도께서 사신 것이라" (갈2:20)

예수 현존의 단계들[14]

우리의 삶 속에 살아 숨쉬는 예수 그리스도의 현존에 대한 신앙 인식

---

[14] George A, Maloney. S.J., *Breath of the Mystic* (Denville, NJ: Dimension Books, 1974).

에는 다양한 단계들이 존재한다. 우리가 삶의 사막 경험을 통해 신앙의 깊은 경지에 들어가면 거룩한 이름을 부르는 행위가 우리의 기도에 커다란 영향력을 끼치게 된다. 기도의 처음 단계에서는 예수의 이름을 부르는 것이 하루 종일 부르짖는 외마디 기도로 진행된다. 이것은 우리를 통합하고 우리를 끌어당겨 - 우리의 깊이 안에 존재하면서 우리로 하여금 그분이 살아계시고 우리를 사랑하신다는 사실을 깨닫게 하는 - '정지점'(靜止點, still point)에 도달할 수 있도록 기도를 준비하는 단계가 될 수 있다.

운동선수와 가수, 그리고 연설가와 무대 위의 배우들이 깊고 리드미컬한 호흡을 통해 고도의 집중력과 긴장 이완에 도달하듯이, 우리도 그들에게서 고요하게 앉고 올바르게 호흡하는 법을 배울 수 있다.

당신 안에서 당신의 호흡을 깊이 따르며 에너지의 흐름이 당신에게 새로운 생명과 에너지를 선사하면서 당신의 존재를 관통하도록 모든 긴장을 이완시켜 보십시오. 들숨과 날숨의 기본 리듬이 확립되면 당신의 호흡을 - 경외하는 마음으로 반복해서 드리는 - 예수기도와 일치시키십시오. 숨을 들이쉬며 정신으로 말하십시오. "주, 예수 그리스도." 그리고 숨을 내뱉으며 말하십시오. "하나님의 아들이시여." 숨을 다시 들이쉬며 말하십시오. "이 죄인을," 그리고 숨을 내쉬며 말하십시오. "불쌍히 여기옵소서." 그리고 이러한 과정을 반복하십시오.

초보자에게는 이러한 기도를 드리기 전에 예수의 생애를 반성해보는 것도 도움이 될 것이다. 당신이 여러 해 동안 정신적 기도를 수행하면서 주님의 현존을 깊이 자각하게 되었다면 관념이나 이미지 혹은 그 어떤 사유의 과정에 관심을 가져서는 안 된다.[15]

---

15 전통적인 예수기도의 개개 단어들에 대해선 다음 문헌을 참조하시오. A. Priest of the Byzantine Church, *Reflections on the Jesus Prayer* (Denville, NJ: Dimension Books,

내면으로 들어가 사랑의 영을 당신에게 보내주시는 예수 그리스도를 찾으십시오. 그분은 비언어적인 방식으로 당신에게 아버지를 알게 해주실 뿐 아니라 아버지와 - 아버지의 첫 자녀이신 - 예수의 하나 됨을 알게 해 주실 것이다. 당신은 구원받지 못한 당신의 자아를 치유하시는 예수의 구원의 능력을 체험하게 될 것이다. 그러나 이러한 일은 예수가 구세주라는 관념에 의해서가 아니라 당신의 병든 자아를 그분의 치유의 능력에 맡길 때 일어난다. 히브리어로 예수는 구원자(Savior)를 뜻한다. 그러나 구원자는 치유자, 즉 충만한 생명을 가지고 당신에게 이러한 충만을 나누어 줄 수 있는 치유자를 뜻한다. "우리가 다 그의 충만한 데서 받으니 은혜 위에 은혜러라" (요1:16)

우리가 사랑의 성령의 능력을 통해 우리가 병들었으며 하나님에게서 받은 사랑을 사랑으로 갚을 능력이 없다는 사실을 체험할 수만 있다면, 우리는 우리의 치유를 위해 부르짖게 될 것이다. 성령은 아버지께서 예수의 거룩한 이름으로 간구한 것을 우리에게 주시리라는 확신과 순진무구한 신뢰를 우리 안에 부어주실 것이다. "내가 진실로 진실로 너희에게 이르노니 너희가 무엇이든지 아버지께 구하는 것을 내 이름으로 주시리라" (요16:23) 예수는 아버지를 계시하시며, 성령은 아버지께서 진실로 우리에게 필요한 치유를 베풀어 주시리라는 순전한 확신을 우리에게 부어주신다. "구하라 그러면 너희에게 주실 것이요 찾으라 그러면 찾아낼 것이요 문을 두드리라 그러면 너희에게 열릴 것이니 ... 너희 중에 아버지 된 자로서 누가 아들이 생선을 달라 하는데 생선 대신에 뱀을 주며 알을 달라 하는데 전갈을 주겠느냐 너희가 악할지라도 좋은 것을 자식에게 줄 줄 알거든 하물며 너희 하늘 아버지께서 구하는 자에게 성령을 주시지

1978).

않겠느냐" (눅11:9-13)

우리는 점차 사도행전에 나오는 베드로의 설교를 이해하기 시작할 것이다. "다른 이로써는 구원을 받을 수 없나니 천하 사람 중에 구원을 받을 만한 다른 이름을 우리에게 주신 일이 없음이라" (행 4:12) 교통사고를 당했을 때에도 우리는 구원을 위해 부르짖을 수 있다. "예수여, 저를 도와주소서!" 그러나 우리는 지속적으로 깊은 기도 속에서 부르짖고 마음으로부터 드리는 기도의 효력을 체험해야 한다. 예수만이 건강을 가져다줄 수 있다. 생명을 가져다주는 이 이름을 우리는 밤낮으로 불러야 한다.

예수의 이름을 부르는 행위는 예수의 기도가 우리의 기도가 되게 하며, 그의 사제직에 참여하게 만든다. 이러한 기도의 길은 이기적인 "예수와 나"(Jesus-and I)의 영성이 아니다. 우리가 예수 그리스도 안에 나타난 하나님의 놀라운 사랑을 깊이 체험하면 우리는 이러한 사랑을 모든 사람과 나누게 된다. 우리는 세상 곳곳을 다니며 병든 자의 상처를 치료해주거나 정신적인 질병을 앓고 있는 사람을 도와줄 수는 없다. 그러나 우리는 깊은 기도를 통해 아버지의 권좌 앞에 서서 예수 그리스도의 치유의 능력을 행사할 수 있다. 우리는 ‒ 세상 전체를 치유하고 회복하면서 성부에게 드리는 찬양과 감사를 ‒ 예수 그리스도를 다시 세상에 드러내야 한다.

그리스도를 낳음

예수 그리스도는 우리가 그의 이름을 부르며 그의 현존을 다시 드러내 그가 세상에 자리를 잡게 되기를 기다리신다. 예수는 성육신하신 말씀. 즉 하나님의 말씀의 충만함이다. 하나님의 어머니이신 마리아가 예수의 이름을 불렀을 때 예수는 사람과 우리의 형제가 되었다. 우리 또한 이러한 경이로운 능력을 지녀야 한다. 세례 때 어렴풋이 느꼈던 이 능력은 우리가 의식적으로 예수의 거룩한 이름을 경외하고 사랑하면서 부를 때마다 강해진다. 우리는 예수 그리스도를 새롭고도 경이로운 방식으로 현존시켜야 한다. 우리의 믿음이 작으면, 세상은 그의 현존을 거의 자각하지 못하게 된다. 우리가 그의 이름을 부를 때 우리는 점차 바울이 모든 그리스도인이 깨닫게 되기를 간구했던 것을 체험하게 될 것이다.

> "그의 영광의 풍성함을 따라 그의 생명으로 말미암아 너희 속사람을 능력으로 강건하게 하시오며 믿음으로 말미암아 그리스도께서 너희 마음에 계시게 하옵시고 너희가 사랑 가운데서 뿌리가 박히고 터가 굳어져서 능히 모든 성도와 함께 지식에 넘치는 그리스도의 사랑을 알고 그 너비와 길이와 높이와 깊이가 어떠함을 깨달아 하나님의 모든 충만하신 것으로 너희에게 충만하게 하시기를 구하노라" (엡 3:16-19)

예수는 모든 사람들의 마음속으로 들어가는 방법을 찾고 계신다. 우리가 진정으로 "주 예수여 자비를 베푸소서!"라고 부르짖으면 계시록의 말씀이 실현될 것이다. "볼지어다 내가 문 밖에서 서서 두드리노니 누구든지 내 음성을 듣고 문을 열면 내가 그에게로 들어가 그와 더불어 먹고 그는 나와 더불어 먹으리라" (계3:20)

변형시키는 주님

예수는 변형시키는 주님이시다. 그는 우리를 먼저 변형시키며 다볼 산의 빛 속에서 우리를 씻기신다. 이 빛은 그리스 헤시카즘 교부들이 ― 자신들을 신화된 존재, 즉 성령을 통해 그리스도 안에서 성부와 연합한 존재로 변형시키는 – 성자와 성령의 창조되지 않은 에네르기아로 체험했던 빛이다. 예수는 우리를 통해, 우리의 겸손한 행위를 통해 온 세상을 변화시키려 한다. 예수는 만유를 충만케 하시는 분이다. "만물 안에서 만물을 충만하게 하시는 이의 충만함" (엡1:23) 우리는 예수의 거룩한 이름을 부름으로써 변형의 능력을 드러낼 수 있다. 우리는 그분을 존재케 하면서 그분으로 하여금 고통 속에서 신음하는 세상을 만나게 할 수 있다. 우리는 그분에게 우주를 변형시켜 달라고, 모든 인간과 하나님의 모든 창조가 부활하신 주님의 몸의 지체들이 되게 해달라고 간청할 수 있다. 이러한 기도 속에서 예수가 – 그들을 구원하시기를 간절히 바라는 사랑이 충만한 인간을 통해 – 세상을 변형시키는 구속(redemption)의 과정이 체험될 수 있다. 그들은 예수와 함께 우주의 찬가(Hymn of the Universe)를 찬양한다. 그들은 소박한 일상의 자연산 재료를 사용하면서 세상을 위해 그리스도의 미사를 올린다.

이 세상은 소멸되는 것이 아니다. 이 세상은 궁극적으로는 그리스도로 변형될 것이다. 그리스도의 몸은 창조 전체, 즉 하나님의 형상과 모양을 따라 창조된 인간뿐 아니라 인간 아닌 존재와 물질로 이루어질 것이다. 우리는 예수의 이름을 부름으로써 – 온 우주를 신적인 생명으로 변형시키기 위해 우주 전체로 확산되어 나가는 – 그리스도의 몸의 지체들이 된다. "피조물이 고대하는 바는 하나님의 아들들이 나타나는 것이니"(롬8:19) 이러한 변형의 과정 속에서 우주는 예수의 능력에 굴복하게 된다. "이러므로 하나님이 그를 지극히 높여 모든 이름 위에 뛰어난 이름을 주사 하늘에 있는 자들과 땅에 있는 자들과 땅 아래에 있는 자들로 모든 무릎을 예수의 이름에 꿇게 하시고 모든 입으로 예수 그리스도를 주라 시인하여 하나님 아버지께 영광을 돌리게 하셨느니라" (빌2:9~11)

부활하신 예수는 제자들에게 다양한 모습으로 나타나셨다. "그 후에 저희 중 두 사람이 걸어서 시골로 갈 때에 예수께서 다른 모양으로 저희에게 나타나시니" (막16:12) 예수는 계속해서 다양한 모습으로 자신을 우리를 통해 이 세상을 변형시키는 능력으로 계시하신다. 사실 세상을 변화시키는 예수의 능력이 우리에게 부어지고 우리를 통해 온 세상에 전해지는 것을 바라보는 것보다 더 나은 관상이 어디 있겠는가? 물론 우리는 예수의 사제직에 참여하는 선한 삶을 살아야 한다. 그러나 우리가 만나는 모든 사람을 변화시키는 거룩한 이름을 부르는 일보다 선한 일이 어디 있겠는가? 우리는 만유가 하나님의 아들의 충만함에 이르도록 주님께 부르짖는다. "주 예수여 오시옵소서" (계22:20)

그리스도의 몸은 만유가 그리스도를 새 창조의 머리로 고백할 때까지 확장될 것이다. 따라서 우리는 참회로부터 찬양과 감사로 나아가야 한다. 예수의 이름을 경외하며 부를 때 우리는 예수 그리스도의 우주적 성례전을 계속해서 찬양하게 된다. "내가 고난을 받기 전에 너희와 함께 이 유월절 먹기를 원하고 원하였노라" (눅22:5) 예수는 우리와 함께 그의 '바라카'(barakah), 즉 경이롭고 심원하신 아버지에게 감사하는 축제를 나누려 하신다. 예수 그리스도를 통해 우리에게도 아버지를 찬양하는 '바라카'를 드릴 능력이 주어졌다. 우리는 예수의 이름, 즉 하늘 아버지에게 가장 큰 기쁨을 줄 수 있는 이름을 하루 종일 부르면서 예수기도를 우리 기도로 만들 수 있다.

예수의 이름은 우리를 성령께 인도한다. 예수 그리스도는 항상 그가 말씀하신 모든 것과 그의 모든 것을 – 정신만이 아니라 마음으로 – 이해할 수 있도록 보혜사를 보내주신다. 사도 바울은 성령 없이는 예수의 이름을 부를 수조차 없다고 말한다. 마음에 부어진 성령은 우리에게 부르짖으라고 가르치신다. "아바, 아버지!" 그리고 마음을 다해 주님을 사랑하라고 가르치신다. "사람이 떡으로만 살 것이 아니요"라는 말씀은 마음의 사막에서 우리를 그곳으로 인도하신 성령께서 우리에게 주시는 메시지이다. 이 성령은 태초에 혼돈 속에 있었던 세상의 수면 위를 운행하셨던 성령과 동일한 분이시다. 이 성령은 사막을 방황하던 낮에는 구름으로 밤에는 불기둥으로 이스라엘 위를 운행하셨던 성령과 동일한 성령이시다. 이 성령은 마리아가 성령에 의해 잉태하고 말씀이 육신이 되셨을 때 처녀 마리아 위를 운행하셨던 성령과 동일한 성령이시다. 이 성령은 여호와의 고난 받는 종이 요단강에서 세례 받았을 때 그 위를 운행하셨던 성령과 동일한 성령이시다. 이 성령은 성부가 다볼 산에서 영광스런 모습으로 변모하신 예수를 가리키면서 "이는 내 사랑하는 아들이요 내 기뻐하는 자니"(마17:5)라고 말씀하셨을 때 말씀의 통로가 되었던 구름 속에 운행하셨던 성령과 동일한 성령이시다. 이 성령은 오순절 날에 성모 마리아와 제자들에게 불의 혀 같은 모습 속에서 운행하셨던 성령과 동일한 분이시며, 우리가 예수의 거룩한 이름을 부를 때 전능하신 능력으로 우리에게 임하시는 성령과 동일한 분이시다. 우리가 이 이름을 부를 때 예수의 영은 그분에 관해 알아야 할 모든 것을 가르쳐주신다. 예수는 우리의 마음에 기도의 은사와 믿음, 치유, 예언, 방언, 경배, 아버지의 영광을 부어주시며, 마음을 읽는 법과 하나님의 뜻을 분별하는 법도 가르쳐주신다. 예수는 우리의 마음을 사랑 평강 기쁨 온유함 친절함으로 충만케 하신다(갈5:22).

예수는 우리를 성부께 인도하신다.

예수의 사역 - 즉 지상 사역과 영광의 부활 속에서 지금 행하시는 사역 - 가운데 가장 중요한 것은 우리에게 아버지를 계시하는 것이다. "빌립아 ... 나를 본 자는 아버지를 보았거늘" (요14:9) 예수는 우리를 아버지께 인도하는 유일한 길이다. 아버지는 예수보다 크시다. 아들은 아버지와의 관계 속에서만 자신의 존재를 갖게 된다. 하나님의 말씀은 그 말씀을 전해주시는 하늘 아버지와의 관계 속에서만 의미를 갖는다. 아버지는 아들 안에서 영원히 기뻐하신다(눅3:22). 아들은 아버지의 완전한 형상이기 때문이다. 아버지는 타자 속에서만 자신을 바라보며, 사랑의 영을 통해 타자에게 자신을 부어줌으로써 타자를 사랑하신다. 아버지는 우리가 예수와 연합할 때 우리를 당신의 자녀로 삼으신다. 우리는 하나님의 자녀가 되며, 예수와 함께 영원히 하늘의 공동 상속자가 된다(롬8:16-17; 갈4:6).

예수는 우리를 아버지께 인도함으로써 우리를 하나님의 전적인 현존 앞으로 인도한다. 태양광선은 프리즘을 통과하면서 빛에 색을 입힌다. 태양광선은 렌즈에 부딪쳐 모아질 수 있다. 태양광선은 주변을 밝혀줄 뿐 아니라, 불의 열기로 타오를 수 있다. 예수의 이름을 사랑하고 경배하며 의식적으로 반복해 부르는 것도 이와 비슷하다. 예수의 현존은 마음에 타오르는 사랑을 창조한다. 처음 창조 때 나타났던 하나님의 무한한 사랑의 신비, 성육신, 구속, 그리고 우리의 성화를 하나로 만드는 연합이 우리의 마음속에 나타나 작용하기 시작한다. 바울은 이러한 신비를 다음과 같이 표현한다. "믿음으로 말미암아 그리스도께서 너희 마음에 계시게 하옵시고 너희가 사랑 가운데서 뿌리가 박히고 터가 굳어져서 능히 모든 성도와 함께 지식에 넘치는 그리스도의 사랑을 알아 그 넓이와 길이와 높이와 깊이가 어떠함을 깨달아 하나님의 모든 충만하신 것으로 너희에게 충만하게 하시기를 구하노라." (엡3:17-19)

우리는 예수께서 모든 것을 함께 모으시는 것을 체험하기 시작한다. 온전한 그리스도는 우리에게 오셔서 성령을 통해 자신을 우리의 알파와 오메가, 우리의 처음과 마지막으로 계시하신다. 이름 자체가 중요한 것은 아니다. 중요한 것은 이름을 부를 때 드러나는 현존이다. 따라서 예수 기도는 프레니 샐린저(D.Salinger)의 소설 『프레니와 주이』(*Franney and Zooey*)의 주인공 프레니가 사회로부터 '도피'(cop out)하고 탈출과 무관심으로 점철된 꿈의 세계로 도피하기 위해 취했던 영적 안정제를 취하는 외마디 외침이 아니다.

예수의 이름을 호흡과 일치시키면 예수가 우리의 호흡이요 우리의 생명임을 알게 된다. 우리의 엄청난 강박관념은 예수의 전체성 앞에서 새로운 의식으로 변모할 것이다. 즉 그리스도의 힘은 증가하고 우리의 힘은 감소하는 것을 깨닫는 의식 말이다. 오직 성령만이 우리에게 사도 바울이 갖기 원했던 직접적이며 신비적인 지식을 가져다 줄 수 있다. "내가 그리스도와 그 부활의 권능과 그 고난에 참여함을 알고자 하여 그의 죽으심을 본받아 어떻게 해서든지 죽은 자 가운데서 부활에 이르려 하노니" (빌3:10)

예수기도: 생명의 길

예수기도는 궁극적으로는 그리스도 안에서 생명을 찾는 길이다. 사도 바울이 서신들에서 역동적으로 묘사한 생명 말이다. 이 생명은 우리의 깊이 안에 스스럼없이 거주하시는 분 안에 있는 생명이다. 그는 우리에게 하나님의 자녀가 되고 아버지를 사랑할 수 있는 능력을 주신다. 우리는 은혜를 그 어떤 것이 아니라 우리 안에 계신 아버지를 사랑하면서 – 창조되지 않은 에네르기아들, 즉 예수 그리스도와 그분의 영과 맺는 – 사랑의 관계로 체험하게 된다. 예수의 이름은 우리의 삶에 하나님의 현존을 가져다준다. 그분의 현존은 우리를 통해 그의 세상을 사랑하고 그의 창조를 새로운 세상으로 변화시키기를 멈추지 않는 사랑의 현존이다.

우리는 오늘날 신앙의 전통적인 형태를 재검증해야 하는 트라우마 (trauma)를 체험하고 있다. 우리는 살아계신 주 예수를 마음으로 만나야 한다. 그의 현존은 더 이상 그 어떤 것이 아니다. 우리는 멀리 떨어진 대상을 경배하는 것에 만족해서는 안 된다. 우리는 그리스도의 영에 의해 해방되었고 더 이상 죄의 법아래 있지 않다. "무릇 하나님의 영으로 인도함을 받는 사람은 곧 하나님의 아들이라 너희는 다시 무서워하는 종의 영을 받지 아니하고 양자의 영을 받았으므로 우리가 아빠 아버지라고 부르짖느니라 성령이 친히 우리의 영과 더불어 우리가 하나님의 자녀인 것을 증언하시나니" (롬8:14-16)

그리스도와 하나 된 예수기도의 사람들은 하나님에 대한 사랑과 세상을 향한 하나님의 사랑을 가지고 현대의 분주한 세상으로 나아간다. 이러한 사람들은 사도 바울의 우주적 그리스도 비전에 따라 자신을 온 세상의 화해자로 드린다. 이러한 그리스도인은 주 예수 그리스도 하나님의 아들을 자신뿐 아니라 ― 사랑과 예수의 치유 능력을 통해 ― 만나는 사람 모두에게 전달해준다. 예수기도는 그리스도인을 쉬지 않고 드리는 기도로 인도하는 것을 목적으로 삼는다. 이 기도는 우리 모두에게 중요한 의미를 갖고 있다. 예수 그리스도는 어제나 오늘이나 언제나 동일하신 분이기 때문이다. "주 예수 그리스도 하나님의 아들이시여, 이 죄인을 불쌍히 여기옵소서!"

07.
순간적인 니르바나와 어둠의 사막

헤시카즘 교부들이 사용하는 언어를 탐구해보면, '외부자'(outsiders) 가 이러한 전통의 영성을 자신의 삶에 적용할 경우 반드시 해석의 과정을 거쳐야 한다는 사실이 드러난다. 사막 교부들은 체험을 통해 얻은 진리를 그들이 공유하는 상징들로 표현했기 때문이다.

성령과 마리아 성심회의 반 카암(Arian van Kaam)은 영성신학에서 사용하는 상징들을 두 가지, 즉 은유적인 것과 상호관계적인 것으로 구분한다. 그는 포도나무와 가지의 상징을 예로 들면서 다음과 같이 말한다.

"포도주와 가지 상징은 은유적 상징과 관계적 상징의 두 가지 측면을 갖고 있다. 이 상징은 은혜 가운데 현존하는 그리스도의 형언할 수 없는 신비를 보여준다. 이 상징은 또한 그리스도와 은혜 받은 사람 사이에 존재하는 신비한 관계도 드러내준다."[1]

---

1 Adrian van Kaam, C.S.Sp., *In Search of Spiritual Identity* (Denville, NJ., Dimension Books, 1975), p. 66.

모든 그리스도교 영성에는 이러한 두 가지 측면이 존재한다. 그 가운데 하나는 객관적 계시, 즉 – 우리와 세상을 창조하신 하나님의 사랑, 성육신 속에서 당신의 아들을 우리에게 선사하시는 하나님, 은혜, 그리고 하나님 자신의 삶에 신비적으로 참여할 수 있도록 하나님의 형상과 모양을 따라 창조된 인간 본성을 선포하는 – 교리(doctrine)이다. 또 다른 하나의 측면은 하나님의 계시에 근거한 체험을 다음 세대가 받아들일 수 있도록 교회의 교리로 표현하는 이론적 실천적 측면이다.

헤시카즘 교부들의 영성에서 가장 취약한 부분은 이론적 실천적 측면이다. 우리는 헤시카즘 교부들의 체험과 메시지에서 현대인의 영성에 적용할 수 있는 이론적 실천적 가르침을 추출해낼 수 있도록 그들의 교리를 해석하고 번안해야 한다. 이 장에서 우리는 헤시카즘의 특별한 측면들을 기술하는 일반적인 방식을 – 이러한 방식으로는 간과될 수도 있는 중요한 가르침을 드러내기 위해 – 약간 수정해 나갈 것이다.

헤시카즘 교부들의 몇몇 저술이나 – 아빌라의 테레사, 십자가의 성 요한, 로욜라의 이냐시오, 프란치스코 살레시오, 토마스 머튼 등 – 서방교회영성사상가들의 책들을 섭렵하려는 사람은 두 가지 가르침을 받아들여야 한다. 즉 기도에 도움이 되는 기술에 대한 가르침과 하나님이 당신과 연합하기 위해 당신을 정화시킬 때 당신이 해야 할 일에 대한 가르침 말이다. 나는 이러한 두 가지 가르침에 관한 교부들의 사상을 받아들여 당신의 관상을 도울 수 있는 하나의 가르침으로 요약하려 한다.

기도의 기술

우리는 앞에서 하나님과의 교제를 도울 수 있는 기술사용의 문제를 실펴보았다. 우리는 '전인적'(全人的) 인격, 즉 몸과 혼과 영을 가진 인격으로서 기도한다. 물질적 혹은 신체적인 수단이 하나의 단계에서 – 고유한 인격이신 하나님을 만나는 개인으로서 좀 더 완전하게 기도하기 위해 인간 본성을 전체적으로 통합시키는 – 다른 하나의 단계로 나아가는 것을 도울 수 있다는 것은 자명한 사실이다. 우리에게는 세계 내 체험에서 나온 상징(symbol and sign)들이 필요하다. 이러한 상징들은 영적 의미를 담고 있으며 우리의 의식에 작용하면서 의식을 좀 더 깊은 깨달음의 차원으로 고양시킨다. 빛, 어둠, 불 그리고 숨 같은 상징들은 항상 공동기도와 개인기도 모두에서 특별한 위치를 차지하고 있다.

이러한 기술들이 우리의 기도를 돕는다면 크게 걱정할 필요가 없다. 그리스도인은 항상 이러한 기술들을 사용해왔다. 헤시카즘 교부들도 기도할 때 다양한 기술들을 사용했다. 그들은 내면의 정신적 세계를 고요하게 만드는 것이 영성에 반드시 필요하며, 이를 위해선 리듬에 맞춘 호흡이 도움이 된다는 사실도 배웠다. 몸과 혼 그리고 영은 하나님의 숨이 들어오고 나가면서 모든 긴장이 사라지는 '전인적' 인격으로 통합된다. 당신이 타오르는 촛불에 집중하면 예수 그리스도가 세상의 빛이심을 깨달을 될 수도 있다. 분수(噴水) 그림은 예수의 말씀을 마음에 떠오르게 할 수도 있다. "그 배에서 생수의 강이 흘러나오리라"(요7:38) 성체보관함이나 자연 풍경을 사랑스런 시선으로 바라보거나 예수 그리스도 혹은 마리아나 성자 이콘을 바라보면, 우리를 기도에 이르게 하는 고요함도 발견할 수도 있다. 예배 음악은 항상 – 기도로 충만한 예배를 드리도록 – 신자들의 마음을 열어 고요함에 이르게 하는 기술로 간주되어 왔다.

주요 원리들

기술사용에 대한 교부들의 기본 가르침을 요약해보면 – 교부들은 최소한 초기 교회에서는 이에 대해 해명할 필요를 느끼지 못했다 – 하나님과 친교를 나누는 기도를 발전시킬 수 있는 몇 가지 중요한 원리들을 발견할 수 있다. 우리는 은혜 속에서 하나님을 받아들이기 위해 다양한 기술을 사용하는데 있어서 무엇보다도 하나님께서 자유롭게 부어주시는 은혜와 우리의 자유로운 협력을 구분해야 한다. 이러한 전제 하에서 우리는 헤시카즘의 기술과 사막교부들의 권면을 검증해 보겠다. 이러한 검증은 기도의 도구를 올바르게 사용하는데 좋은 안내자 역할을 해 줄 것이다.

첫째, 우리는 하나님이 즉각적인 경험을 통해 당신 자신을 주시려 하신다는 사실을 기억해야 한다. 이러한 친교는 몸과 분리된 영혼이나 지성이 아니라, 인격과 인간의 전 존재, 즉 "육체를 가진"(embodied) 존재에 주어지는 것이다. 따라서 기도와 예배를 위해선 금욕과 심신상관적 기술을 통해 우리의 전 존재가 – 최고의 영적 발전 단계에서 하나님을 받아들일 수 있도록 – 수용적 상태(receptivity) 혹은 '집중'(single-mindedness) 상태에 이르도록 준비하는 것이 무엇보다도 중요하다.

둘째, 우리는 금욕, 자기 포기 그리고 기도 등의 모든 예비적 행위들이 하나님과 연합하는 상태에 이르는데 필수적이며 필연적인 조건임을 인식해야 한다. 그러나 궁극적 분석은 우리가 최대한의 노력을 기울인다 할지라도 우리 힘만으로는 이러한 연합에 이를 수 없다는 결론을 제시해 준다. 하나님과의 연합은 하나님이 자유 속에서 무상으로 주시는 하나님의 선물이다. 이러한 은혜는 인간의 의지에 좌우되는 것이 아니며, 오랜 동안의 준비 기간 후에 주어지는 것도 아니다.

셋째, 우리는 초자연적 은혜가 우리의 모든 노력에 스며든다는 사실을 명심해야 한다. 그러나 이러한 일이 간절히 원하는 자에게 주어지는 믿음과 소망과 사랑을 통해서 일어난다는 사실도 인정해야 한다. 이 때 우리의 인간적인 노력은 자연적으로는 불가능한 일을 가능하게 만든다.

넷째, 우리가 생명을 선사하시는 하나님의 은혜의 통로로 변화되는데 있어서 심신상관적 기술사용이 진정으로 도움이 되려면, 이러한 기술들은 반드시 복음뿐 아니라 교회와 – 성자의 삶을 통해 전해지는 – 전통적 가르침을 벗어나서는 안된다. 복음과 전통은 관상하는 자가 철저한 금욕생활과 지적 집중이 가져다주는 고도의 심리학적 상태를 체험하는 것인지 아니면 초자연적 은혜에 의해 움직이는 것인지를 판단하는 규범이 된다. "열매를 보면 나무를 알 수 있는 법이다." 하나님이 우리 안에서 일하신다면, 그분은 항상 복음과 전통 속에 나타난 계시와 조화를 이루며 일하실 것이다. 예수 그리스도처럼 몸과 물질을 주저함 없이 하나님을 만나는데 사용하는 사람은 우리의 기술사용이 하나님에게 나아가는데 도움이 된다는 사실을 깨닫게 될 것이다. 이러한 것은 성경과 교회의 교리에 계시된 하나님의 말씀을 따라 사는 삶에서 나타난다. 따라서 우리가 우리의 기도 경험을 이론적이며 실천적으로 표현하든 않든 간에, 우리가 진정으로 하나님을 체험했다면 우리가 체험한 것을 묘사하기 위해 사용하는 은유적이며 관계적인 상징들이 성경과 교회의 가르침에 나타난 교리와 일치한다는 사실을 확인하게 될 것이다.[2]

기도 안에 존재하는 위험요소들

12세기와 14세기 사이에 몸을 사용하는 특별한 기술들이 예수기도에 적용되었다. 앉는 자세, 자신의 '가슴'(heart)을 응시하며 머리를 고정하는 자세, 호흡법과 호흡에 맞춰 예수기도를 드리는 방법 등은 헤시카즘

---

2 신비 체험의 분별이란 주제에 대해선 다음 문헌들을 참조하시오. J. Marechal, S.J., *Etudes sur la psychologie des mystiques* (Paris: 1937), Vol. 1, pp. 252-258; Jacques Maritain, *Quatre essais sur l'espirt dans sa condition charnelle* (Paris: 1939). 특히 3장을 참조하시오, "L'esperience mystique naturelle et vie," pp. 131-177.

문헌의 보편적인 표준이 되었다. 12세기 이전에는 예수기도 수행이 틀에 박히지 않았다. 호흡법은 일반적으로 권장되었을 뿐이다. 우리가 앞 장에서 지적했듯이 비잔틴 수도자들이 이 점에서 이슬람 신비주의의 영향을 받았다는 것은 분명하다.

필로칼리아가 슬로베니아어로 번역되면서 이러한 기술들도 슬로베니아 전 지역으로 확산되었다. 수도원은 이러한 기술에 동원되는 체험들을 검증할 필요를 느꼈고, 형제에 대한 사랑과 섬김을 참된 체험의 기준으로 제시했다. 이로써 기술 남용 사례가 감소하기 시작했다. 공주(共住, cenobitic) 수도원에는 분별의 은사를 가진 영적 지도자들이 상주했기에 기술 남용을 통제할 수 있었다. 그러나 스타레츠(Staretz)나 영성 지도자들의 책을 읽은 은수자와 평신도들에게는 기술 남용이 확산되어갔다.

러시아의 은수자 성 테오파네스(St. Theophanes)는 예수기도 수행을 통해 광신도가 된 사람들에 관해 다음과 같이 말한다.

> "예수기도를 드리면서 양심이 고발하는 악한 습관과 죄를 고백하는데 실패한다면 예수기도가 광기를 불러올 수도 있다. 이러한 것은 마음에서 모든 평화를 빼앗아가는 내적 갈등을 야기한다. 그 결과 머리는 혼돈 속에 빠지며 생각은 혼돈과 무질서 속에 빠지고 만다."[3]

19세기 초에는 브리안카니노프(Ignatius Brianchaninov) 주교가 예수기도를 수행하는 수도자들에게 기술사용의 문제를 신중하게 숙고해 줄 것을 촉구하기도 했다.

---

3 St. Theophan the Recluse, 다음 문헌에서 인용. *The Art of Prayer*, compiled by Igumen Chariton and trans. by E. Kadloubovsky and G.E.H. Palmer (London: Faber & Faber, 1966), p. 270.

"수도자 바실리우스와 장로 벨리츠코프스키(Paisii Velichkovski)는 동료 가운데 몇 사람이 기도에 도움이 되는 기술을 남용해 잘못되었다고 말한다. 최근에는 이러한 기술 남용이 야기하는 혼란이 빈번하게 나타났다. 이러한 사례들은 지금까지도 계속된다. … 이러한 혼돈들은 우리가 마주쳐야 할 운명처럼 보이기도 한다. 그러나 이러한 혼돈은 무지, 이기심, 자만심, 미성숙, 집착, 그리고 마지막으로 경험 많은 지도자의 부재가 가져온 불가피한 귀결이다."[4]

지침

그리스도교 신비주의의 스승들, 특히 헤시카즘 교부들은 항상 수행 중에 주어지는 체험들을 신중하게 분별하라고 말해왔다. 그들은 기도 중에 환상, 음성, 공중부양, 천상의 향기, 달콤한 미각, 천사의 부드러운 포옹 등을 절대로 사모하지 말라고 당부한다. 교부들은 한 목소리로 신비한 영적 현상이 아니라 겸손과 양심의 가책을 종교적 경험의 참된 기준으로 제시한다. 그들은 깊은 기도 속에서는 의식이 변하고 마음이 열림으로써 판단과 기억 그리고 분별력에 주관적인 일탈이 있을 수도 있다는 사실을 깨달았다. 교부들은 신비한 음성을 뚜렷하게 들을 수도 있으며, 성자와 예수 그리스도 그리고 그들이 사랑했던 죽은 자들의 환상을 볼 수도 있다는 사실을 인정한다. 그러나 교부들은 신중했다. 그들은 이러한 현상들을 결코 기도의 진보나 거룩함의 징표로 간주하지 않았다.

다음과 같은 십자가의 요한의 가르침은 헤시카즘 영성사상가들의 글에도 자주 나타난다.

---

4 Bishop Ignatius Brianchaninov, *On the Prayer of Jesus, from the Ascetic Essays*, trans. Lazarus Moore (London: 1952), p. 95.

"이러한 체험들이 하나님께서 신체의 감각에 주시는 것이라 할지라도 결코 이러한 체험들을 의지하거나 받아들여서는 안 된다. 오히려 이러한 체험들로부터 도망쳐야 하며, 이러한 체험들이 선한 것인지 아니면 악한 것인지를 알려고 해서도 안 된다. 이러한 체험들이 내면적이고 신체에 영향을 주는 것이라면 그것들이 하나님으로부터 온 것인지를 판명하는 것이 더욱 어려워진다. 하나님과의 친교는 좀 더 일반적이며 적절하게 – 극단적인 위험과 자기기만의 여지가 있는 – 감각 보다는 – 안정감이 있으며 영혼에 유익한 – 영에 주어진다. ... 영적 체험들을 과대평가하는 사람은 실수하기 쉽고 자기기만이라는 극단적인 위험에 빠지기 쉽다. 이러한 위험에 빠지면 최소한 영적성장에 방해를 받는다. 우리가 이미 언급했듯이, 이러한 신체적 체험들은 영적인 것에 상응하지 않기 때문이다."[5]

14세기의 저명한 비잔틴 평신도 신학자 카바실라스(Nicholas Cabasilas)는 감각에 나타나는 초자연적 은사에 대한 교부들의 일반적인 관점을 다음과 같이 요약한다.

"그리스도의 모범에 감동받으며 성례전의 은혜에 협력하는 영혼은 자신의 변화를 바라보게 된다. 진정한 덕과 거룩함을 가져오는 변화는 의지 속에 존재하지, 기적이나 초자연적인 은사 속에 존재하지 않는다."[6]

동방교부들은 시리아인 성 에프렘(St. Ephrem)으로부터 팔라마스

---

5 St. John of the Cross, *The Ascent of Mount Carmel*, Bk. II, 2-3, in The Collected works of St. John of the Cross, trans. Kieran Kanvanaugh, O.C.D., and Otilo Rodriguez, O.C.D. (Washington, DC: Institute of Carmelite Studies Publications, 1973), p. 132.
6 N. Cabasilas, *Vita in Christo*, 7, PG 150, 685.

(Gregory Palamas)에 이르기까지 감각에 영향을 미치는 초자연적인 정신적 현상을 분별하라고 말해왔다.[7] 특히 심신상관적 기술들이 동반된 경우에는 이러한 현상들을 더욱 신중하게 분별하라고 말했다.

나는 – 필로칼리아에 등장하는 14세기 헤시카즘 교부들의 저술에 나타나는 것과 유사한 – 동양의 심신상관적 명상기법을 받아들였지만 그로 인해 매우 심각한 영적 문제에 시달리는 사람들을 본 적이 있다. 합리적으로 통제되는 피상적인 의식을 넘어서서 존재의 가장 깊숙한 내적 중심에 들어가기 위해선 엄격한 훈련, 고통과 시련, 그리고 현존하시는 사랑의 하나님에 대한 신앙의 비전이 필요하다. 정신적 체험의 층들을 통과하는 순간 엄청난 위험에 노출되기 때문이다. 무의식에 저장되었던 억압된 자료들이 위협적으로 기도를 방해하기 시작한다. 음란한 감정이 떠올라 몸 전체에 영향을 끼친다. 어떤 사람들은 명상 중에 몸 밖으로 나온 적이 있으며 다시 몸으로 돌아가려 할 때 엄청난 두려움을 느꼈다고 말한다. 또 다른 사람들은 명상 중에 완전히 수동적인 상태로 현존하는 영에 자신을 맡겼을 때 악한 영이 정신에 들어왔다고 전한다.

캔사스 토페카에 위치한 메닝거 재단(The Menninger Foundation of Topeka, Kansas)의 그린 박사(Dr. Elmer Green)는 깊은 명상 중에 일어나는 인간 정신의 내적 움직임을 연구한 후 다음과 같이 보고한다.

"다양한 보고에 의하면, 이러한 영역을 끊임없이 탐구하는 사람은 자신의 내면에 거주하는 존재에 관심을 갖게 된다. 이러한 존재들은 정상적인 경우에는 인간에 거의 관여하지 않는다. … 이들은 다양한 본성들을 가지고 있다. 그들 중 몇몇은 악의적이며, 잔인하고 교활하다. 그리고

---

7 참조. J. Kirchenmeyer in DS, Vol. 6, 853.

탐구자가 정신적이며 정서적인 실체로 이루어진 방어벽과 기존의 보호막(cocoon)을 뚫고 나올 때 그들은 이 탐구자를 그의 인격적이며 주관적 영역으로 이동시키려 한다. 특히 탐구자가 자신의 성격적 결함에서 자유롭지 못할 경우 그들은 다양한 충동을 주입하면서 그를 가지고 놀며 지배하기 시작한다. 그리고 극단적인 경우에는 차크라(chakras)를 통해 뇌를 통제함으로써 정상적인 신경계의 자동 기능 장치를 파괴한다. 적지 않은 정신질환자들은 자신들이 주관적 실체의 지배를 받고 있다고 주장한다. 그러나 대부분의 의사들은 이러한 상태를 이상행동, 즉 잠재의식의 투사(subconscious projection)로 결론지으며 연구를 중단한다."[8]

따라서 우리는 하나님이 - 우리로 하여금 우리의 행위를 성령께 맡기도록 - 우리를 깊은 기도로 인도하실 때 최대한 주의를 기울여야 한다. 우리는 우리 안에 아무 것도 없다고 생각하지 않도록 우리 자신을 지켜야 한다. 물론 자신의 힘으로 하나님을 인식하려는 능력이 진정으로 비워지는 순간이 있다. 그러나 우리 안에는 우리를 흡수하는 좀 더 높고 내적인 행위가 존재한다. 이러한 내적 행위는 지금 우리에게 주의력을 요청하는 능동적인 수용성이다. 이러한 내적 행위는 우리 안에 거하시며 신앙의 어둠 속에서 말씀하시는 삼위일체 하나님을 사랑하며 기다리는 것이다. 이러한 행위는 깊이 있게 그러나 겸손하게 하나님에게 자신을 맡기는 행위로 나아가는 것이다. 하나님은 우리의 모든 노력들의 중심이지 우리 자신이 아니다. 이러한 이유 때문에 참회와 더불어 끊임없이 하나님의 자비를 구하는 예수기도는 예수의 치유 능력뿐 아니라 - 항상 하

---

8 Dr. Elemer Green, Menninger Foundation, Topeka, Kansas.

나님으로부터 무언가를 얻기 위해 하나님을 '이용'하려는 성향을 가지고 있는 – 우리의 이기적 본성을 믿음 속에서 바라보도록 도울 수 있다.

예수기도 혹은 또 다른 정형화된 기도문으로 기도할 때 오류에 빠지지 않도록 몇 가지 지침들을 제시해 보겠다.

1. 집중하는 상태에서 기도하는 시간뿐 아니라 일상의 삶 속에서도 예수기도 혹은 이와 유사한 외마디 기도를 드리는 것을 결코 두려워하지 마시오.

2. 우리는 은혜 가운데서 이러한 유형의 기도를 오랫동안 집중하면서 드릴 수 있다. 그리고 – 긴장 이완, 그리고 내면적으로 내적 '지점'(point)에 우리의 주의를 고정시키면서 호흡에 맞춰 정해진 기도문을 소리 없이 드리는 – 심신상관적 방법을 채택할 수도 있다. 그러나 이러한 실천은 반드시 학식 있고 거룩하며 개인적으로도 이러한 기도를 통해 영성의 진보를 이루고 삶에서도 거룩함과 겸손의 열매를 맺은 지도자의 인도를 받아야 한다.

3. 책이나 명상 지도자들로부터 선(禪), 힌두교, 혹은 초월명상(TM)이나 실바 마인드 컨트롤(Silva-Mind control) 등의 – 초월명상기법을 배워 그리스도교 '만트라'(mantra)에 적용하는 것은 적절하지 않다. 만일 우리가 이러한 기법들을 받아들인다면, – 하나님의 보편성(allness), 하나님의 내주와 삼위일체, 우리를 인도하고 양육하는 교회의 필요성, 그리고 하나님의 용서와 자비를 구해야 할 필연성 등에 관해 말하는 – 그리스도교의 교리 대신에 너무 다양한 심신상관적 기법들에 마음을 빼앗길 것이다.

4. 헤시카즘 교부들의 저술들, 특히 필로칼리아에 등장하는 교부들의 저술은 영적 삶에 진보를 이룬 사람에게 커다란 도움이 될 수 있다. 이러한 전통의 후반기에 출간된 영성 서적들에는 기도를 돕는 다양한 기술들

이 나타난다. 그러나 예전과 성례전에 대한 교회 전통과 성경의 가르침에서 벗어나는 기술들은 과감하게 내려놓아야 한다. 우리는 항상 하나님의 영광을 드러내고 그분의 거룩하신 뜻에 순종하는 길을 찾아야 한다. 그러나 자신을 만족시키는 영적 체험은 결코 추구해서는 안 된다. 영의 가난과 겸손은 기도의 성장을 검증할 수 있는 참된 시금석이다. 기도 속에서 얼마나 '높이' 올라가느냐는 결코 기도의 기준이 될 수 없다.

5. 성령이 우리의 삶 속에서 역사하심을 알 수 있는 궁극적인 기준은 우리가 매 순간 진실하게 사는지, 그리고 자신을 성령의 인도하심에 신실하게 맡기는지에 달려 있다. 이러한 신실함은 말이 아니라 행위로 나타난다. 우리는 어떤 사람이 이러 저러한 기술이 선한 삶을 사는데 도움이 되었다고 주장할 때 그의 말이 아니라 그가 살아온 신실한 삶을 보며 판단해야 한다. 그리고 그의 선한 삶을 보면서 예수의 영이 그를 그의 중심에서 만났으며 하나님의 은혜와 인간의 협력에 의해 그의 삶을 변화시켰다고 생각해야 된다.

사막의 신비 사상가들은 체험을 통해 하나님이 그들의 '전체'를 만나주셨음을 깨닫는다. 그들은 하나님에게 붙잡혔으며, 이른바 '나-너'(I-Thou)의 만남을 체험한다. 이러한 위로는 하나님의 선물로 간주된다. 이러한 선물은 나는 죽고 그리스도는 드러내려는 내적 투쟁을 감행하는 사막의 경주자들에게 힘이 되었다. 그들은 이러한 순간이 갑자기 임했으며, 그 어떤 심신상관적 기술과는 무관하다고 말한다. 그들이 필요로 할 때 내려오셔서 그들을 만나주신 분은 하나님이며, 그분은 '불쏘시개'(fire touching wood)와 같다. 말린 장작은 단지 타기만 하면 된다.[9]

---

9 십자가의 성 요한은 하나님이 – 인간이 하나님의 은혜를 받아들이거나 준비하는 것과는 상관없이 – 갑자기 인간에게 오신다는 사실을 묘사하기 위해 불이란 상징을 사용한다. "그 이유는

어둠의 사막

헤시카즘 교부들은 하나님과의 연합을 간절히 바라는 사람들에게 반드시 필요한 정화, 그러나 가장 깊은 차원의 정화에 대해 소중한 가르침을 남겼다. 그들은 하나님의 위로가 마음의 사막에서 "홀로 계신 분과 홀로"(alone with the Alone) 있기 위해 모든 것을 버린 용기 있는 사람에게 주어진다는 사실을 깨달았다. 그러나 그들은 또한 이러한 위로가 초보자에게 주어진다는 사실도 알게 되었다. 이러한 위로들, 특히 신체에 영향을 끼치는 위로는 반드시 넘어서야 하는 것이고 때로는 하나님을 사랑하고 섬기는데 방해가 된다는 사실도 깨달았다.

십자가의 성 요한만큼 감각의 정화와 영혼의 정화, 혹은 감각의 어둔 밤과 영의 어둔 밤 사이에 존재하는 차이를 예리하게 드러낸 영성사상가도 없을 것이다. 요한은 그의 책에서 - 지성으로는 결코 이해할 수 없는 하나님의 불가지성(不可知性)을 강조하는 - 부정신학적(apophatic) 언어뿐 아니라 - 인간을 신화시키는 어둠이 가득한 내적 사막을 강조하는 - 신비적 부정신학으로 점철된 사막 교부들의 사상을 요약하고 있다. 내적 정화에 대한 교부들의 가르침을 살펴보면 그들이 실제적 체험과 성서의 교리를 종합하고 있다는 사실을 알게 된다.

그리스 교부들의 사상은 인간론으로부터 출발한다. 우리의 진정한 본

다음과 같다. 육신의 눈으로 보는 환상이나 감각적 느낌이 신적인 기원을 가지고 있다면, 그것은 - 인간이 원하든 않든 간에 - 그것을 지각하는 순간 영에 영향을 미치기 때문이다. 하나님께서 개인의 능력과 수고와는 상관없이 은혜를 베푸시는 것과 마찬가지로 내적인 소통 또한 전적으로 하나님의 은혜에 의해 이루어진다. 따라서 하나님이 베푸시는 선한 영향력은 우리가 소통을 원하는 지의 여부와 상관없이 주어진다. 이는 불이 몸에 닿으면 불에 타지 않으려는 마음은 아무런 도움이 되지 않는 것과 같다. 불은 반드시 영향을 끼치기 때문이다. 선한 환상과 감각적 소통도 마찬가지이다. 사람이 이러한 것들을 무시하더라도 영적 소통이나 환상은 몸보다는 영혼에 먼저 영향을 끼친다." 참조. *The Ascent of Mount Carmel* Bk. II. 6, in *The Collected Works of St. John of the Cross*, p. 133.

성은 성서가 증언하듯이 하나님의 형상과 모양을 따라(창1:26) 창조된 참된 자기에 있다. 우리는 하나님의 빛 안에서 살도록 창조되었다. 우리의 본성은 근본적으로는 선하며, 하나님의 창조되지 않은 에네르기아는 하나님 안에 항상 현존하고 있다. 우리 안에 그 어떤 어둠이 있다면 그것은 하나님이나 우리의 본성이 아니라 밖에서, 즉 어둠의 세력으로부터 온 것이다. 초기의 위대한 사막 수도자 가운데 한 가운데 한 사람인 닐루스(Nilus)는 악이 외부로부터 인간 본성에 스며드는 사건임을 강조한다.

"하나님은 선을 행하고 죄를 짓지 말라는 계명을 주셨다. 그러나 하나님을 대적하는 권세들은 우리로 하여금 악을 바라도록 만든다. 따라서 인간은 이제 선을 행하기 어려워졌다. 이러한 죄의 세력들은 처음부터 인간 본성에 주어진 것이 아니다. 이러한 세력들은 밖에서 우리에게 다가온 것이다."[10]

성 마카리우스 또한 외부의 세력으로부터 우리의 본성에 사고(事故)로 다가오는 정념(情念)들을 근절시키는 정화의 필요성에 대해 다음과 같이 말한다.

"따라서 정념이란 치욕은 본성에서 나오는 것이며, 따라서 사고가 아니라고 말하는 사람은 하나님의 진리를 거짓말로 만드는 사람이다. 이미 내가 말했듯이, 결점이 없으며 순수한 하나님은 인간을 당신의 형상대로 만드셨다. 그러나 마귀의 질투에 의해 이 세상에 죽음이 들어왔다."[11]

---

10 St. Nilus, *Sermo Asceticus*, PG 79, 1281D.
11 St. Macarius, *Epistola* 11, PG 34, 412C, 413C.

고난을 통한 연합

모든 헤시카즘 교부들의 저서와 신구약성서에 나타나는 기본적인 확신은 다음과 같다. "하나님의 길은 매일 십자가를 지는 삶이다!"[12] 포티케의 디아도쿠스(Diadochus of Photice)는 이러한 사막 교부들의 공통적인 확신을 다음과 같이 묘사한다.

"오랫동안 열을 가하지 못해 부드러워지지 않은 밀랍으로는 봉인을 찍을 수 없듯이, 수고와 자신의 연약함을 체험하지 않은 인간은 하나님의 능력의 봉인을 받아들일 수 없다. 이것이 바로 주께서 사도 바울에게 다음과 같이 말씀하신 이유다. "내 은혜가 네게 족하도다. 이는 내 능력이 약한 데서 온전하여짐이라" (고후12:9) 사도 또한 다음과 같이 담대하게 말한다. "그러므로 도리어 크게 기뻐함으로 나의 여러 약한 것들에 대하여 자랑하리니 이는 그리스도의 능력이 내게 머물게 하려 함이라" (고후12:9) 잠언에도 이러한 고백이 나타난다. "주께서 그 사랑하시는 자를 징계하시고 그가 받아들이시는 아들마다 채찍질하심이라" (잠3:12. 역자 주: 그러나 인용한 구절은 히브리서 12장 6절이며, 잠언 3장 12절은 다음과 같다. "대저 여호와께서 그 사랑하시는 자를 징계하시기를 마치 아비가 그 기뻐하는 아들을 징계함 같이 하시느니라") 사도가 약함이라고 말하는 것은 바울과 당대의 성자들에게 다가왔던 – 십자가를 대적하는 – 원수의 공격을 뜻한다. 이러한 공격은 수많은 계시들로 인해 자칫 자만해질 수도 있었던 바울로 하여금 "자만하지 않고" (고후12:7), 오히려 겸손하게 완전(perfection)의 태도를 유지하며 자기를 낮추고 신실하

---

12 St. Isaac the Syrian, *Directions on Spiritual Training in Early Fathers from the Philokalia*, NO. 67, (London: Faber & Faber, 1954), p. 202.

게 하나님의 선물을 보존할 수 있도록 만들었다."[13]

하나님으로 하여금 하나님 되게 하는 내적 투쟁을 헤시카즘 교부들은 '두 번째'(second) 순교, '백색 순교'(white martyrdom)로 간주했다.[14] 우리는 이러한 시련의 시간을 인내로 견뎌내며 하나님으로 하여금 우리의 보호자와 – 원수의 공격에 맞설 – 요새가 되시도록 끊임없이 부르짖을 때에만 진정으로 순수한 기도의 단계에 이르게 된다. 겸손으로부터 나오지 않는 기도는 결코 내면의 깊은 차원에서 나오는 '마음'의 기도가 될 수 없다. 우리는 겸손을 배워 익혀야 한다. 그러나 겸손이란 겸손이란 덕을 연구할 때 주어지는 것이 아니라, 오직 투쟁을 통해서만 쟁취할 수 있는 것이다. 덕은 고난을 통해서만 주어진다. "고난을 피하려는 자는 덕에서 멀어진다. 덕을 갈망한다면 모든 종류의 고난을 받아들이시오. 고난은 겸손을 낳는 법이다. 진리에 이를 때까지 고난을 도구로 삼아 겸손의 덕을 향상시키시오."[15]

진정한 겸손에 시련이 필요한 이유는 시련이 – 하나님을 신뢰하며 하나님에게 부르짖기 전까지는 – 우리의 노력이 무익할 수밖에 없다는 사실을 분명하게 깨닫게 해주기 때문이다. 시리아인 이삭은 겸손과 영적 가난을 진정한 기도와 연결시킨다. "하나님의 도움이 절실히 필요하다는 사실을 깨달은 사람은 기도를 많이 하게 된다."[16] 우리가 정직하고 신실하며 겸손하게 하나님 앞에 서게 되면, 그분의 자비는 우리를 에워싸고 우리는 성령에 의해 하나님의 자녀로 새롭게 태어난다.

---

13 Diadochus of Photice, *One Hundred Chapters on Spiritual Perfection*, No. 94, trans. D.M. Freeman in "Diadochus of Photice," Vol. 7, No. 4(1972), p. 348.

14 Ibid., No. 94, p. 349.

15 St. Isaac the Syrian, op. cit. No. 65, P. 200.

16 Ibid., No. 215, p. 249.

낙심

십자가의 성 요한이 말하는 '영혼의 어둔 밤'과 유사한 사상이 낙심과 유기(dereliction)에 관해 말하는 교부들의 저서에도 나타난다. 그러나 예수회의 하우스헤르(Irenee Hausherr, S.J.)가 지적했듯이,[17] 성 요한이 말하는 순수한 어둠은 사막 교부들의 개념과는 일치하지 않는다. 위(僞) 마카리우스의 '충만한 빛'(total light) 사상을 받아들인 교부들의 사상은 항상 하나님을 빛, 즉 인간을 순수한 빛으로 인도하는 빛으로 받아들인다. 물론 교부들도 성 요한과 마찬가지로 어둠을 위대한 것으로 간주한다. 그러나 교부들의 사상에는 언제나 빛의 현존이 희망 속에서 발견된다.

우리는 하나님의 달콤함을 맛보는 만큼 유혹에 맞서 싸우는 밤의 지옥을 체험하게 된다. 교부들은 인간을 공격하는 마귀라는 상징 속에서 낙심과 자만의 유혹 속에 존재하는 두 가지 위대한 정화를 바라본다. 첫 번째 유혹은 교부들이 아케디아(*acedia*)라고 부르는 것이다. 성 이삭은 하나님이 자신을 버리셨다는 느낌과 낙담하는 내면의 상태를 다음과 같이 묘사한다.

> "영의 막대로부터 영혼에 다가와 영혼이 성장하는 것을 돕는 시련, 가르침과 검증을 받은 영혼을 영적인 열심에 이르게 하는 시련들은 다음과 같다. 태만, 몸이 무거워짐, 신체가 허약해짐, 낙심, 생각의 혼란, 신체적 탈진에서 나오는 염려, 희망을 포기함, 사고가 어두워짐, 인간적 도움의 결여, 생명을 유지시키는 생필품의 결여 등등이다."[18]

---

17 I. Hausherr, S.J., «Les Orientaux, connaissent-ils les 'nuits' de saint Jean de la Croix?» *Orientalia Christiana Periodica*, Vo. 12 (Rome: 1946), pp. 3-46.
18 St. Isaac the Syrian, op. cit. No. 248, p. 264.

이러한 유혹의 상태 속에서 우리는 겸손히 부르짖으며 하나님을 두려워하게 된다. 모든 것이 어둡다. 사막은 메마르고 비어있다. 빛은 가려졌으며, 길은 불확실해 보인다. 이러한 영적 권태 속에서 우리는 움직이지 못해 숨 막히고, 갇혔으며, 모든 길이 막혔다고 생각하게 된다. 우리는 하나님에게 한없는 자비를 구하지만, 아무도 우리의 부르짖음을 들어주지 않는다고 생각하게 된다. 이러한 가난 속에서 우리는 창조주를 믿기 시작한다. 우리는 존재의 유일한 근원이신 하나님의 현존을 찾게 된다. 하나님은 드디어 하나님이 되신다!

그러나 아직 엄청난 내적 고난과 시련이 남아있다. 우리는 이러한 시련을 통해 비로소 진정한 겸손을 배우며 빛이신 하나님을 관상하는 단계에 이를 수 있다. 이러한 사실을 시리아인 이삭은 다음과 같이 묘사한다.

"하나님은 당신의 선하심을 바라보면서도 자신을 드러내려는 사람들과 자만으로 인해 하나님에게 죄를 짓는 사람들이 시련을 당하는 것을 허락하신다. 이러한 시련들은 다음과 같다. 지혜의 쇠퇴, 끊임없이 찾아오는 탐욕의 생각들 – 이러한 생각들은 그들에게 평화를 빼앗아가며, 자부심마저 사라지게 만든다. 조급함, 모든 것을 소유하려는 욕망, 다툼, 정죄, 모든 사람을 경멸하는 마음, 마음의 방황, 하나님의 이름을 모독함, 다른 사람이 자신을 무시하고 자신의 명예를 짓밟고 있으며, 마귀들도 공개적으로나 개인적으로 모든 종류의 수단을 동원해 자신을 조롱하고 수치스럽게 만든다고 의심하는 어리석고 터무니없는 생각들을 들 수 있다. 그리고 마지막으로 세상과 끊임없이 소통하고 세상 안에서 살려는 욕망, 끝없이 말하고 분별없이 수다를 떨며 항상 새로운 소식, 심지어는 거짓 예언에 관심을 가지며, 자신의 능력을 넘어서는 것을 알면서도 쉽게 약속하는 것, 이러한 것들이 바로 영적 시련이다."[19]

이러한 시련들은 분명 지옥을 맛보는 것이다. 이러한 어둠을 묘사하는 단어들은 다양하지만 교부들의 메시지는 분명하다. "이 모든 것을 치유하는 길은 오직 하나이다. 즉 마음의 겸손뿐이다."[20] 우리가 이승의 삶에서 받아들여야 하는 가장 큰 시련과 고난은 교만이 정화되는 과정 속에서 나타난다. 사랑에 대한 가장 큰 시험은 자기애에 죽고 하나님의 사랑 안에서 자신을 내려놓는 것임을 교부들은 경험을 통해 깨달았다. 우리 또한 경험을 통해 교부들의 고백에 동의하게 될 것이다. 이러한 자기 포기의 단계에 이르기 전에는 지옥 같은 생각들이 우리의 마음을 관통할 것이다! 하나님을 모독하고 하나님의 존재를 의심하는 것은 얼마나 무서운 일인가? 하나님은 진정으로 나를 사랑하시는가? 예수는 하나님이 아니라 인간이 아닌가? 따라서 하나님은 나에 대한 당신의 사랑을 증명할 수 없지 않은가? 하나님은 나의 수많은 죄를 결코 용서하지 않을 것이다! 나는 어둠의 세력과 홀로 싸우도록 방치되어 있다! 하나님은 자비와 사랑의 하나님이 아니라, 무서운 복수의 하나님이며, 나를 버리셨다!

사부(師父, spiritual father)

낙심과 자만의 영역에 나타나는 이러한 왜곡들은 – 자신의 죄악을 바라보며 하나님의 자비를 간절히 구하는 – 겸손과 뉘우침만이 치유할 수 있다. 한 개인이 의식과 무의식의 집단적 영역에 들어가면, 그는 인간을 안팎으로부터 공격하는 '마귀' 혹은 어둠의 세력이 창조한 환상의 세계를

---

19 Ibid., No. 249, pp. 264-265.
20 Ibid., No. 250, p. 265.

보게 된다. 따라서 우리는 내면에서 일어나는 모든 운동에 주의를 기울여야 하며, 내적 삶의 충만한 실존적 영역을 살필 수 있도록 훈련을 받아야 한다.

하나님이 창조하신 '실제로 존재하는'(real) 세계를 만나고 정신분열을 피하기 위해 사막의 수도자들은 진퇴양난 속에 있는 자신을 안전하게 인도할 수 있는 사부의 필요성을 절감했다. 사부에 대한 순종은 – 낙심 혹은 자만의 유혹을 상쇄하는 – 겸손의 가장 큰 징표로 간주되었다. 시리아인 이삭은 사막의 수도자들에게 다음과 같이 권면한다. "따라서 모든 것을 경험했으며, 당신이 마땅히 구별해야 할 것을 판단할 수 있고, 진정으로 당신에게 유익한 것을 지적해줄 수 있는 사람의 조언을 따르십시오."[21]

하나님, 즉 – 내재하시는 삼위일체를 의식적으로 자각하고 두려움을 느끼도록 만드는 – 초월적 하나님이 계시하는 내적 신비들을 바라보려는 그리스도인은 성령의 사역과 악한 영, 즉 '마귀'(demons)의 사역을 구분할 수 있어야 한다. 마귀는 하나님이 좋은 씨를 뿌려놓은 곳에 '가라지'를 덧뿌리며, 본성상 하나님의 영광의 내적 빛을 바라보도록 창조된 인간에게 어둠을 덧입힌다. 사막의 헤시카즘 교부들로부터 시작되는 그리스도교 사부의 자격은 – 복잡한 내면의 삶을 꿰뚫는 능력을 가진 – '성령으로 충만한' 사람이다. 사부들은 인간 본성에 대한 지식과 성경과 교리 연구를 바탕으로 제자들을 성령의 삶으로 인도한다.[22]

사부의 가장 위대한 기능은 제자들이 내면세계의 함정에 빠지지 않도록 경고하고, 낙심의 유혹에 맞서도록 용기를 불어넣는 일이다. 이러한

---

21 Ibid., No. 246, p. 263.
22 이 주제에 대해선 다음 문헌을 참조하시오. I. Hausherr, S.J., *Direction spirituelle en Orient autrefois*, Orientalia Christiana Analecta Series, No. 144 (Rome: 1955).

일은 오직 제자들에 앞서 이 길을 걸어갔으며 경험을 통해 악한 영의 유혹을 식별할 수 있는 사람만이 할 수 있는 일이다. 이러한 분별력은 경험이 없으면 결코 얻을 수 없기 때문이다. 신 신학자 성 시므온(St. Simeon the New Theologian)은 성령 충만한 사부의 필요성과 그에 대한 절대적인 복종을 강조했다. 인도자를 선택할 때에는 그에게 덕이 있는지 특히 겸손이 있는지를 보아야 한다. 영적 지도자는 감각적인 것에 흔들리지 않으며, 세속적인 야망이 없고, 정념에 휘둘리지 않는 사람이어야 한다. 그는 성경의 내적 지혜가 증언하는 하나님의 빛을 깊이 관상하는 사람이어야 하며, 참회자의 마음을 읽을 수 있어야 하고, 무엇보다도 이웃을 사랑하는 사람이어야 한다.[23]

어둠에서 빛으로

경험이 풍부한 영적 인도자의 도움을 받는다 할지라도 내적 투쟁에 들어가서는 혼자서 싸워야 하며 - 시련 속에서 개인적으로 치러야 할 대가인 - 깊은 자기 포기 상태 속에 홀로 머물러야 한다. 오직 하나님의 자비에 자신을 온전히 맡길 때에만 이러한 고난에서 벗어나고 싶다는 욕망을 억제하고 물리칠 수 있으며, 자신을 완전히 하나님의 뜻에 맡길 수 있다. 그것이 엄청난 시련을 가져온다 할지라도 말이다. 에바그리우스는 다음과 같이 조언한다. 이 권면은 동방 교회의 모든 교부들이 엄청난 시련을 당하는 제자들에게 반복해서 일러주는 말이기도 하다.

"유혹의 순간에 그럴듯한 변명으로 독방을 떠나서는 안 된다. 오히려

---

23 St. Symeon the New Theologian, *Catecheses*, Sources Christiennes Seiries (Paris: Cerf. 1963), Vol. 96, No. 18, pp. 288-290.

항구하게 독방에 앉아 있으면서 모든 공격자, 특히 아케디아의 악령을 용감히 맞아들여 대적해야 한다. 이놈은 모든 공격자 가운데 가장 고약하여, 무엇보다도 영혼을 가장 괴롭힌다. 사실 이 싸움을 멀리하고 여기서 도피하는 것은 정신을 무능하고 비겁한 겁쟁이로 만든다."[24]

이러한 조언은 바울의 가르침에 토대를 둔 것이다. "사람이 감당할 시험 밖에는 너희가 당한 것이 없나니 오직 하나님은 미쁘사 너희가 감당하지 못할 시험 당함을 허락하지 아니하시고 시험 당할 즈음에 또한 피할 길을 내사 너희로 능히 감당하게 하시느니라" (고전10:13) 예언자 이사야 또한 모든 어둠 속에서 하나님을 신뢰하라고 하나님의 백성에게 조언한다.

"너희 중에 여호와를 경외하며 그의 종의 목소리를 청종하는 자가 누구냐 흑암 중에 행하여 빛이 없는 자라도 여호와의 이름을 의뢰하며 자기 하나님께 의지할지어다" (사50:10)

헤시카즘 교부들의 언어 중에는 신화적인 언어들을 걸러내야 할 부분이 적지 않다. 그러나 항구적인 정화의 필요성에 대한 가르침은 거의 해석을 필요로 하지 않는다. 사랑 안에서 삼위일체 하나님과 연합되어 있음을 끊임없이 인식하기 위해선 죽기 전에 자기중심적 자아가 소멸되기를 고대해야 한다. 우리는 삶의 모든 차원을 온전히 주관하시는 하나님에게 우리 자신을 맡겨야 한다. 다시 말하면, 하나님의 사랑은 하나님을 신뢰하고 사랑하면서 하나님에게 귀의하는 것을 방해하는 모든 것을 내

---

24 Evagrius, *To Anatolius: Texts on Active Life in Early Fathers from the Philokalia*, No. 19, p. 99.

려놓을 때에만 체험할 수 있다.

이러한 것은 그리스도 안에서 점점 하나가 되는 우리의 참된 자기를 향해 나아가는 운동이다. 이러한 정화의 과정은 이기심에 지속적으로 죽는 과정인 동시에 하나님을 더욱 사랑하면서 어둠에서 빛과 영광으로 나아가는 운동이다.

사막교부들의 메시지는 동방과 서방의 모든 그리스도교 신비주의자들의 메시지와 일치한다. 진정한 관상은 성부 성자 성령의 자기희생적 친교 속에 나타나는 사랑의 연합이다. 삼위 하나님의 친교는 관상하는 그리스도인이 타자를 동일하게 사랑하고 겸손히 섬기면서 신화에 이르는 것을 허용한다. 물론 정화가 전제되어야 한다. 기도를 정화된 사랑과 동일한 것으로 여기는 그리스도교적 관점에서 바라보면, 어둠과 죽음은 빛과 생명으로 인도될 수밖에 없다.

십자가의 성 요한은 사막 교부들이 체험했지만 – 부정신학적 성향 때문에 – 설명하기를 거부했던 것을 시로 표현한다. 교부들은 십자가의 성 요한과 마찬가지로 어둠에 죽기로 결심한 자에게는 하나님이 빛이요 그들도 빛임을 깨달았기 때문이다. 오직 체험만이 이러한 것을 가르쳐줄 수 있다.

> 오! 사랑의 생생한 불꽃이여!
> 부드럽게 상처를 입히고
> 내 영혼의 아주 깊은 중심에!
> 이제 당신은 무심하지 않고,
> 만일 원하신다면 이제 끝내주소서;
> 달콤한 만남의 장막을 찢어주소서!

오! 달콤한 지짐!

오! 선물인 종기!

오! 부드러운 손길! 오! 오묘한 어루만지심!

영원한 생명을 맛보게 하시고,

모든 빚을 갚아주시고!

죽이면서 죽음을 삶으로 바꾸셨네.

오! 불의 등불들!

그 광채들 안에서

감각의 깊은 동굴들은

어둡고 눈이 멀었던,

기묘한 우아함으로

연인에게 빛과 열을 같이 주네!

얼마나 유순하고 사랑스러운지!

내 마음 속에서 깨어나시고

은밀하게 홀로 머무시는 곳,

당신의 감미로운 숨결 속에

선과 영광 가득하고,

나를 얼마나 미묘하게 사랑하시는지![25]

---

25 St. John of the Cross, *The Living Flame of Love in The Collected Works of St. John of the Cross*, pp. 578–579.

08.
변형시키는 빛

러시아에서 대중의 사랑을 많이 받은 성자 가운데 한 사람은 성 세라핌(St. Seraphim of Sarov, 1759-1833)이다. 그의 삶이 발산하는 단순함과 기쁨은 모든 그리스도인에게 매혹적이었다. 그에게 이러한 단순성과 기쁨은 삼위일체 하나님과 신비적으로 연합한 결과였다. 그는 헤시카즘 영성과 그리스도교적 완전의 '이콘'(icon)이다.

세라핌은 그의 영적 제자였던 평신도 모토빌로프(Motovilov)와 나눈 아주 유명한 '대화'(Conversation)에서 제자들이 – 신실한 신자의 내면에서 언제나 일어나곤 하는 – 신화의 내적 결과들을 깨닫기를 원했다. 그는 제자들이 예수기도를 통해 '성령 체험하기'(acquiring the Holy Spirit)를 원했다. 모토빌로프는 세라핌과 함께 사로프의 눈 내리는 숲에 앉아 있었다. 그러나 그가 세라핌을 바라보는 순간 거룩한 스타레츠(*staretz*, 사부)의 얼굴이 빛나기 시작했다. 그의 영적 아들은 이 광경을 다음과 같이 묘사한다.

"당신에게 말하는 사람의 얼굴을 보는 것은 눈부시게 밝은 정오의 빛 속에서 태양을 보는 것 같을 것이다. 당신은 그의 입술이 움직이고 눈이 말하는 것을 보고 그의 음성을 들으며 당신의 어깨를 감싼 그의 팔을 느낄 수 있을 것이다. 그러나 당신은 그의 팔이나 얼굴 그리고 몸을 보지는 못할 것이다. 당신은 모든 감각을 잃고 오직 – 모든 곳으로 퍼져나가 숲의 빈 터를 덮고 있는 눈을 비추며 당신과 그 사람 모두에게 내리는 눈들을 녹여버리는 – 눈부시게 찬란한 빛만을 보게 될 것이다."[1]

스승과 제자 모두를 하나님의 영광 속에서 목욕시키는 빛 속에서 무엇이 번쩍였는가? 사도 바울 또한 비슷한 어조로 그리스도인의 삶의 목표를 다음과 같이 간결하게 묘사한다.

"우리가 다 수건을 벗은 얼굴로 거울을 보는 것같이 주의 영광을 보매 그와 같은 형상으로 변화하여 영광에서 영광에 이르니 곧 주의 영으로 말미암음이니라" (고후3:18)

하나님의 세키나(Shekinah)

세키나는 하나님이 당신 자신이나 생명을 우리에게 나누어주실 때 나타나는 하나님의 영광 혹은 빛나는 현존을 뜻한다. 구약성서에서 하나님은 당신 백성에게 오셔서 그들 안에 거주하시며 그들을 지켜주시는 소통능력(communicating power)으로 나타난다. 요한은 그의 복음서에서 당신의 전능하신 영광 속에 거하시는 하나님의 내주(內住)가 예수 안에서

---

1 Valentine Zander, *St. Seraphim of Sarov* (Crestwood, NY: St, Vladmir's Seminary Press, 1975), p. 91.

완전하게 성취되었다고 말한다. "말씀이 육신이 되어 우리 가운데 거하시매 우리가 그의 영광을 보니 아버지의 독생자의 영광이요 은혜와 진리가 충만하더라 요한이 그에 대하여 증언하여 외쳐 이르되 내가 전에 말하기를 내 뒤에 오시는 이가 나보다 앞선 것은 나보다 먼저 계심이라 한 것이 이 사람을 가리킴이라 하니라 우리가 다 그의 충만한 데서 받으니 은혜 위에 은혜러라" (요1:14-16)

예수의 존재의 깊이로부터 나오는 하나님의 충만한 영광은 언제나 빛을 발한다. 그러나 찬란한 빛과 치유의 능력으로 계시되는 하나님의 영광은 오직 드문드문 나타난다. 하나님의 영광은 여전히 예수 안에서만 존재한다. 복음서에 의하면, 이 영광은 특정한 시간에만 – 태양보다 찬란하게 빛을 발하는 – 변형시키는 빛으로 나타난다. 동방 교회 교부들은 성서를 따르면서 갈릴리의 다볼 산에서 일어났던 그리스도의 변모 사건을 – 제자들이 자신을 그들 안에 계신 부활하신 그리스도의 영에 맡길 때 – 그들의 마음 안에서 일어나는 신학적이며 신비적인 사건으로 해석한다.[2]

초월의 어둠

헤시카즘 교부들은 – 성경과 그들의 내적 체험에 근거해 – 하나님이 본질적으로 그들의 연약한 이성적 능력에는 항상 어둠으로 현존하실 수밖에 없다는 사실을 깨달았다. 그들은 깨어짐 속에서 하나님을 대상으로 파악하거나 소유할 수 없음을 인식했다. "어느 때가 하나님을 본 사람이 없으되" (요일4:12; 요1:18; 6:46) 여호와는 산 위에서 모세에게 말씀하

---

2 변모에 관한 저술을 남겼던 그리스 교부들에 대해선 다음 문헌을 참조하시오. Roselyne de Feraudy, *L'Icone de la Transfiguration Spiritualite Orientale* (Abbaye de Bellefontaine, Begrolles, France: 1978), No. 23; pp. 117-119.

신다. "네가 내 얼굴을 보지 못하리니 나를 보고 살 자가 없음이니라" (출 33:20)

우리의 인간적인 관점에서 바라보면, 당신의 완전한 본성 가운데 계시는 하나님은 항상 어둠과 은폐성 그리고 초월 속에 현존하신다. 니사의 성 그레고리우스는 초기 교부들이 하나님의 불가지성과 관련해 가르쳐 왔던 것을 다음과 같이 아름답게 표현하고 있다.

"그것은 마치 끝없이 펼쳐진 바다로부터 심연을 덮고 있는 산꼭대기까지 솟아오른 절벽과 같다. 사람이 절벽의 가장자리에 서서 손으로 잡을 곳이나 발 디딜 곳이 없다는 사실을 깨달았을 때 느끼는 감정을 상상해 보시오. 시간과 공간을 초월한 하나님의 본성을 탐구할 때 마음이 느끼는 것도 이와 비슷하다. 그곳에는 잡을 수 있는 것이 없고, 시간과 공간도 없으며, 사고(思考)가 발 디딜 곳도 존재하지 않는다. 매순간 가늠할 수 없는 것을 지각하며 마음은 어지럼증을 느끼고 탈출구도 없음을 느끼게 된다."[3]

그러나 성서와 교부들의 기도 체험은 사막의 신비사상가들로 하여금 하나님은 알 수 있으며, 빛이시고, 그의 빛과 영광은 − 마음을 자기중심적 본성으로부터 정화시키려는 − 사람들을 정화시키는 분임을 확신하도록 만들었다. 한 마디로 말하자면, 그들은 믿음을 통해 사랑의 하나님께서 항상 − 성령 안에서 성자를 통해 부어지는 사랑의 에네르기아에 의해 − 당신 자신을 당신의 자녀들에게 부어주심을 체험했다.

---

3 St. Gregory of Nyssa, *Commentary on the Canticle of Canticles*, PG 44, 948-949.

빛을 발하는 빛

성육신의 목적은 하나님의 신적인 생명을 우리의 내적 존재 안에서 – 은혜에 의해 우리의 영혼 속으로 들어오시는 – 예수 그리스도를 통해 회복시키는데 있다. 은혜 혹은 하나님의 생명은 세례받을 때 처음으로 주어진다. 이 때 삼위일체 하나님은 형언할 수 없는 새로운 방식으로 우리에게 오셔서 우리 안에 거하시며, 우리는 예수 그리스도와 새로운 관계를 맺기 시작한다.

하나님은 성령 안에서 성자의 빛을 통해 우리를 포함한 창조된 모든 세상과 관계를 맺는다. "나는 세상의 빛이니 나를 따르는 자는 어둠에 다니지 아니하고 생명의 빛을 얻으리라" (요8:12) 육신이 되신 하나님이신 예수 그리스도는 세상에 빛으로 오셨다. 따라서 예수를 믿는 자는 결코 어둠에 거하지 않을 것이다(요12:46).

헤시카즘 교부들은 성서와 하나님 체험에 근거해 하나님이 – 비록 본질은 인간에게 알려질 수 없지만 – '하나님의 에네르기아'를 통해 지식과 사랑 속에서 우리와 소통하신다는 사실을 깨달았다. 이러한 에네르기아에 의해 하나님께서 우리를 사랑하는 관계는 성서에서 종종 빛을 발하는 빛으로 묘사된다.

"하나님이 데만에서부터 오시며 거룩한 자가 바란 산에서부터 오시도다 (셀라) 그 영광이 하늘을 덮었고 그 찬송이 세계에 가득하도다 그 광명이 햇빛 같고 광선이 그 손에서 나오니 그 권능이 그 속에 감취었도다" (합3:3-4)

성 바실리우스는 하나님의 본질과 하나님의 – 관계적 – 에네르기아를 구분하는 교리를 다음과 같이 요약한다.

"우리는 하나님을 그의 에네르기아를 통해 알게 된다. 그러나 우리는 그의 본질(ousia)에 접근할 수 있다고 주장하지는 않는다. 왜냐하면 그의 에네르기아는 우리에게 오시지만, 그의 본질은 접근할 수 없는 존재로 남아있기 때문이다."[4]

이와 같이 우리를 포함한 창조세계 전체를 사랑하는 하나님의 창조되지 않은 에네르기아는 동방교부들이 은혜(grace)로 불렸던 것이다. 하나님의 에네르기아는 '사물'(things)이 아니라, 당신 자신을 인류에게 주시기 위해 당신의 창조 질서를 향한 삼위일체의 행위 속에 나타나는 하나님이다.

하나님이 바라보는 구원의 목적은 모든 피조물이 성령의 신화시키는 능력에 의해 성자의 사역을 통해 성부와 화해하는 것을 뜻한다. 십자가에 달리시고 부활하신 예수의 구속 사역의 목적은 우리에게 당신의 사랑의 영을 부어주시는데 있다. 이 영을 통해 우리는 아버지와 아들의 충만함(요17:3)을 알게 된다. 그리고 우리는 이러한 성령의 능력에 의해 진정한 하나님의 자녀가 된다(요1:12; 롬8:15; 갈4:6).

> "곧 창세 전에 그리스도 안에서 우리를 택하사 우리로 사랑 안에서 그 앞에 거룩하고 흠이 없게 하시려고 그 기쁘신 뜻대로 우리를 예정하사 예수 그리스도로 말미암아 자기의 아들들이 되게 하셨으니 이는 그가 사랑하시는 자 안에서 우리에게 거저 주시는 바 그의 은혜의 영광을 찬송하게 하려는 것이라" (엡1:4-6)

신약성서의 '복음'은 우리 힘으로는 알 수 없고 이해할 수 없는 두렵고

---

4 St. Basil, 다음 문헌에서 재인용. Timothy Ware, *The Orthodox Church* (Harmondsworth, Middlesex: Penguin Books, 1963), p. 77. 창조되지 않은 에네르기아에 대한 신학적 논의에 대해선 다음 문헌을 참조하시오. G.A. Maloney, S.J., *A Theology of Uncreated Energies* (Milwaukee: Marquette Univ. Press, 1978).

초월적인 하나님이 우리에게 오셔서 직접적인 방식으로 우리 안에 거하시며 당신의 삼위일체적 삶을 우리와 나누시기를 원하신다는 기쁜 메시지이다. 하나님은 믿음을 선사받은 하나님의 나라의 작은 자들에게 '알려질' 수 있다. 하나님은 매순간 창조된 사물 속에서 작용하는 당신의 창조되지 않은 사랑의 에네르기아를 통해 당신의 거룩하신 사랑의 현존을 매순간 우리에게 계시하고 '드러내신다.' 따라서 헤시카즘 교부들은 모든 인간이 하나님에 의해 관상, 즉 ─ 당신의 역동적인 사랑의 에네르기아를 통해 사물(matter)의 마음속에 현존하시는 하나님을 드러내는 ─ 믿음의 삶으로 부름 받았다고 믿는다.

우리는 언제나 당신의 사랑의 에네르기아를 통해 우리에게 직접적이며 지체함 없이 현존하시는 하나님을 만날 수 있다. 모든 것은 ─ 당신의 빛에 참여하도록 우리를 변형시키는 ─ 성부 성자 성령의 삼위일체적 현존으로 충만해지고 거룩해진다. 빛에서 나온 빛, 참 하나님으로부터 (은혜에 의해) 나온 참 하나님, 성령 안에서 성자를 통해 성부에 의해 태어난 존재, 영광에서 영광으로 성장하도록 운명 지어진 존재, 이것이 바로 헤시카즘 교부들이 체험을 통해 가르쳐왔던 우리의 운명이다. "어두운 데에 빛이 비치라 말씀하셨던 그 하나님께서 예수 그리스도의 얼굴에 있는 하나님의 영광을 아는 빛을 우리 마음에 비추셨느니라" (고후4:6)

헤시카스트 논쟁

성 팔라마스(St. Gregory Palamas, 1296-1359)는 아토스 산에 살면서 헤시카즘 영성을 수련하는 수도자들을 변호하게 되었다. 이탈리아 출신의 그리스 지식인 발람(Barlaam Calabrian)이 아토스 산의 수도사들을 맹렬하게 비판했기 때문이다. 서구 스콜라주의에 각인된 발람은 하나님을 직접적으로 아는 것은 불가능하다는 논지를 대변한다. 발람에게 창조되지 않은 에네르기아에 대해 말하는 것은 삼위일체에 새로운 하나님을 한 분 더 도입하는 것으로 비쳐졌다.

헤시카즘 교부 전통에 신실했던 팔라마스는 하나님의 본질과 하나님의 에네르기아를 정교하게 구분함으로써 아토스 산의 수도자들을 변호했다. 그는 그리스도인의 기도생활에는 - 파악할 수 없는 초월적 하나님과 인간과 내재적으로 연합하는 하나님 모두를 받아들이는 - 이율배반(二律背反)이 존재한다고 주장한다.

> "하나님의 본성은 우리의 접근을 허락하지 않으면서도 어떤 의미에서는 우리에게 열려있다고 말해야 한다. 우리는 하나님의 본성에 참여할 수 있다. 그러나 동시에 하나님의 본성은 여전히 접근 불가능한 것으로 남아있다. 우리는 이 두 가지 진실을 모두 인정해야 한다. 그리고 이러한 이율배반을 진정한 신앙의 기준으로 삼아야 한다."[5]

발람은 아토스 산의 수도자들이 부동자세로 앉아서 배꼽을 응시하며 호흡에 맞춰 예수기도를 드린다고 조롱한다. 그는 몸으로 기도드리는 수도자들은 하나님을 만날 수 없다고 주장한다. 발람은 인간의 몸이 은혜를 받아들일 수 있다는 주장을 용납할 수 없는 이단으로 간주한다.[6] 그러나 수도자들은 죽음 이전에도 이른바 '다볼 산의 빛'을 통해 하나님을 볼 수 있다고 주장한다. 다볼 산에서 예수를 변형시켰으며 예수의 제자들도 보

---

5 St. Gregory Palamas, *Theophanes*, PG 150, 932D.
6 이 논쟁에 대해선 다음 문헌을 참조하시오. John Meyendorff, *A Study of Gregory Palamas*, trans. G. Lawrence (Aylesbury. Bucks: The Faith Press, 1964), pp. 42-62; ibid., *St. Gregory Palamas and Orthodox Spirituality*, trans. Adele Fiske (Crestwood, NY:St. Vladmir's Seminary Press, 1974), pp. 86-129.

았던 이 빛은 삼위일체 하나님의 창조되지 않은 에네르기아라는 것이다.

팔라마스는 발람의 주장을 논박하고 헤시카즘 영성 전통을 변호하기 위해 『거룩한 헤시카스트들을 변호하기 위한 삼화음』(*Triads for the Defense of the Holy Hesychasts*)[7]이란 책을 썼다. 하나님의 로고스가 인간의 몸을 취하신 후 물질은 거룩해졌으며, 인간의 몸은 하나님의 창조되지 않은 사랑의 에네르기아 속에서 하나님을 만나는 장소가 될 수 있다는 사상은 팔라마스에게는 성육신과 - 위 마카리우스를 따르는 - 헤시카즘 영성의 당연한 귀결이었다. 그는 다음과 같이 말한다.

> "그리스도께서 우리와 한 몸을 이루심으로써(엡3:6) 우리를 충만한 신성의 성전으로 만드셨기 때문이다. 또한 그리스도의 몸 안에서 " 신성의 모든 충만이 육체로 거하시기"(골2:9) 때문이다. 전에 사도들의 몸에 빛을 비추어주셨던 그리스도가 어떻게 우리 안에 거하시는 그리스도의 몸의 신적인 빛에 참여하는 자들의 영혼에 빛을 비추지 않을 수 있겠는가? 은혜의 빛의 근원이신 그리스도의 몸은 당시에는 아직 우리의 몸과 연합되지 않았기 때문에 그분에게 가까이 나아가는 사람들에게만 밖에서부터 빛을 비추면서 감각의 눈을 통해 영혼에 빛을 전해주었다. 그러나 그분의 몸이 우리 안에 거하고 우리와 연합한 후에는 그분의 몸이 당신의 빛으로 영혼을 안에서부터 비추신다.[8]

하나님의 에네르기아를 만나고 경험적으로 하나님을 '알게'(know. 셈

---

7 이 책은 그리스어로 출간되었다. 불어번역본은 다음과 같다. John Meyendorff, *Les Triades pour la defense des saints hesychastes Spicilegium sacrum Lovaniense*, No. 29-30 (Louvain: 1959).

8 Ibid., Nos. 1, 3, 38, p. 193.

어semitic에서 하나님을 안다는 것은 하나님의 본성에 참여하는 것을 뜻한다) 되는 장소는 몸과 혼 그리고 영으로 이루어진 인격의 전체이다(그레고리우스와 초기의 헤시카즘 교부들은 항상 베드로후서 1장 4절을 인용한다). 하나님이 창조하신 세상 전체는 인간이 관상과 창조적인 사랑의 행위 속에서 하나님을 만나게 되는 '투명한'(diaphanous) 지점이다.

로고스를 발견하기

우리는 이미 앞에서 '자연 관상'(theoria physica)에 관한 그리스 교부들의 가르침을 살펴보았다. 사도 요한, 유스티누스, 이레나이우스, 알렉산드리아의 클레멘트, 오리게네스, 아타나시우스, 니사의 그레고리우스 등은 예수 그리스도의 성육신에 나타난 우주적 차원을 해명하기 위해 로고스 교리를 사용한다. 그러나 세상에 존재하는 로고스, 즉 그리스도의 신비적이며 신화(神化)시키는 현존을 체계적으로 발전시킨 교부는 순교자 막시무스(Maximus the Confessor)였다.[9] 그의 사상은 대략 다음과 같다. 모든 피조물은 로고스 혹은 조화의 원리를 갖고 있다. 이러한 원리는 정화된 인간에게 피조물이 하나님의 전체적 섭리 혹은 구원의 전체 질서와 맺고 있는 관계를 계시해준다. 이 원리는 하나님의 우주적 조화의 원리, 즉 그의 로고스와 관련되어 있기 때문이다.

막시무스에 의하면, 인간은 정화된 후에 주변 세계를 관상하게 된다. 이 세상은 우리를 감각적인 세계, 즉 현상의 세계를 넘어서는 내적 세계로 인도한다. 이곳이 바로 우리가 하나님의 정신(mind)을 만나는 장소이다. 이곳에서 우리의 모든 행위는 비워지고 하나님의 은혜를 받아들이게

---

9 참조. Lars Thunberg, *Microcosm and Mediator: The Theological Anthropology of Maximus the Confessor* (Copenhagen: Lund, 1965).

된다. 이러한 분별력, 즉 로고스 안에 존재하는 모든 피조물과 사건의 '내면'(insideness)을 '직관'(intuit)할 수 있는 분별력은 성령에 의해 우리에게 주어진다.

참된 신학

모든 그리스도인의 삶의 목적이자 관상의 가장 높은 단계는 막시무스가 '하나님 관상'(theoria theologica)으로 부르는 성 삼위에 대한 신비적 관상이다. 이러한 지고의 관상은 우리로 하여금 지상적 사유와 결별하고 점차 하나님을 닮아가도록 만든다. 그리스 교부들의 신학적 인간론에 의하면, 이러한 과정은 은혜에 의해 일어나는 사건으로서 우리 안에 존재하는 형상을 예수 그리스도의 형상으로 변모시킨다. 그러나 동방 교회의 모든 관상과 신화(theosis) 사상을 관통하는 원리가 있다. 유사한 것은 유사한 것을 통해서만 알 수 있다(like can be known only by like)는 원리가 바로 그것이다. 삼위일체에 대한 지식은 하나님의 모양을 닮아갈 때에만 주어진다는 것이다. 이것이 온전히 성취된 구원이다. 구원은 하나님의 창조의 형상인 통합된 인격존재를 회복하는 것이다. 하나님은 우리가 이러한 인격 통합에 이르기를 원하신다. 하나님은 이제 더 이상 피조물이나 피조물 내에 존재하는 로고스를 통해서가 아니라, 오직 우리 안에 존재하는 당신의 삼위일체적 사랑의 행위 속에서 자신을 계시하신다.

죄란 모든 창조를 분리시키고 서로 반목하게 만든다. 관상은, 특히 우리 안에 거주하면서 우리를 변모시키는 거룩한 삼위일체의 사랑에 대한 관상은 성령의 능력에 의해 분열된 모든 것들을 하나로 통합시킨다. 무한하신 하나님과 유한한 피조물 사이에 존재하는 궁극적인 분리의 벽은 이러한 지고의 관상을 통해 제거된다. 이러한 관상은 개인의 '마음'뿐 아니라 모든 물질적 창조나 사건 속에서 삼위일체의 에네르기아를 바라보게 만든다. 로스키(Vladmir Lossky)는 헤시카즘 관상 교리를 다음과 같이 요약한다. "하나님과 연합한 인간은 더 이상 피조물들을 방관하지 않는다. 그는 오히려 죄로 인해 분열된 우주 전체가 은혜에 의해 변모되도록 피조물을 사랑하며 하나로 모으려 한다."[10]

해석

그러나 현존하시는 하나님의 내적 빛을 관상할 때 물질세계가 변모한다는 교부들의 사상을 어떻게 현대인에게 이해시키고 그들의 삶에 적용시킬 수 있을까? 우리는 하나님과 인간을 - 자기희생적 사랑을 통해 서로가 서로에게 침투하는 - 역동적인 관점에서 바라볼 때에만 헤시카즘 교부들의 사상을 이해할 수 있다. 근본적으로 말하자면, 그들에게 신학이란 - 육신이 되신 로고스의 창조적 능력과 성령의 신화시키는 사랑을 통해 우리에게 다가오시는 - 하나님의 사랑을 체험하는 것이다. 신학이란 - 오직 사랑의 경외심 속에서만 체험될 수 있는 - 하나님의 내적이고 삼위일체적인 삶에 참여하는 것이다.

신학이란 성령에 의해 주어지는 체험적 지식을 통해 우리로 하여금 하나님의 초월성과 내재성 사이에 존재하는 긴장을 감내하도록 만드는 하나님의 삶에 참여하는 것이다. 사막의 신비사상가들은 성경의 객관적 계시를 통해 하나님의 초월성을 깨달았다. 하나님은 항상 '위에 계시며'(above) 결코 규정할 수 없는 분이라는 진리 말이다. 그분의 압도적인 존재의 전체성은 그분을 객관화시키는 것을 금지시킨다. 하나님은 하나

---

10 V. Lossky, *The Mystical Theology of the Eastern Church* (London: James Clarke & Co. Ltd., 1957), p. 111.

님을 지성의 유희 속에서 정복하려는 우리의 빈약한 시도를 연기로 만드시는 '소멸하는 불'이시다(히12:29). 그러나 인간들은 헛되이 − 소멸되지 않는 빛이요 순수 존재이신 − 하나님에게 다가선다.

"하나님은 빛이시라 그에게는 어둠이 조금도 없으시다" (요일1:5) 우리가 태양을 붙잡거나 소유할 수 없듯이, 하나님의 현존은 항상 우리를 넘어선다. 그러나 하나님의 빛은 광선과 같이 언제나 우리에게 빛을 비추어주신다. 교부들은 하나님이 초월적이며 완전하고 거룩하시며 자족적이기 때문에 내재적으로 현존하신다는 사실을 잘 알고 있었다.

하나님과 초월성과 내재성, 하나님의 '넘어섬'(beyondness)과 '가까우심'(nearness)을 이어주는 다리는 말씀이 육신이 되신 예수 그리스도이다. 그는 자신을 '위로는' 초월적인 신성에 이르는 길로, '아래로는' − 우리로 하여금 물질의 마음에서 삼위일체 하나님을 찾도록 − 우리 자신과 모든 물질세계에 이르는 유일한 길로 계시하신다.

영원한 지금

우리는 헤시카즘 교부들과 같은 관상가가 아니다. 따라서 우리는 삶의 전개를 삼차원의 역사적 시공간을 통해 바라보게 된다. 따라서 과거 현재 미래의 시간과 길이와 폭 그리고 깊이의 공간들은 하나님과의 관계를 포함해 인간적인 경험 모두를 분류하는 사각 상자가 된다. 하나님은 사랑이요 생명이라는 말은 '창조 이전의 하나님', '창조 중의 하나님', '창조 이후의 하나님'으로 희석된다. 하나님의 사랑의 초대에 대한 우리의 반응 또한 곧 비본질적인 규칙이나 도덕적 행위법에 의해 측정된다. 이를 통해 우리는 항상 당신의 창조되지 않은 사랑의 에네르기아 속에서 당신을 우리에게 주시는 하나님과의 지속적이고 흥미진진한 만남을 시야에서 놓치고 만다.

동방 교회 교부들은 성서에 의존하면서 하나님의 말씀을 - 성령에 의해 - 성부의 무한한 사랑을 계시해주는 살아계신 말씀으로 체험했다. 따라서 그들은 시공간적인 개념들을 꿰뚫어보는 특별한 자질을 갖추었다. 즉 그들은 구원의 역사와 하나님과 인간의 관계를 우리의 근시안적 관점이 아니라 모든 것을 포괄하는 전능자 하나님의 관점에서 바라본다. 이러한 4차원적 관점은 하나님의 초월적 행위와 내재적 행위들을 - 비록 이러한 행위들이 시공간 속에서 전개됨에도 불구하고 - 하나로 바라본다. 이러한 행위들이 하나인 것은 변하지 않는 동일한 사랑에 기인하기 때문이다. 교부들은 창조의 처음 행위를 추진한 것이 하나님의 무한하신 사랑임을 깨달았다. 그리고 이러한 처음 창조를 - 바울이 예언했듯이 온 우주를 궁극적으로 새롭게 창조하려는(고후5:17-19) - 하나님의 궁극적 계획 속에 포함시킨 것도 동일하신 하나님의 역동적인 사랑임을 깨달았다.

현대 사상가 중 한 사람인 샤르뎅(Teilhard de Chardin)은 그리스 교부들의 이러한 관점을 통찰했던 사상가였다.[11] 샤르뎅과 교부들은 우리를 향한 삼위일체 하나님의 무한한 사랑의 행위가 창조와 성육신 그리고 속죄의 행위로 전개되었으며, 그리고 언젠가는 우주를 성취시킬 것이라고 확신했다.

변모의 과정

헤시카즘 교부들에게 마음의 기도는 안으로는 자기 자신 안에서, 그리

---

11 참조. G. Maloney, *The Cosmic Christ from Paul to Teilhard* (New York: Sheed & Ward, 1968); Robert Faricy, *Teilhard de Chardin's Theology of the Christian in the World* (New York: Sheed & Ward, 1967); C. F. Mooney, *Teilhard de Chardin and the Mystery of Christ* (New York: Harper, 1966).

고 밖으로는 모든 창조 안에서 하나님을 살아내고 체험하는 유일한 길이었다. 그들은 기도를 통해 하나님의 사랑의 마음과 지속적으로 하나 되는 현실을 깨닫고 체험했다. 존재하는 것의 마음에는 변모의 과정이 일어난다. 물질로 창조된 모든 창조는 '변모 가능성'을 가지고 있다. 창조는 완전하지 않으며 자신의 충만한 '로고스'에 이르지 못했다. 그러나 창조는 자신을 둘러싼 물질세계와 상호적이며 역동적으로 맞물려있다. 모든 물질적 피조물들은, 특히 인간 존대들은 하나님에게서 하나님의 '형상과 모양'(image and likeness)을 선사받았다. 따라서 우리는 하나님의 로고스를 통해 하나님의 마음과 소통하고 사랑의 성령에 의해 하나님과 친교를 나눌 수 있게 되었다. 우리는 '완결되지 않은 존재'이며 하나님이 당신을 선사하심으로써 우리를 변모시키는 행위에 우리 자신을 맡길 자유를 가지고 있다. 따라서 우리는 우리의 사랑의 협력 사역을 통해 나머지 창조세계를 완성시킬 수 있다.

삼위일체 하나님의 신적인 생명은 세례 때 배아(胚芽), 즉 생명의 작은 씨앗으로 우리에게 뿌려졌다. 우리의 고유하면서도 자유로운 협력을 통해 우리 안에 있는 하나님의 생명이 움틀 때 우리의 실존이 점차적으로 변모되기 시작한다. 인간은 이제 하나님의 내적 행위에 협력하면서 우리 안에 계신 부활하신 예수의 영, 즉 성령의 신화시키는 능력에 순응하는 방법을 찾아나선다. 사막 교부들은 자기만족에 죽음으로써 내주하시는 삼위일체와 하나 되는 경지에 이르렀다. 그들은 이러한 내적이며 창조되지 않은 사랑의 에네르기아를 한 분 아버지, 즉, 그들을 성령을 통해 하나님의 독생자 예수 그리스도와 함께 아들로 낳으신 하나님의 사랑이 인격화된 존재로 체험했다.

아토스 산의 비잔틴 헤시카즘을 러시아에 전파한 닐 소르스키(St. Nil Sorsky)는 그의 『규칙서』(Ustav)에서 다음과 같이 말한다.

"영혼이 이러한 영적 행위를 체험하고 자신을 하나님께 복종시키며 직접적인 연합을 통해 신성에 도달하면, 영혼에 강렬한 빛이 비쳐지며 정신은 다가올 삶 속에서 우리를 기다리는 행복을 체험하게 된다. 그러면 말로 표현할 수 없는 달콤함이 마음을 뜨겁게 만들며, 몸 전체는 자신의 반향을 느끼고, 그 어떤 정념뿐 아니라 삶 자체도 잊어버리면서 이러한 황홀한 상태가 하늘나라라고 생각하게 된다. 여기서 그는 하나님의 사랑이 삶보다, 하나님에 대한 지식이 꿀보다 달콤하다는 사실을 깨닫게 된다."[12]

헤시카즘 교부들에게 그리스도인의 삶은 내주하시는 삼위일체의 삶 안에서 지속적인 변모를 통해 성장하는 삶으로 이해된다. 이러한 성장은 예전뿐 아니라 기도에도 나타난다. 이러한 이유 때문에 다볼 산의 예수 변모 축일은 교부들의 삶에서 언제나 중요한 역할을 수행했다.[13] 그리스도의 부활은 죽음에 대한 승리와 우리 모두에게 약속하셨던 것을 부각시킨다. 우리가 바로 지금 그리스도의 새로운 생명에 참여할 수 있다는 약속 말이다. 변모의 신비는 단지 고백에 그치지 않는다. 이 신비는 예수의 인간성을 – 하나님의 참 아들이신 그리스도 안에 내주하는 하나님의 빛을 바라보게 하는 – 프리즘(prism)으로 체험하게 되는 신비적 모델을 제

---

12 Nil Sorsky, *Ustav*, p. 28. 다음 문헌에서 인용. M.A. Borovkova-Maikova, *Nila Sorskago Predanie i Ustav s vsupital' noi stat'ei in Pamiatniki drevei mennosti*, No. 179 (St. Petersburg: 1912). 인용문은 내가 영어로 번역했다. 닐의 영성을 상세하게 다룬 문헌들은 다음과 같다. G.A. Maloney, *S.J., Russian Hesychasm: The Spirituality of Nil Sorsky* (The Hague: Mouton, 1973).

13 참조. H, Reisenfeld, *Jesus Transfigured* (Copenhagen: 1947); J. Tomajean "La fete de la Transfiguration, 6 aout," *L'Orient syrien*, No. 5(1960), pp. 479–482; G, Habara, *La Transfiguration selon les Peres grecs* (Paris: 1973); Petro B.T, Bilaniuk, "A Theological Meditation on the Mystery of Transfiguration," *Diakonia*, Vol. 8, No. 4 (1973), pp. 306–331: Wayne Teasdale, "The Spiritual Significance of the Transfiguration," *Diakonia*, Vol. 14, No. 3 (1979), pp. 203–212.

시해준다. 변모의 신비는 또한 우리의 내면으로부터 나오는 삼위일체 하나님의 변형시키는 빛에 참여하라고 부른다. 이러한 변모는 또한 − 우리와 온 우주를 완전히 일치시키는 전능자(Pantocrator) 그리스도의 변형시키는 능력 하에 이미 도래하고 있는 − 우리와 우주의 미래에 대한 기동적(起動的)이며 종말론적인 경험이다.

변모 축일에 부르는 비잔틴 예전 찬송가는 이러한 체험을 다음과 같이 묘사하고 있다.

> "오, 그리스도 하나님, 당신은 당신의 부활을 미리 보여주기 위해 세 명의 제자들을 선택하셨습니다. 당신은 베드로와 야고보 그리고 요한과 함께 다볼 산에 올랐습니다. 오 구세주시여, 당신이 변모하시는 순간 산은 빛으로 넘쳐났으며, 당신의 제자들은 얼굴을 땅에 대고 머리를 숙였습니다. 그들은 그 누구도 바라볼 수 없는 당신의 얼굴에서 나오는 광채를 바라볼 수 없었기 때문입니다. 오 말씀이시여! 천사들은 두려워 떨었으며, 하늘도 두려워하고 땅은 토대가 흔들렸습니다. 그 때 제자들은 이 땅에 오신 영광의 주를 보았습니다."[14]

그리스도의 빛

신약성경을 신앙의 규범으로 간주하는 헤시카즘 교부들은 지속적으로 빛의 상징을 사용하면서 − 우리가 은혜에 의해 본성적으로 그리스도가 되며 빛에서 나오는 빛, 하나님으로부터 나오는 하나님의 자녀가 되는 − 우리를 신화로 인도하는 예수 그리스도의 신성과 − 성령을 통해 나타나

---

[14] Byzantine *Daily Worship*., ed and trans. J. Raya and J. De Vinck (Allendale, N J:Alleluia Press, 1969), p. 747.

는 – 그리스도의 변형시키는 능력을 지시하곤 한다. 빛은 하나님의 신비를 탐구하는데 적합한 이미지이다. 삼위 모두가 공유하면서도 각자의 고유한 광선을 비추는 빛의 이미지 말이다. 이러한 상징은 하나님의 초월성과 – 우리와 온 물질세계 안에 현존하면서 우리와 우주를 신화시키는 – 하나님의 능력을 동시에 강조한다. 피조물을 향한 하나님의 '빛을 발하는' 사랑 앞에서 드러나지 않을 것은 하나도 없다. 그러나 하나님은 그 어떤 사유나 통제된 상상을 넘어서신다.

신 신학자 성 시므온은 삼위일체의 초월성을 빛으로 포착한다.

> "이 빛은 성부이시다. 이 빛은 성자이시다. 이 빛은 성령이시다. 이 빛은 고유한 빛이며, 시간을 넘어선다. 이 빛은 나누어지지 않지만 혼합되지도 않는다. 이 빛은 영원하며 피조물이 아니다. 이 빛은 질량을 갖지 않으며, 소멸하지도 않지만, 보이지도 않는다. 이 빛은 정화되기 전에는 그 누구도 관상할 수 없으며, 온전하게 관상하기 전까지는 받아들일 수 없는 실재의 영역 속에 존재하면서 모든 것 밖에 존재하며 모든 것을 넘어선다."[15]

그러나 헤시카즘 교부들은 믿음을 통해 세상의 빛이신 예수(요8:12; 9:5)께서 그들 안에서 빛을 비추시며 그들을 또한 빛의 근원으로 인도한다고 말한다. 그리스도는 그들의 마음과 지성 안에서 밤낮으로 자신의 빛을 발한다는 것이다. 이 빛은 그들을 그의 광선으로 씻기지만 결코 응고되지 않는다. 이 빛은 생명을 가진 빛으로서 자신을 그들에게 선사하면서 자신의 빛에 비추임을 받은 사람들을 빛으로 변형시킨다. 사막 교

---

15 St, Symeon the New Theologian, *Traites Ethiques*, Vol. 129, in Sources Christiennes Series (Paris: Cerf: 1967), 10, p. 296.

부들은 진정한 빛의 담지자(phosphoroi)로 자처했다.

비잔틴 헤시카스트들은 매일 저녁마다 "은혜로운 빛이시여"(*Phos Hilaron*)라는 고대의 찬가를 불렀다.

"은혜로운 빛이시여,
하늘에 계시며 영원하신 성부의 찬란한 빛이시여,
거룩하고 복되도다. 주 예수 그리스도여!
해 저무는 이 때에, 우리는 황혼 빛을 바라보며,
주님께 찬양의 노래를 부르나이다.
하나님, 성부 성자 성령이시여!
주님은 언제나 찬양 받으시기에 합당하시오니,
생명을 주시는 하나님의 성자여,
온 세상으로부터 영광 받으소서."

이러한 삶은 성령에 대한 믿음을 통해 깨어진 내면의 어둠 속으로 들어가는 삶이다. 그곳에서 사막의 경주자들은 – 몸에, 특히 얼굴에 비쳐지는 빛이신 – 그리스도의 치유와 변형의 능력을 간구한다. 『성 안토니우스의 생애』에 다음과 같은 구절이 있다.

"그의 영혼이 더 이상 요동치지 않게 되었을 때 그의 외모는 고요했다. 영혼의 기쁨은 그의 안색을 밝게 만들었으며, 그의 몸동작은 잠언 말씀을 연상시키며 영혼의 상태가 어떠한지를 보여주었다. '마음의 즐거움은 얼굴을 빛나게 하여도 마음의 근심은 심령을 상하게 하느니라' (잠 15:13) ... 안토니우스는 인정을 받았다. 그는 결코 동요하지 않았다. 그의 영혼이 항상 평강 속에 있었기 때문이다. 그는 결코 침울해하지 않앗다. 그의 마음이 항상 기쁨 속에 있었기 때문이다."[16]

우리 안에 내주하시는 예수의 내적 빛에 의해 신화되는 것은 우리의
전 인격이다. 예수는 빛을 받은 인격을 자신의 변모된 인성과 신성에 참
여시킨다. 예수의 인성과 신성은 헤시카스트의 몸에도 영향을 끼친다.
고백자 막시무스는 이를 다음과 같이 간결하게 묘사한다. "인간의 몸은
영혼과 함께 동시에 신화된다."[17] 팔라마스 또한 헤시카즘 교부들의 이러
한 체험을 다음과 같이 묘사한다.

> "성육신하신 말씀의 신성이 영혼과 몸 모두에 주어지듯이, 영적인 인
> 간에게는 성령의 은혜가 영혼의 중계로 몸에 전달된다. 성령에 의해 몸
> 은 신적인 것을 체험할 수 있다. 성령은 또한 몸으로 하여금 영혼이 느
> 끼는 열정을 느끼게 만든다. … 그러면 몸은 더 이상 몸과 물질의 정욕
> 에 휘둘리지 않게 된다. … 몸은 악으로부터 돌아서서 악한 것과의 모든
> 관계를 거부하며, 자신의 성화와 결코 빼앗길 수 없는 신화를 갈망하게
> 만든다. …"[18]

투명한 이콘

그리스 교부들은 인간 전체가 "하나님의 형상과 모양을 따라" 지어졌
다고 가르친다(창1:26). 몸을 포함한 인간 전체가 하나님의 이콘(icon,

---

16 St, Athanasius, *Life of Antony in Post-Nicene Fathers*, 2nd Series, Vol. 4 (Grand
rapids, MI: 1957), p. 214.
17 St. Maximus the Confessor. 다음 문헌에서 인용. Timothy Ware in *The Orthodox
Church, p. 327.*
18 St. Gregory Palamas, *Triads* 11,2,12. 다음 문헌에서 인용. Meyendorff in *A Study of
Gregory Palamas*, p. 143.

image)이라는 것이다. 몸은 하나님의 변형시키는 빛이 전 인간을 신화시키는 물질적 '장소'(locus)이다. 교부들은 이콘 개념을 확장해 창조된 모든 세상에 적용했다. 모든 물질은 - 모든 것을 예수 그리스도께 인도함으로써 변모시키는 - 하나님의 사랑의 내적 에네르기아를 만날 수 있는 '투명한'(diaphanous) 지점이 될 수 있다는 것이다.

모든 피조물이 - 피조물을 변모시키는 - 사랑으로 현존하는 하나님의 내면성을 드러내는 이콘의 성격을 가지고 있다는 사상을 『순례자의 길』은 분명하게 피력하고 있다.

"마음의 기도는 내게 커다란 위로를 가져다주었다. 나는 이 세상에서 나 보다 더 행복한 사람은 없다고 생각했다. 나는 하늘나라에서도 이러한 행복이 있을까라고 반문했다. 그러나 나의 영혼만 행복을 느낀 것이 아니다. 바깥세상 모두가 참신하고 기뻐하는 것처럼 보였다. 모든 사람들과 나무들 그리고 동물들이 나로 하여금 하나님을 사랑하고 하나님께 감사하도록 이끌었다. 나는 그들 모두를 나의 친족으로 바라보았으며, 이 모든 것 속에서 예수의 이름의 마력을 발견했다."[19]

동방 교부들에게 물질은 결코 악한 것이 아니다. 물질은 하나님으로부터 왔으며, 따라서 창조되지 않은 사랑의 에네르기아 속에서 모든 피조물을 유지시키고 그리스도의 몸 안에 있는 그의 생명을 받아들이도록 피조물을 변화시키는 하나님을 만나게 해주는 매개 역할을 수행한다. 정화된 눈을 가진 사람에게 우주는 넓은 의미의 성례전이다. 하나님을 만난 관상가에게 물질로 구성된 창조세계는 하나님의 현존을 상징할 뿐만 아니라,

---

19 *The Way of Pilgrim*, trans. E. French (London: 1930), p. 105-106.

모든 것을 그리스도께 인도하는 하나님의 변형시키는 능력과 관상 속에서 중요한 역할을 수행한다.

바로 이러한 이유 때문에 동방의 그리스도인들은 초기부터 지금까지 이콘을 공경해왔다. 그러나 공경의 대상이 되는 이콘은 수 세기에 걸쳐 수립된 성상학(iconography)의 방식으로, 즉 기교를 배제하고 거룩한 예술 방식을 따르며 교회의 승인을 받은 이콘들이다. 이콘을 여느 세속의 예술이나 다른 종교의 예술과 차별화시키는 것은 동방 교회 이콘에 나타나는 변형시키는 특성이다. 다볼 산에서 변모하신 예수로부터 성령의 빛이 나오듯이, 이콘의 인물상 또한 하나님의 현존의 빛을 발한다.[20] 성 다마스쿠스의 요한(John Damascene)은 다음과 같이 말한다. "물질은 이콘에 그려진 성자들에게 드리는 기도를 통해 신적인 능력을 갖추게 된다."[21]

이콘은 물질이 성령과 – 이콘을 그린 사람들과 이콘 앞에서 기도드리는 – 사람들에 의해 변형되는 사건의 한 예이다. 이콘과 신앙인 모두에게 나타나는 변형은 – 우주가 "만유의 주로서 만유 안에 계시려는"(고전 15:28) 하나님에 의해 변화되는 – 시간의 충만함(pleroma) 속에서 도래할 궁극적인 변모를 지시해준다. 동방 교회의 낙관적인 세계관은 그러나 아직 탄식하며 고통당하는(롬8:22) 실제적인 세상을 간과하지 않는다. 그들은 오히려 기도 속에서 하나님의 변형시키는 사랑의 에네르기아가 배아 형태로 숨겨져 있는 것을 드러내고 있음을 고백하고 적극적으로 이러한 현실에 참여한다. 에네르기아는 내면에 숨겨져 있다. 인간의 관점

---

20 이콘 신학에 대해선 다음 문헌을 참조하시오. St. John Damascene, *On Holy Images*, trans. Mary H. Allies (London: Thomas Baker, 1898); L. Ouspensky and V. Lossky, *The Meaning of Icons* (Boston: 1952); Eugene N. Troubetskoi, *Icons: Theology in Color* (Crestwood, NY: St. Vladmir's Seminary Press, 1973); Paul Evdokimov, *L'Art de l'Icone* (Paris: Desclee de Brouwen, 1970); C.D. Kalokyris, *The Essence of Orthodox Iconography*, trans. P.A. Chamberas (Brookline, MA: Holy Cross School of Theology, 1971).
21 St. John Damascene, *On Holy Images*, PG 94, 1264.

에서 보자면, 기도하면서 하나님의 창조적인 말씀에 협력하는 것은 모든 것 안에 내주하시는 하나님의 사랑의 현존을 완전히 드러내주는 우주의 충만함을 초래할 것이다.

적용

우리도 세례를 통해 삼위일체의 생명에 참여하게 되었다. 이것이 바로 교회에서 들어왔던 기쁜 소식이다. 하나님의 나라는 진정으로 우리 안에 존재한다. 자기를 비우시는 하나님의 사랑은 우리에게 당신의 독생자 예수 그리스도를 주셨다. 그리스도는 우리를 위해 죽으시고 죽은 자로부터 살아나셔서 성령에 의해 우리 안에 존재한다. 그의 영에 의해 우리는 예수께서 그의 아버지와 함께 우리 안에 살아계심을 믿게 된다. 다볼 산의 예수를 변모시킨 동일한 영광이 우리 안에 살아계신다. 모든 지식을 넘어서는 예수의 사랑의 "너비와 길이와 높이와 깊이"(엡3:18)를 우리가 헤아릴 수 있을까?

그리스도의 영광이 우리 안에 존재한다. 우리는 매 순간 그리스도의 빛에 자신을 맡기면서 자신이 변화되고 있음을 체험하게 된다. 우리는 매 순간 우리의 모든 사유와 욕망들을 그리스도의 주권에 맡기면서 그리스도에 속하게 된다(고후10:5). 그의 신적인 생명이 우리의 전 존재, 즉 우리 몸의 모든 지체들, 팔다리, 성(性), 신체적 감각, 정서, 기억, 상상력 지성과 의지를 관통한다. 우리는 가지요, 그리스도는 참 포도나무이다(요15:1).

예수와 연합하면 무언가 실제적인 일이 우리에게 일어나고 있다는 사실을 깨닫게 된다. 그것은 우리 안에서 우리가 볼 수 있는 신체적 빛이 아니라 그 어떤 형태도 갖지 않았지만 우리의 마음, 즉 우리 존재의 가장 깊은 의식 속에 '자리잡고 있는'(localized) 내적인 빛이다.

> "저가 빛 가운데 계신 것 같이 우리도 빛 가운데 행하면 우리가 서로 사
> 귐이 있고 그 아들 예수의 피가 우리를 모든 죄에서 깨끗하게 하실 것
> 이요" (요일1:7)

그리스도의 내적 빛은 우리로 하여금 감각적이고 물질적인 모든 것들
을 잊게 만든다. 아니 모든 창조를 관통하는 동일한 빛을 보도록 만든다
고 말하는 것이 더 나을 것이다. 이 빛은 생명을 선사해주며, 그리스도의
부활을 보도록 만든다. 이 빛은 마음의 눈을 열어 – 모든 것 안에서 당신
의 창조되지 않은 사랑의 에네르기아를 드러내는 – 신적인 빛을 바라보
게 한다. 마음은 맑아지고 이를 통해 전 존재가 빛나게 된다(마6:22). 세
라핌은 이러한 진실을 헤시카즘 영성의 절정으로 간주하면서 다음과 같
이 요약한다. "지성과 마음이 기도 속에서 연합하면, 그리고 영혼의 사유
들이 분산되지 않으면, 마음은 영적인 열기에 의해 따듯해지며, 그리스
도의 빛은 마음을 비추고 내면을 평강과 기쁨으로 충만케 한다."[22]

변형시키는 빛

마음의 조명(照明)은 신화시키는 하나님의 빛, 즉 성령의 사역이다. 내
주하시는 성령은 우리로 하여금 우리가 이미 하나님의 자녀가 되었음을
깨닫게 해주신다. 성령은 우리 안에 예수 그리스도의 모양을 가져온다. 성
령은 마치 씨앗과 같이 우리 안에 숨겨져있는 잠재성을 깨워 부활하신 주

---

22 다음 문헌에서 인용. Behr-Sigel, *La Priere a Jesus* in Dieu Vivant Series, NO. 8 (Paris: Seuil, 1948), p. 87.

예수의 몸으로 변모시킨다. 성령은 우리 안에 죄로 인해 애통하는 마음과 하나님의 자비를 잃어버릴지도 모른다는 두려움을 불어넣음으로써 우리로 하여금 죄의 어둠을 통과해 빛으로 현존하시는 하나님께 이르도록 인도한다. 이 때 우리는 이기심과 자립심으로 산산조각 난 우리의 영혼을 뒤로 하고 하나님만 바라보는 가난한 심령이 되려 한다. 우리는 스스로 자신을 치유하려는 모든 시도들을 내려놓고 하나님께 치유를 간구한다. 사랑의 성령은 우리 존재의 가장 깊은 차원, 즉 '마음'을 치유하신다.

우리의 전 존재는 이러한 내적 조명으로 말미암아 빛을 발하게 된다. 성령의 조명을 통해 인식된 하나님의 에네르기아가 빛을 비추는 가운데 '마음'의 에네르기아가 이제 생기를 되찾는다. 그리고 내적 변형이 우리를 하나님의 자녀로 변모시킨다. 우리는 이미 미래의 부활에 참여하면서 부활을 기대하게 된다. 우리의 지상적 몸은 이미 이른바 신령한 몸이 되었다. 위(僞) 마카리우스는 – 우리의 죽을 몸이 불멸의 몸으로 변화될 때 완성될 부활을 부분적으로 체험케 하는 – 성령의 내적 빛에 대해 심오한 가르침을 남겼다.

"그리스도인이 이 세상에 살면서 마음에 받는 천상적인 신성의 불, 즉 지금 마음속에서 활동하고 있는 불은 그가 죽어 육신이 해체될 때 외부에 그 모습을 드러내며, 지체들을 다시 구성하며 해체되었던 지체들을 다시 살아나게 하는 역할을 한다. ... 지금 마음속에 거하고 있는 내면의 불이 그때 외부로 드러나며 몸의 부활을 가져올 것이다."[23]

성령은 마음 속 깊은 곳에서 하나님이 그리스도의 죽음 안에서 육신에

---

23 Pseudo-Macarius, *Spiritual Homilies*, No. 11, trans. G.A. Maloney, S.J., in *Intoxicated with God*, p. 77.

거하는 죄를 저주하셨음을 증언한다(롬8:3). 예수 그리스도는 죄와 죽음을 거쳐 새로운 창조로 나아가셨다. 우리 또한 이미 영광을 받으며 부활하신 예수 그리스도의 현재에 참여하고 있다. 그리스도의 새롭고 영광스러운 생명이 우리 안에 거하신다. 그리스도는 고양된 부활의 영광 속에서 변모한 상태로 그의 성령을 통해 우리로 하여금 이러한 변화의 과정에 참여하도록 한다. 그러나 아직 완성된 것은 아니다. 이러한 변형의 과정은 우리가 – 내주하시는 성령의 조명을 통해 우리를 인도하시는 – 그리스도의 내적인 빛에 순종할 때에만 진행된다. 동일한 성령은 지속적인 계시를 통해 우리로 하여금 하나님이 우리를 구원하셨음을 믿게 만든다. "우리를 구원하시되 우리가 행한바 의로운 행위로 말미암지 아니하고 오직 그의 긍휼하심을 따라 중생의 씻음과 성령의 새롭게 하심으로 하셨나니 우리 구주 예수 그리스도로 말미암아 우리에게 그 성령을 풍성히 부어주사 우리로 그의 은혜를 힘입어 의롭다하심을 얻어 영생의 소망을 따라 상속자가 되게 하려 하심이라" (딛3:5-7) 부활하신 그리스도의 내주하시는 성령은 우리를 – 예수께서 약속하셨듯이, 그와 함께 우리 안에 거처를 마련하실(요14:23) – 하늘 아버지께서 장소로 인도한다.

부활하신 예수의 내주하시는 성령의 빛에 의해 죄와 어둠으로부터 해방된 우리는 이제 전처럼 어둠 속에 살기를 원하지 않는다. "하나님께로부터 난 자마다 죄를 짓지 아니하나니 이는 하나님의 씨가 그 속에 거함이요 그도 범죄하지 못하는 것은 하나님께로부터 났음이라" (요일3:9) 성령은 지속적으로 하나님께서 우리를 위해 죽으신 예수 그리스도를 통해 우리를 무한히 사랑하심을 계시해주신다. 따라서 우리는 매 순간 그의 빛 속에서 그와 함께 살 수 있다. 우리는 – 예수처럼 변모하면서 온전하고 성숙한 하나님의 자녀가 되어가는 – 우리의 참된 정체성을 받아들이기를 배우게 된다. 그러나 이것은 오직 현재의 '지금'(now) 속에서 일어나는 일이다. '지금'은 우리가 우리의 '지금' 속에서 예수 그리스도를 통해 우리를 사랑하시는 하나님의 영원한 '지금'을 경험하면서 변모하는 유일한 만남의 장소다. 성령은 우리가 성령의 조명과 영감에 순종할 때에만 우리를 하나님의 자녀로 거듭나게 하신다. 사도 바울에 의하면, 우리는 성령을 따라 행하며 성령으로 사는 존재들이다(갈5:16-18).

찬란한 어둠

내주하시는 삼위일체는 우리 안에서 눈부시게 빛나는 태양 광선처럼 빛을 발한다. 우리는 태양을 완전히 소유할 수 없다. 그러나 광선은 우리를 따뜻하게 해주고, 우리에게 일광욕을 허락해준다. 마찬가지로 우리는 아직 완전히 신화되지 않았고 우리 안에 사시는 삼위일체의 삶과 하나 되지 못했다. 우리 안에 하나님의 빛이 있다. 그러나 우리 자신의 어둠도 존재한다. 하나님의 빛과 우리의 어둠 사이에 존재하는 긴장은 우리가 이 땅에 사는 동안 지속될 것이다. 우리는 때때로 빛을 '보며'(see) 따른다. 그러나 어떤 때에는 우리 안에 있는 어둠이 내적인 빛을 소멸하려 든다. 형언할 수 없는 하나님의 아름다움과 영광은 우리의 내면에 스며든다. 그러나 우리의 죄악은 여전히 치유를 필요로 한다.

하나님의 내주하시는 빛의 변형시키는 능력과 '개혁'(reformation)되어야 할 우리의 인간성 사이에 존재하는 변증법을 가장 아름답게 표현한 사람 중의 하나가 신 신학자 시므온(St. Symeon the New Theologian)이다.

"하지만, 오, 빛의 취함,

오, 불의 움직임!

오, 내 안의 불꽃의 소용돌이,

나는 비참한 사람,

당신과 당신의 영광에서 나옵니다!

내가 아는 영광은 당신의 성령이라고 말합니다.

당신과 같은 본성과 같은 명예를 가지고 계신 분,

오 말씀이십니다.

그는 같은 혈통이고 같은 영광이고

같은 본질의 그분은 당신의 아버지와 홀로

그리고 당신과 함께 오 그리스도 오 우주의 하나님!

나는 당신 앞에서 경배에 빠졌습니다.

당신이 나를 알기에 합당하게 만들어 주셔서 감사합니다.

비록 내가 보잘 것 없을지라도,

당신의 신성의 힘.

내가 어둠 속에 앉아있을지라도 당신은 내게 당신을 계시해주셨고

나를 깨우쳐 주셨으며 나로 하여금 그 누구도 감당할 수 없는

당신의 얼굴의 광채를 보게 해주셨습니다,

당신께 감사들 드립니다.

나는 내가 여전히 어둠 한 가운데 앉아 있음을 알고 있습니다,

그러나 당신은 내가 그곳에서 어둠에 에워싸여 있을 때에도

빛으로 나타나셨습니다.

당신의 온전한 빛으로부터 나를 비추셨습니다.

나는 어둠 속에서 빛이 되었습니다.

나는 어둠 한 가운데 있습니다.

어둠이 당신의 빛을 완전히 소멸시키지 못하듯이.

빛도 보이는 어둠을 쫓아버리지 못합니다,

그러나 빛과 어둠은 함께 있습니다,

그러나 완전히 분리되지도 않으며,

혼합되지도 않습니다,

빛과 어둠이 모든 것을 채우는 지점을 제외하고는

빛과 어둠은 서로 멀리 떨어져 있지도 않으며, 섞이지도 않습니다,

내게는 그렇게 보였습니다.

나는 빛 속에 있습니다.

그러나 나는 어둠 한 가운데 있습니다.

나는 어둠 속에 있습니다. 그러나 나는 여전히 빛 한 가운데 있습니다."[24]

변모된 세상

우리 안에 존재하는 변형시키는 하나님의 빛을 경험한 사람은 사랑의 빛의 능력 속에서 하나님이 창조하신 세상으로 나아가게 된다. 하나님이 창조하신 모든 것에서 하나님의 영광이 드러난다. 다른 사람들이 보지 못하는 것을 우리는 직관하게 된다. 우리는 새로운 눈으로, 변모한 눈으로 보게 된다. 이 눈은 모든 것에 스며드는 하나님의 창조되지 않은 사랑의 에네르기아를 보여준다.

우리의 연약함은 하나님의 무한하신 전체성을 신뢰하는 소망으로 대치된다. 우리는 이러한 창조적 능력을 사용하기 시작한다. 이러한 능력은 오직 ― 우리에게, 그리고 우리 안에서 우리를 통해 우리가 만나는 모든 사람들에게 부어지는 ― 하나님의 창조되지 않은 사랑의 에네르기아일 수밖에 없다. 우리는 또한 우리가 만나는 사람들에게서 하나님의 사랑을 길어낼 수도 있다.

---

24 St. Symeon the New Theologian, *Hymns of Divine Love*, trans. George A. Maloney, S.J. (Denville, NJ: Dimension Books, 1975), Hymn 25, pp. 135-136.

우리가 계속해서 아직 성취되지 않은 우리 주변 세상을 위해 거룩하신 예수의 이름을 부르면, 하나님의 사랑은 우리의 호흡과 결합된 하나님의 호흡이 된다. 우리는 우주 곳곳에서 삼위일체 하나님의 사랑을 낳을 수 있다. 그러나 우리는 우리의 부족함으로 인해 낮아질 수밖에 없다. 우리는 여전히 믿음과 사랑과 소망 속에서 살아간다. 성령께서 우리로 하여금 현재의 순간을 포착하고 그곳에서 세상의 작은 지체들에게 예수를 내쉬도록 지속적으로 우리 마음에 부어 주시는 믿음과 사랑 그리고 소망 말이다.

예수는 다볼 산에서 변모하기를 원하셨다. 그러나 지금은 그의 제자들 안에서 변모하기를 원하신다. 변형시키는 그의 능력은 우리에게 주어졌다. 우리는 예수를 낳은 마리아처럼 관상적 행위를 통해 그리스도의 변모를 실현시켜야 한다. 우리는 주변 세상에 예수의 거룩한 이름과 현존을 선언함으로써 그리스도의 숨겨진 현재를 드러낼 수 있다. 우리가 우리의 사제직을 수행하면서(벧전2:9) 우주의 지체들에 숨을 내쉬면, 그리스도의 영광이 온 우주에 퍼져나간다. 그 때 우주는 진정으로 그리스도의 몸이 되기 시작한다!

우리가 예수로 하여금 우리의 삶 속에서 치유와 구속 사역을 수행하도록 하면, 우리는 우주의 구속에 참여하며 그리스도와 함께 전 세계의 '화해자'(고후5:19)가 된다. 우리가 할 수 있는 유일한 것은 기도, 즉 예수기도뿐이다. 우리가 보고 만지며 우리로 하여금 자신 안에 숨겨진 거룩함을 경외하게 만드는 물질세계에서 그리스도의 몸을 이루는 길을 모색해 보면, 우리가 할 수 있는 모든 것이 기도, 즉 예수기도임을 깨닫게 된다.

위와 안에 계신 하나님

베드로와 야고보 그리고 요한이 예수께서 영광 중에 변모하심을 고개를 들어 바라보았듯이, 우리도 믿음과 사랑 그리고 소망을 통해 예수가 성령에 의해 우리를 하늘 아버지의 영광스러운 권좌로 인도하심을 '바라보게' 된다. 우리는 '모든 긴장을 풀어주는' 고향집으로 돌아가면서 점차 '빛으로부터 나오는 빛', '(은혜에 의해) 참 하나님으로부터 나오는 참 하나님'이 되어간다.

그러나 우리는 안으로는 우리 자신을, 아래로는 우리 주위에 존재하는 깨어지고 더러우며 아직 완성되지 않은 세상을 바라본다. 우리는 당신을 선사하시며 피조물을 변형시키는 하나님의 사랑의 신비가 모든 측면에서 우리의 삶에 스며들고 퍼져나감을 바라보며 전율을 느끼게 된다. 우리는 이러한 삶이 그리스도의 빛과 영광으로 변형되는 지속적인 과정임을 알게 된다.

마음의 기도는 말로 드리는 기도가 아니다. 마음의 기도는 사랑의 성령을 통해 우리를 - 그 자신뿐 아니라 그의 아버지와 하나 되게 - 변형시키는 빛이신 예수 그리스도이시다.

우리는 변형시키는 예수의 능력 속에서 살고 일한다. 우리는 지금 사도 바울이 말했던 것이 우리 안에서 우리에 의해 그리고 모든 것 안에 계신 그리스도를 통해 이루어짐을 알게 된다. "오직 그리스도는 만유시요 만유 안에 계시니라" (골3:11)

진정한 헤시카즘은 더 이상 어둠이 존재하지 않으며 오직 빛만이 존재하는 하나님의 새로운 창조로 나아간다. 하나님의 새로운 창조에서는 쉼 없는 삶이 안식으로 대치되며, 하나님과 그리고 모든 창조와 하나 되는 평화만이 존재한다. 믿음과 소망은 - 끝없이 "모든 것 안에서 모든 것"이 되어가는 - 사랑을 낳는다. 헤시카즘 교부들의 영성은 우리를 삼위일체 하나님의 마음으로 인도한다. 즉 자신을 타자에게 맡기면서도 그것이 '충분하다'(enough)고 생각하지 않는 위격들의 친교로 인도한다. 교부들의 영성은 항상 새로운 시작인 지금의 순간 속에서(in the ever new beginning of the now) 우리에게 당신을 내어주는 하나님의 역동적인 사랑에 자신을 개방하며 하나님의 '더 크심'(moreness)을 체험하는 영성이었다. 엘리엇(T.S. Eliot)은 그의 『네 개의 사중주』(Four Quartets)에서 항상 시작되지만 결코 끝나지 않는 이러한 과정을 다음과 같이 묘사한다.

> "우리는 탐험을 멈추지 않을 것이다.
> 우리가 모든 탐험을 끝내면
> 우리가 출발한 곳으로 되돌아오리라
> 그때야 처음으로 그곳을 알게 되리라"[25]

이사야 예언자의 말로 - 헤시카즘과 마음의 기도를 소개한 - 이 책의 결론을 대신하고자 한다. 마음의 기도는 우리 자신과 온 세상을 하나님의 빛으로 변모시킨다. 어둠과 불완전함은 끝날 것이다. 그리고 그 때에는 오직 빛만이 존재할 것이다!

> "일어나라 빛을 발하라 이는 네 빛이 이르렀고 여호와의 영광이 네 위에 임하였음이니라 보라 어둠이 땅을 덮을 것이며 캄캄함이 만민을 가리려니와 오직 여호와께서 네 위에 임하실 것이며 그의 영광이 네 위에 나타나리니 나라들은 네 빛으로, 왕들은 비치는 네 광명으로 나아오리라 네 눈을 들어 사방을 보라 무리가 다 모여 네게로 오느니라 네 아들들은 먼 곳에서 오겠고 네 딸들은 안기어 올 것이라 그 때에 네가 보고 기쁜 빛을 내며 네 마음이 놀라고 또 화창하리니 이는 바다의 부가 네

---

25 T.S. Eliot, *Four Quartets* (New York: Harcourt & Brace and Co., 1943), p. 39.

게로 돌아오며 이방 나라들의 재물이 네게로 옴이라 허다한 낙타, 미디안과 에바의 어린 낙타가 네 가운데에 가득할 것이며 스바 사람들은 다 금과 유향을 가지고 와서 여호와의 찬송을 전파할 것이며 게달의 양 무리는 다 네게로 모일 것이요 느바욧의 숫양은 네게 공급되고 내 제단에 올라 기꺼이 받음이 되리니 내가 내 영광의 집을 영화롭게 하리라 저 구름 같이, 비둘기들이 그 보금자리로 날아가는 것 같이 날아오는 자들이 누구냐 곧 섬들이 나를 앙망하고 다시스의 배들이 먼저 이르되 먼 곳에서 네 자손과 그들의 은금을 아울러 싣고 와서 네 하나님 여호와의 이름에 드리려 하며 이스라엘의 거룩한 이에게 드리려 하는 자들이라 이는 내가 너를 영화롭게 하였음이라 내가 노하여 너를 쳤으나 이제는 나의 은혜로 너를 불쌍히 여겼은즉 이방인들이 네 성벽을 쌓을 것이요 그들의 왕들이 너를 섬길 것이며 네 성문이 항상 열려 주야로 닫히지 아니하리니 이는 사람들이 네게로 이방 나라들의 재물을 가져오며 그들의 왕들을 포로로 이끌어 옴이라 너를 섬기지 아니하는 백성과 나라는 파멸하리니 그 백성들은 반드시 진멸되리라 레바논의 영광 곧 잣나무와 소나무와 황양목이 함께 네게 이르러 내 거룩한 곳을 아름답게 할 것이며 내가 나의 발 둘 곳을 영화롭게 할 것이라 너를 괴롭히던 자의 자손이 몸을 굽혀 네게 나아오며 너를 멸시하던 모든 자가 네 발 아래에 엎드려 너를 일컬어 여호와의 성읍이라, 이스라엘의 거룩한 이의 시온이라 하리라 전에는 네가 버림을 당하며 미움을 당하였으므로 네게로 가는 자가 없었으나 이제는 내가 너를 영원한 아름다움과 대대의 기쁨이 되게 하리니 네가 이방 나라들의 젖을 빨며 뭇 왕의 젖을 빨고 나 여호와는 네 구원자, 네 구속자, 야곱의 전능자인 줄 알리라 내가 금을 가지고 놋을 대신하며 은을 가지고 철을 대신하며 놋으로 나무를 대신하며 철로 돌을 대신하며 화평을 세워 관원으로 삼으며 공의를 세워 감독으로 삼으리니 다시는 강포한 일이 네 땅에 들리지 않을 것이요 황폐와 파멸이 네 국경 안에 다시 없을 것이며 네가 네 성벽을 구원이라, 네 성문을 찬송이라 부를 것이라 다시는 낮에 해가 네 빛이 되지 아니하며 달도 네게 빛을 비추지 않을 것이요 오직 여호와가 네게 영원한 빛이 되며 네 하나님이 네 영광이 되리니 다시는 네 해가 지지 아니하며 네 달이 물러가지 아니할 것은 여호와가 네 영원한 빛이 되고 네 슬픔의 날이 끝날 것임이라 네 백성이 다 의롭게 되어 영원히 땅을 차지하리니 그들은 내가 심은 가지요 내가 손으로 만든 것으로서 나의 영광을 나타낼 것인즉"(사60:1-21).

저자 소개

예수회 조지 말로니(1924-2005) 신부는 손꼽히는 동방교회 영성 전문가로 제2차 바티칸공의회 이후 가장 왕성하게 활동했던 영성 작가 가운데 한 사람이다. 그는 여든 권이 넘는 책을 썼으며, 잡지나 신문에 다수의 글을 기고하면서 많은 사람들의 공감을 자아냈다. 신학과 기도, 그리고 동방교회 영성에 대한 그의 저술은 여러 나라의 언어로 번역되었다. 그는 평생을 가르치는 일과 피정 지도에 헌신하였으며, 이 분야에서 명망이 높았다. 『마음의 기도』는 그의 대표작이자 가장 영향을 많이 끼친 책으로 간주된다.

역자 소개

역자 정지련은 스위스 바젤대학에서 박사 학위(Dr. Theol)를 받은 후 감신대와 협성대에서 후학을 가르쳤으며, 현재는 안산부곡감리교회에서 목회활동을 하며 감리교목회아카데미 등에서 후학을 가르치고 있다. 저서로는 『예수 묵상』(2015)과 예수묵상 『조직신학』(2020) 등이 있으며, 역서로는 한스 큉의 『교회』(2007)와 프리스 크레취마르의 『신학의 고전 I, II』(2008), 디트리히 본회퍼의 『행위와 존재』(2010 공역), 『신자의 공동생활』(2010 공역), 『저항과 복종』(2010 공역) 등이 있다.

마음의 기도: 동방 교회의 관상기도 전통

2022년 6월 24일 초판 1쇄

지은이 조지 말로니
옮긴이 정지련
펴낸이 정지련
펴낸곳 도서출판 쿰

등록 2021년 3월 10일 제 502-97-45196호
주소 경기도 고양시 일산서구 강선로 9 1901동 903호
전화 031-911-6672
이메일 jilyunch@hanmail.net

값 16,000원

한국어 판권 ⓒ 도서출판 쿰, 2022
ISBN 979-11-977278-0-1 93230